CONTENTS

Part 1 Cultural Studies

Part 2 Linguistics, Literature and Art

上篇

文化研究

一扇开启的门

J. M. G. 勒克莱齐奥　著
贺慧玲　译

本文旨在主张跨文化实践，笔者首先想谈谈写这篇论文的原因。我在普遍共和价值观以及语言统一性价值观备受肯定的法国出生和长大，但就家族史而言，我属于另一个国度，即印度洋上面积不大的独立共和国毛里求斯，一个从历史和使命来看具有民族和文化多样性的国家。像大多数位于信风带的国家一样，毛里求斯自存在伊始，就是殖民列强觊觎的目标。它也是首批遭受征战暴力和猖獗海盗的国家之一。毛里求斯还是残酷奴隶贸易的罪魁祸首之一，因为满载黑奴的大船从这里出发驶往南美洲和太平洋。

各种条约和海战使毛里求斯不断转手于人；自 1507 年被葡萄牙航海家佩德罗・德马斯卡伦哈斯发现以来，它相继被西班牙人和荷兰人（1598 年）、法国人（1715 年）以及英国人（1810 年）统治，直到 1968 年才获得独立。这些占领均在这里留下烙印。第一批法国殖民者乃是一些与法国东印度公司签约的乡下农民，他们中的许多人是为实现平等梦想而寻求避难之所的新教徒。但腐败的世风将殖民者运来充当劳动力的非洲奴隶的梦想转变为梦魇。在毛里求斯，奴隶制不仅是一种罪恶的剥削，它同样也催生了一种新文化和一种新语言——克里奥尔语，它是奴隶在奴隶主语言基础上创造的、被视为印欧语系中最新产生的语言。如今它已成为毛里求斯的土语，全体居民不论出身，均讲克里奥尔语。

1828 年英国殖民者废除了奴隶贸易，于是殖民者用大多来自印度的契约佣工这一新的移民群体来代替奴隶。正所谓风水轮流转，这个群体如今成为毛里求斯执掌政权的多数群体。

上述历史（由于家族传承的缘故，我也是该历史的一分子）乃是见诸毛里求斯和世界其他类似地区（安的列斯群岛、太平洋群岛）的混合性之根源。在我看来，这种历史具有典型性。诚如法国诗人爱德华·格利桑在《关系诗学》（1990）中所说，岛国在混杂化、殖民化的痛苦经历以及与他者的交流实践方面比大陆宗主国先行了一百年。在这些岛国（殖民势力盲目镇压的受害者圣多明克除外）中，社群之间的和睦共处就像一场和平革命。毛里求斯就是一个很好的例子。在这个面积相当于韩国济州岛的小国，共同生活着所有血统、所有肤色和所有教派的人：英法殖民者的后代、非洲或马达加斯加奴隶的后代、由制糖业带来的印度和中国苦力、中国商贩和阿拉伯商贩，以及甚至一个小小的韩国人社群！在毛里求斯能听到多种语言，首先是克里奥尔语，其次还有法语（文化语言）、英语（毛里求斯官方语）、印地语、乌尔都语、客家话（中国香港方言），以及来自中部印度博杰普里区的一种印度克里奥尔语——博杰普里方言。上述所有语言并非都在学校中教授，但是毛里求斯的任何公民至少说三门语言。同样，每个居民在出行时能看到毛里求斯的三大主要宗教建筑，即天主教堂、印度教寺庙和穆斯林清真寺，除此之外，还有建于树杈间的泛灵论圣所。这些宗教在毛里求斯都保有自己的地位，没有孰高孰低之说。毛里求斯的官方日历在一年中要庆祝圣诞节（耶稣诞辰）、圣纪节（先知穆罕默德纪念日）和诸如排灯节（光明节）等印度宗教仪式。就像毛里求斯四色国旗所昭示的那样，毛里求斯人不无骄傲地自诩为“彩虹国民”。

简言之，毛里求斯这种文化和谐形象看似一首田园诗。但毛里求斯社会也并未逃脱危机。文化之间的共处并非总是融洽的。就像毛里求斯社会学家伊萨·阿斯加拉利在《跨文化或战争》（2002）中所说的，彩虹是转瞬即逝的现象。2000年，一起事故（克里奥尔语歌手卡亚死于监狱）引起了轩然大波。非洲血统的群体与印度社群之间针锋相对，毛里求斯岛几乎成了流血革命的舞台。导致暴动的原因多种多样：社群之间的不平等、贫困地区、掌握政权的多数派使克里奥尔语群体处于被忽视和遗弃状态、政府中没有少数派代表。此外，原因还包括社群之间的相互无视以及种族主义。只有穆斯林总统卡桑·乌蒂姆拦于闹事者前劝他们放下武器这一勇敢行为才终止了冲突，恢复了和平。

但和平能维持多久？因为主要问题仍悬而未决；社群获得了承认并正式地存在，但它们之间没有交流。近来，宗教激进主义与文化激进主义加剧了社群之间的嫌隙。

我的祖国毛里求斯是一个小国，笔者以它为例是因为它提出了跨文化理想所提出的诸多问题。毋庸置疑，当今世界注定要融合交汇。谈到全球化，人们往往认为它是一种新近现象。这忽视了自 15 世纪最初的探险发现之旅以来震撼世界的潮流。商业帝国先于士兵和传教士，引起了探险的胃口。当首拨西班牙人出发去征服新大陆时，成立了探险公司并签署条约（今天我们称之为独家经营合同），通过这些条约，股东们将他们一无所知的土地和民众进行瓜分（如阿尔马格罗、平松和皮萨罗在巴拿马签订的条约）。

世界大发现并非总在暴力中进行。西欧和远东之间的初步接触促进了全人类的富足与进步。欧洲旅行家从印度、中国、朝鲜和日本带回了改造世界的技术。独轮手推车可用于教堂建造，桑蚕饲养改造了服装产业，指南针和舵在航海中发挥作用，印刷术促进了知识传递和文献传播。交流是双向的：在东方，可以发现来自阿拉伯世界的建筑技术和城市规划技术，美洲印第安文明经由西班牙征服者，完全改善了全世界的食物，因为征服者带来了当时在东方仍不知名的食物，如玉米、扁豆、番茄和土豆。

从大发现时代人们首次感受到世界范围的繁荣（当然也意识到天花、霍乱和鼠疫的传播所带来的灾难）。欧洲国家、中国、日本和朝鲜走出了封闭状态，发现了沟通的重要性。所有的游记均产生于这一时期，其不乏奇想的题材催生了一门新科学，人们今天称之为人的科学。伟大的哲学思想虽然不可与商品相提并论，但也一路随行。简言之，在世界各地，文明观念取代了认为他人是野蛮人的偏见，对于这种文明观念的接受进展得极为缓慢，直到今天进步的观念仍没有得到完全接受。

然而，在当今迅速沟通和光速全球交流的时代，文化的相对性问题仍然存在。通常来讲，发达国家考虑的是有没有必要界定一种单一文化、一种具有普遍价值的人的宪章。因为主流文化肯定会提出下列问题：是否存在一种在这些限度之外拯救人类的可能性？是否存在一种世界文化？虽然第二次世界大战的发动者使世界遭受了惨痛经历，但是一个反复出现的论题是是否存在一种文化等级，一个区分文明人和野蛮人的某种价值观量表？最后这个问题显然意味着高等文化有权甚至有责任消灭低等文化。

这些问题并非像它们乍看上去那样抽象。西方世界（欧洲、美国、澳大利亚以及从某种意义上讲日本）提出一种比其他社会模式更优越的社会模式：世俗的、民主的、打上经济现实主义烙印并以个人价值观为基础。法国就是提出这种论断的典型国家。人们往往自愿援引 18 世纪的“启蒙时期”以及法国大革命的崇高原则，特别是《人权与公民权宣言》这一出色文本。但值得一提的是，这些哲学以及《人权与公民权宣言》是与奴隶制罪恶共存的——伏尔泰本人是（拥护奴隶制的）法国东印度公司的股东，法国、荷兰或英国奴隶贩卖的最高峰就发生在这一时期。此后，法兰西共和国很容易就习惯了殖民化的不公正，对当地土地强取豪夺，奴役全部民众。同样，1789 年《人权与公民权宣言》也不能使人忘记妇女所处的劣势境况——女革命家奥兰普·德古热敢于发布《女权与女公民权宣言》，但随后就被法兰西共和国法庭判处死刑。在法国，投票权对于妇女来说也是一次新近的成果，而妇女参政还远未被接受。

文化多元主义的支持者与单一文化模式的支持者之间的争论导致了一些无果而终的论战。单一文化的支持者认为，多元文化主义助长了社群主义，使人员配额反常化，导致了一些势力范围的建立。多元文化主义危及国家统一感，并将爱国主义瓦解为纷繁的亚文化。与此相反，多元文化的支持者认为，强行的一体化激进主义导致文化涵化，掩盖了不平等，产生一些被排除在知识和公共生活之外的低等社群。

事实上，这两种模式均陷入了困境。一种模式犯了唯心主义的错误，另一种模式犯了独裁主义的错误。实际上，文化融合（并不存在从体质上而言的种族混杂化，因为所有人类种族都是几千年来不同血脉相互混合的结果）不可避免。追求种族的纯正性就像意欲阻止河水和激流涌入大海一样，不啻天方夜谭。人们可以兴建水坝减缓水流，但水迟早会绕过障碍，小溪、河流、大江终将汇合入海。

让人欣慰的是，艺术总是走在体制和习俗的前面。我受邀在联合国教科文组织韩国国家委员会主办的世界人文科学论坛上发言，这说明文学受到重视，因此我想稍微谈谈文学。

文学自其存在以来，就为认同这一棘手问题提供了清晰的答案。事实上，即便文学与一种文化和一片领土相连，但无论如何不能与民族主义相混同。文学所使用或有时创造的语言确实与一个民族的历史相连且扎根于传奇的过去，但文学是对历史的升华而不是阐释。

希腊诗人荷马（有人说从来就没有这个人，毋宁说人们只是信以为真）讲述了希腊人民的早期神话，特洛伊战争、尤利西斯（奥德修斯）的旅行以及尤利西斯回乡是奠定希腊文化基础的不朽里程碑。但他所叙述的事件无论多么恢宏，也仅是世界史中微乎其微的插曲，仅关涉几个伯罗奔尼撒部落。塔希提女诗人 T. 亨利描述的波利尼西亚人的迁移，编年史家费尔南多·迪·阿尔瓦·伊克特利切特尔描述的墨西哥人在美洲大陆的流动以及特诺奇蒂特兰城的建立，这些事件的重要性不相上下。但为何人们记住了一个事件而对另一些事件浑然不知？无论文人怎么说，有些与某种文化相关的叙事对我们来说就像是存在于另一个星球那样让人感到生疏，那么在 21 世纪我们将如何认同这些叙事呢？这些主人公的爱恨情仇与我们受到经济忧虑和工业污染噩梦主导的当下有何共同之处？

举另一个例子。在 20 世纪初，一个受哮喘困扰的无工作的独居者决心为其同时代的人，即居住在巴黎及巴黎近郊特权街区的寄生富人小圈子撰写一部纪事体小说。这部纪事体小说无心插柳，竟然成了世界文学巨著，它就是《追忆似水年华》。事实上，这部长期为受众所忽视（小说的第一卷被加利马尔出版社认为“不可读”而拒绝出版）的鸿篇巨制成了世界性作品，翻译成几乎所有语言并得到传播。马塞尔·普鲁斯特的小说与荷马史诗之间有何共性？一部是关于斯万的冒险，一部是关于尤利西斯的旅行，二者跳出了它们的范围和领地，并用我们所有人（不论肤色、我们的母语或我们国家的历史）所共有的东西来打动我们。能引发共鸣的东西并不复杂：对时光不再而年华老去的忧思、对幸福的追求、爱、颠沛流离的痛楚，以及我们所珍视的人离我们而去。

以普鲁斯特作为例子并不是随手之举。在很长一段时间里，我读不进他的书，这并不是因为书中所描述的对我来说是陌生的，而是因为这些书中谈论的是我熟悉和极度反感的社会和人物。斯万、夏吕斯、凡尔杜兰夫妇这些人物能在我儿时祖母的朋友中找到，他们都是这个时代的人——附庸风雅、自命不凡、肤浅、对于亲身参与的二战的祸害无动于衷。我只喜欢奥黛特这个角色，她是不公正和自私社会的牺牲品，沦为了娼妓。我不想进入这样的世界。然而，有一天我偶然读到日本俳人松尾芭蕉的俳句：

听
山涧急流奔泻而下，
那里就是入口。

笔者一下想到了普鲁斯特小说的关键，在《追忆似水年华》的第一卷《在斯万家那边》的前几页，当叙事者听到斯万每次推开凡尔杜兰夫妇花园的小门铃铛发出叮咚声时，会因为自身感到记忆的闸门打开而颤抖。因此，一首年代久远的外文诗，有可能使读者深入理解一部小说。

笔者打这个小比喻，意在说明跨文化而非跨文本所能呈现的东西。在跨越时代和领土的思潮中，交汇是可能的，即使交汇有时会因习俗的过时以及心理上的适应障碍而与逻辑相冲撞。回报存在于对人类历史的认识中，存在于人类历史包含的时代与地点的关系中。如果我们今天能够阅读赫西俄德的著作、列维－斯特劳斯的《神话学》、塞万提斯的《堂吉诃德》和侦探小说，那是因为各种文化之间的智性确实是语言的真实存在理由。我们认识到在各文化大合唱中，每个声音、每种旋律均有其作用，缺一不可。这种自由奠定了整个人类的和平与未来的基础。

跨文化远远没有实现。各国政府仍在民族主义的单一文化愿望与多元文化混杂结构中摇摆不定。经历了不宽容和统治战争的我们的任务在于迎接跨文化和平，也正因如此，人文主义教育和知识是必要的，不可或缺的。这项工程并不依靠一些抽象的话语：在毛里求斯，三年前成立的慈善协会，即跨文化与和平基金会已经开展一些实地工作，如在学校中分发书籍，为孩子呈现主题为“所有人都相关，所有人都不同”的展览。因为未来属于孩子们，如笔者所愿，他们将偿还过去的错误和罪责。

J. M. G. LE CLÉZIO:
UNE PORTE QUI S'OUVRE
(DIOGÈNE, No. 237, 2012*)*

文化史与其邻近学科

彼得·伯克　著
萧俊明　译

吕西安·费弗尔曾以其常见的命令式风格写道（费弗尔，1953：32），“历史学家必须是地理学家，也必须是法理学家、社会学家和心理学家”。同其他历史学家一样，他借用概念、模型和理论，通常是从一组关联的命题的严格意义上来借用概念而非理论。例如，费弗尔的心理装备（outillage mental）和历史心理学（psychologie historique）就是受惠于哲学家和人类学家列维－布留尔以及心理学家夏尔·布隆代尔和亨利·瓦隆（他对弗洛伊德不感兴趣）。

当然，我们经常见到历史学家从邻近学科借用概念和模型，而很少见到历史学家将概念和模型借给邻近学科。我能想到的只有三个例子，而且奇怪得很，它们都是来自英语世界。第一个是“道德经济学”（moral economy）观念，它由爱德华·汤普森（1971）首创，被诸如研究印度尼西亚的人类学家詹姆斯·C.斯科特（1976）以及一些经济学家采用。第二个例子是艾瑞克·霍布斯鲍姆的“传统的发明”（invention of tradition，1983）。这两位思想开放的马克思主义者将传统的英国经验主义与一种理论兴趣结合起来——尽管汤普森后来（1978）写了一部反对理论的书，更确切地说，是攻击法国理论，尤其是攻击路易·阿尔都塞。第三个例子来自科学史。从物理学家转为历史学家的托马斯·库恩提出了著名的科学革命理论（1962），对变革周期做了概括，并推出了“范式”概念，这一概念尤其得到社会学家的采用。

我所谓的“借用”（保罗·利科和米歇尔·德塞尔托则称之为“挪用”）当然应被当作一个疑难问题。首先，它必须是选择性的，即选择适合于工作的工具，选择适合于借用者提出的问题的概念。其次，它必须是批判性的（检验而非单纯地应用所借用的东西）。再次，借用需要适应，即需要一种文化转换。最后，我们必须承认借用的局限性、不同学科之间可能的不可通约性，它们相互对立的假定和目标（斯科特，2012）。这就是我为什么如标题所示更愿从邻近学科之间的对话或商谈的角度来思考的原因所在。换言之，这是一种双向关系，而不是单向的简单借用。

哪些是近邻，是邻近学科？事实上，它们是随着年代而变化的。下文集中论述近半个世纪前后的变化，最后讨论当今的情况并推测未来一二十年的可预见变化。文化史（Kulturgeschichte）一词可追溯到18世纪后期的德语世界。它被理解为一种通史，它是相对于"专门史"（Spezialgeschichten）——比如哲学史、文学史、音乐史、艺术史或科学史——而界定的。在19世纪后期，当赞成和反对文化史的论点被提出时（同样主要在德语国家），一些支持者从社会学（特别是从赫伯特·斯宾塞）那里借来了文化进化观念。

当时，一些大胆的历史学家对新学科心理学感兴趣，其中有引发长期争论的德国人卡尔·兰普雷希特。作为莱比锡大学文化史与通史研究所（1909年创立）所长的兰普雷希特为民族心理学（Völkerpsychologie）所吸引——这门学科关联到他在莱比锡大学的朋友和同事威廉·冯特。荷兰历史学家约翰·赫伊津哈在其著名的《中世纪的秋天》（1919）一书中讨论了情绪、情感和感受性——费弗尔从这本书中找到了灵感。赫伊津哈敌视弗洛伊德的思想，但他曾在莱比锡大学从事研究，对兰普雷希特的工作非常了解。20年之后，历史心理学的一项重大研究《文明的进程》对赫伊津哈、弗洛伊德以及韦伯兄弟即阿尔弗雷德·韦伯和马克斯·韦伯的思想做了综合（埃利亚斯，1939）。这部巨著的作者诺贝特·埃利亚斯官称社会学家，其实是一位博学家。他在第二次世界大战前夕用德文在瑞士出版的著作实际上被忽略了30年之久。

我现在转向从更近的20世纪60年代往后这段时期文化史学家与其近邻的关系，试着将一位历史学家的更为超然的态度与一名见证者——其实是这个时期的各种运动的参与者——的证词结合起来。以下是按照年代次序组织的，为了清晰起见将各个年代之间的反差戏剧化。我将采用"转向"一语，比如：社会转向、人类学转向、精神分析转向、文学转向以及文化转向（巴赫曼－梅迪克，2006）。

在20世纪60年代，“社会转向”开始包含一种社会文化史，它受马克思主义启发，同时对其他备选进路保持开放。在英国，马克思主义英国文学教授雷蒙·威廉斯（1958）展开的关于文化与社会之间的关系的讨论对历史学家（尤其是对伯克）产生了影响。爱德华·汤普森关于英国工人阶级的形成的著名研究（1963）被一些同路的马克思主义者批评为他们所谓的“文化主义”，因为该书讨论了民歌和城市仪式以及工厂和工会（作为回应，汤普森批评他的批评者是“经济主义”）。

20世纪70年代又发生了两个转向，一个转向人类学，另一个转向精神分析。大约在这个时期，雅克·勒高夫和让–克劳德·施密特、普林斯纳塔利·戴维斯和罗伯特·达恩顿在普林斯顿，基思·托马斯和艾伦·麦克法兰在牛津，卡洛·金兹伯格在博洛尼亚，以及阿伦·古列维奇在莫斯科开展了历史人类学研究。当然，“历史人类学”是一个矛盾修辞，因为人类学家是以一种方法即田野工作来界定其学科，而研究历史的学者并不掌握这种方法。更为准确的说法或许应是“人类学史学”，也就是受人类学启发但沿循其自己的方法的历史学——口述史学家除外，他们能够从事其自己的田野工作。

人类学转向为若干在这个时期发表的通俗文化研究奠定了基础（托马斯，1971；伯克，1978；穆尚布莱，1978）。另一个邻近学科民俗学（后称为“民族学”）在英国被贬到学术圈边缘，而在其他地方，尤其是在斯堪的纳维亚半岛受到文化史学家的格外重视（勒夫格伦和弗吕克曼，1979）。这种对历史学家产生启发的人类学因人而异，甚至因国而异。例如，法国人借用列维–斯特劳斯；英国人借用埃文斯–普里查德；美国人则借用克利福德·格尔茨，他对“厚描”和“深度游戏”的分析被历史学家反复引证。相比之下，历史学家对于马歇尔·萨林斯思想的借用却少得惊人，他的文化变迁模型值得研究，比如德国宗教改革或法国大革命的历史学家采用。一位人类学家建议历史学家更加认真地看待文化史中的事件，真是绝妙的讽刺（萨林斯，1985；伯克，1987；休厄尔，2005）。

20世纪70年代也是逐渐转向精神分析的时期。在法国，在更老的历史心理学传统的基础上转向精神分析的学者包括米歇尔·德塞尔托（他参加了雅克·拉康的研讨会）和俄罗斯研究专家阿兰·贝桑松（后来放弃）。博学家米歇尔·福柯的著作中关于精神分析的模棱两可的讨论或许激发了历史学家的兴趣的增长（贝桑松，1967；德塞尔托，1975；福柯，1976）。在美国，原本研究启蒙运动史的领军人物彼得·盖伊转向了非理性史学研究，他经受了一种训练分析，后来在其关于19世纪文化史的鸿篇巨制中使用了这种分析（盖伊，1984–1995）。

非专业精神分析家劳埃德·德莫斯在这个时期试图发起他所谓的“新心理史学”运动，他的夸大其词使之得到了一个坏名声。不过，同样夸大其词的是法裔美国历史学家雅克·巴尔赞对心理史学的臭名昭著的攻击（1974）。巴尔赞的批评最后希望：“在任何缪斯众神可能选择为其住处的新山谷中，历史之神都将会被再次发现在众神之中，处女”（巴尔赞，1974：38），这种提示本身就需要一种弗洛伊德式的分析。

在20世纪80年代，一种朝着文学的转向愈发明显，其先驱当然是海登·怀特的《元历史》（1973），该书挑衅性地将历史写作描述为一种虚构形式，并创造性地借用了“编织情节”概念（emplotment，或者如保罗·利科所称，mise en intrigue）。怀特的思想过了一段时间才为历史学家所消化，乃至达到完全消化的程度。20世纪80年代最值得注意的是人类学以及文化史中的一种新兴趣的产生——即关注精读，把在档案馆发现的文献看作有其自己修辞形式的文学作品——以及对历史学家自身叙事的兴趣的恢复。在这类研究当中，纳塔利·戴维斯的著作（1987）最为突出。有些重要历史学家，其中有英国人劳伦斯·斯通（1979）批评了这种“叙事的复活”。其他一些历史学家将其视为为应对新的挑战而创造的一种新类型的叙事，即一种“厚”的格尔茨式叙事，这种叙事会涵盖文化和社会变迁，以及关于战事和政治事件的传统史学（伯克，1991）。

在文学方面，与历史重新修好是称为“新历史主义”的美国运动纲领的一部分，这场运动不仅在口头上而且在行动上关注社会和文化背景。这个群体的关注中心是英国文艺复兴（格林布拉特，1980）。当新历史主义者借用概念时，那些概念往往来自诸如福柯、布尔迪厄和欧文·戈夫曼这样的理论家，而非历史学家，但是这两个群体在1983年合作创办了杂志《表述》。

同在这个具有里程碑意义的1983年，两部著作的出版注定要对社会和文化研究产生长远的影响，一部是政治学家本尼迪克特·安德森的《想象的共同体》，另一部是艾瑞克·霍布斯鲍姆和特伦斯·兰杰主编的《传统的发明》。博学家米歇尔·德塞尔托在其《日常生活的发明》一书中首次提出的文化“发明”观念在八九十年代与论述雅典、巴拉圭、民众、乔治·华盛顿以及非洲等的发明的著作形成了呼应之势。

与此同时，在德国，一对学术伉俪，即埃及学家杨·阿斯曼（1988，1997）与其教英国文学的妻子阿莱达·阿斯曼（1993，1999）正在推介“文化记忆”概念，该概念很快被历史学家接受。另外一些历史学家则更喜欢从社会学家莫里斯·哈布瓦赫那里借用的“社会记忆”概念（哈布瓦赫，1925；芬特雷斯和威克姆，1992）。

20 世纪 80 年代还是利用性别理论将妇女史转变为性别史的时期。这一尝试的领军人物之一是美国人琼·斯科特，她论述作为一个有用的历史分析范畴的性别的文章经常被引证。斯科特在英语国家中的不同寻常之处是她对雅克·德里达，特别是对其“增补”概念的借用（斯科特，1986）。后来的由历史学家展开的性别研究则尤其借用美国哲学家朱迪斯·巴特勒（1990）的观念，至少在英语国家如此。

20 世纪 90 年代是文化转向的年代，它开启于罗杰·夏蒂埃关于文化史的论著（1988）以及达尼埃尔·罗什翌年关于服饰文化的研究著作，一部关于“新文化史”的集体文集也在那一年问世（夏蒂埃，1988；罗什，1989；亨特，1989）。政治史学家最终加入了这个时期的对话。从北美政治学借用的“政治文化”概念经常在历史研究中采用，外交和战争文化史也出现了，而某些政治学家发现了克利福德·格尔茨的文化人类学（沙巴尔和德洛兹，2006）。某些经济史学家从注重生产的传统焦点转向关注消费，与文化史学家结成联盟，集体合集《消费与物品世界》（布鲁尔和波特，1993）就是这样一种情况，该书是受英国人类学家玛丽·道格拉斯的早期著作启发而成（道格拉斯和伊舍伍德，1979）。

还有一段时期，某些文化史学家转向——或者回到社会学。具体而言，他们受皮埃尔·布尔迪厄的著作，特别是他的“符号资本”（格里辛格，1981）、“区分”（柯律格，1991）和“习性”（菲赛尔，2007）等概念的启发。

在社会史、知识史以及文化史前沿，克里斯托夫·夏尔的知识分子研究（1990）尤其接近于布尔迪厄关于“场域”的分析。诺贝特·埃利亚斯（他的《文化进程》的法文版终于在1972—1975年面世，英文版在1978—1980年面世）也在这个时期被重新发现。

回首往事，20世纪80年代和90年代似乎是文化史的黄金时代。到20世纪末，一部名为《超越文化转向》（邦内尔和亨特，1999）的合集问世，但是这并不足以阻止这股潮流。说到21世纪的前景和问题，我想指出两种趋势，一个不妨称为历史学与心理学（或更确切地讲，不同的心理学）之间的重新和解，另一个可称为“自然转向”。

两种趋势的共同兴趣是记忆，这将某些文化史学家引向了像乌尔里希·奈赛尔这样研究记忆的构建与重构的实验心理学家。一部集体合集将心理学家、人类学家以及文化史学家如杰伊·温特聚集在一起（博耶和沃茨齐，2009）。口述史学家与心理学家的会合点是对图示的共同兴趣。如同矿工从两头挖掘坑道在中间会合，两个学科的学者都发现，我们所记忆的东西是由我们已经知道的故事形成的（汤姆森，1990；沃茨齐，2009）。

一些在英国文学系工作的学者一直研究英格兰在宗教改革时期的记忆，他们将天主教徒通过图像及其他求助感官的手段来学习宗教教义的方法与东正教徒注重语词——读圣经、唱赞美诗、听布道——的做法进行了比照。为了描述和说明这种比照，这群学者采用了来自认知心理学的概念，尤其是“认知生态学”“分布认知”和“延展心智”等概念，其中包括个人环境中的客体（特里布尔和基恩，2011）。

在法国，一群更年轻的历史学家对他们所谓的“感受性”感兴趣（效仿吕西安·费弗尔和阿兰·科尔宾）。2017年，新杂志《感受性》创刊，该杂志每期探讨一个论题，范围从做梦到“发作”（马聚雷尔，2014），将感受性史与情感史联结起来，后者如同前几十年的记忆研究，自2000年以来一直兴盛不衰。这个群体不同于其他情感史学家，他们认为他们所研究的与其说是一个独立论题不如说是一个分析范畴（德吕埃莫等，2013）。

无论他们是接受还是拒斥，情感史学家都与保罗·艾克曼提出的论点脱不了干系。这位心理学家2009年被《时代》杂志评为世界百位最具影响力人物之一。按照艾克曼的观点，在所有文化和所有时期都可以发现固定数目的“基本情绪”。这些基础情绪包括愤怒、厌恶、恐惧、快乐、悲伤和惊讶。

一些历史学家像人类学家那样拒斥艾克曼关于基本情绪的观念，认为不同的文化具有不同情绪“状态”。情绪与不同对象相关，以不同的方式来掌控，并以诸如 saudade 这样的地方语词来表达或构建。这类地方语词是无法确切地转译为其他语言的。

这里的问题在于，大多数历史学家没有资格就一个他们没有正式研究过的领域发表意见。威廉·雷迪就是一个例外，他是这一新领域的领军人物之一，他在哈佛做了一年博士后，研究发展心理学（如同米歇尔·德塞尔托和彼得·盖伊研究精神分析的情况）。

就近来向神经历史学的转向而言，问题更为尖锐，就像在所谓“自然转向”趋势的其他几个例子中看到的。

自然转向

尽管某些法国人类学家如菲利普·德科拉近来一直在削弱他们的已故同人列维－斯特劳斯所强调的自然与文化之间的区分，但是“自然转向”这个短语可能仍然有一些用处，可以作为将近来历史学思想和写作中的三种趋势串联起来的一种方法，所有这三种趋势都包含着与新近邻，尤其是与生态学、神经科学以及生物学的互动。

环境史目前已经建立了几十年。这个领域的开拓者之一是巴西学者吉尔贝托·弗雷耶尔，他关于其故乡伯南布哥的研究是在80多年前发表的（1937）。然而，这一领域在21世纪越发显示出其重要性，由于显而易见的原因吸引了青年学者。环境史学家显然需要具备生态学知识，但是他们还必须了解地质学、植物学、气候学，以及其他来自所谓“硬”科学的学科。

自然转向的第二个例子是历史与神经科学的会面。正如同对于记忆的兴趣致使一些历史学家与精神分析家展开对话，对于情感史的兴趣致使另外一些历史学家与神经科学家展开对话。丹尼尔·斯梅尔就是这样一位历史学家，他论述他们所谓的“深度史学”的著作（2008）引发了不少争议。斯梅尔强调他所谓的“精神作用”（psychotropy），即节食、跳舞、摄入酒精、烟草等“改变情绪的做法”。

另一位与神经科学家对话的历史学家是林恩·亨特。他最初对精神分析感兴趣，转而关注神经科学。亨特研究18世纪末人们对人权的日益关注，她认为其原因在于对不同于自己的人们的同情的兴起。她退一步来思考，认为同情的兴起的原因在于同一时期阅读小说的兴起。在亨特看来，同情与小说，特别是描写人物内心世界的书信体小说之间的关联，可以在脑神经元的变化中发现。更一般地讲，她极力主张“基于近来神经科学研究产生的视角对个人经验再概念化”（亨特，2009：682）。

自然转向的第三个例子是以“人类和动物共同进化的观点为核心的”生物学史学的兴起（拉塞尔，2014）。当然，关注动物史并不是什么新观念：想一想20世纪80年代，历史学家曾就在公共交通、战争等中使用马匹有过著述。再有，瘟疫史学家长期以来非常重视作为所谓病原携带者的老鼠和跳蚤。有新意之处在于强调作为所谓“非人类史”的一部分动物甚至微生物的能动性。

“共同进化”一词让我们想到历史学家和社会学家近来对进化思想的兴趣重又燃起。英国社会学领军人物加里·朗西曼（2009）认为“社会进化过程类似于……自然选择”，因而强调他所谓的“习俗的竞争性选择”。这意味着一种适者生存，尽管具体说明“适者”一词在此语境中的意义并不容易（朗西曼，2009：78、149及多处）。

最后，从综合而非专著的层面来讲，近来“大历史”（克里斯琴，2004）的兴起鼓励历史学家利用天文学、地质学及其他硬科学，将“通史”这个旧术语从世界史延展到始于“大爆炸”的宇宙史。

结 论

所有这些创新都要受到欢迎吗？我必须承认，作为老一代历史学家的一员，我早已习惯于同人类学家和社会学家对话，很难适应调换伙伴的观念。具体而言，自然转向对具备人文文化而非科学文化的学者提出了挑战。不过，重要的在于成果。

在上文列举的几个例子中，我怀疑这些成果在历史研究中是否既有新意又有用。就认知心理学与英国宗教改革的关联而言，历史学家已经讨论了天主教徒和东正教徒的不同宗教体验，将其与传播媒体的变化联系起来。依我之见，诸如“分布”“认知”这样的概念不过是重新描述已经知道的东西。

再有，就林恩·亨特关于人权的发明的论证而言，认为阅读小说的兴起与同情的兴起有关联的观点似乎是站得住脚的。另一方面，在我看来，用神经科学的语言重新描述这种关联似乎不会给历史论证增加任何价值。就此而言，我们正在从邻近学科借用的东西是某种我们已经非常了解的东西。

还有其他问题，一个是盲目借用，并未充分注意学科之间在目的和方法上的差异，这可归因于对精神分析和历史进行著述的琼·斯科特所谓的两个学科之间的“不可通约性”。

另一个严重的问题，至少在我看来，是历史研究的日益碎片化。碎片化是一种积极趋势——即逃离费尔南·布罗代尔所谓的历史学的院墙高筑的花园——的阴暗面。

问题在于有些历史学家过于投入于同另一学科的学者的对话，而失去了与历史研究主干的联系。就这方面而言，他们就像院墙那边说三道四的邻居，而对自家正在发生的事情却不屑一顾。

就像经常发生的那样，问题的解决方法迟早要产生其自身的问题。问题与解决方法的交替是现实主义地看待历史的历史或一般而言的知识的历史的观点，而不是对立地看待加速进步和不可避免的衰退。就自然转向而言，故事只是刚刚开始。

Peter BURKE:

CULTURAL HISTORY AND ITS NEIGHBOURS

(*DIOGENES*, No. 258–259–260, 2017)

参考文献：

安德森 , B., Anderson, B. (1983) *Imagined Communities*, London: Verso。

阿斯曼 , A., Assmann, A. (1993) *Arbeit am nationalen Gedächtnis*, Francfort: Campus。

阿斯曼 , A., Assmann, A. (1999) *Erinnerungsräume: Formen und Wandlungen des kulturellen Gedächtnisses*, Munich: Beck。

阿斯曼 , J., Assmann, J. (1988) "Kollektives Gedächtnis und kulturelle Identität", 收入 J. 阿斯曼和 T. 赫尔舍 (主编), in J. Assmann, et T. Hölscher,, (eds.) *Kultur und Gedächtnis*, pp. 9–19, Francfort: Suhrkampf。

阿斯曼 , J., Assmann, J. (1992) *Das kulturelle Gedächtnis. Schrift, Erinnerung und Politisches Identität in frühen Hochkulturen*, Munich: Beck。

阿斯曼 , J., Assmann, J. (1997) *Das kulturelle Gedächtnis. Schrift, Erinnerung und Politisches Identität in frühen Hochkulturen*, Munich: Beck。

巴赫曼 – 梅迪克 , D., Bachmann-Medick, D. (2006) *Cultural Turns: Neuorientierungen in der Kulturwissenschaften*, Reinbek: Rowohlt。

巴尔赞 , J., Barzun, J. (1974) *Clio and the Doctors*, Chicago: University of Chicago Press。

贝桑松 , A., Besançon, A. (1967) *Le Tsarévitch immolé*, Paris: Plon。

邦内尔 , V. 和亨特 , L., Bonnell, V. and Hunt, L. (1999) *Beyond the Cultural Turn*, Berkeley: University of California Press。

博耶 , P. 和沃茨齐 , J. V., Boyer, P. and Wertsch, J. V. (2009) *Memory in Mind and Culture*, Cambridge: CUP。

布 鲁 尔 , J. 和 波 特 , R., Brewer, J. and Porter, R. (1993) *Consumption and the World of Goods*, London: Routledge。

伯克 , P., Burke, P. (1972) *Culture and Society in Renaissance Italy*, London: Batsford。

伯克 , P., Burke, P. (1978) *Popular Culture in Early Modern Europe*, London: Temple Smith。

伯克 , P., Burke, P. (1987) «Les îles anthropologiques et le territoire de l'historien», 收入 C. 德康（主编）, in C. Descamps (ed.) *Philosophie et histoire*, pp. 49–65, Paris: Bordas。

伯克 , P., Burke, P. (1991) "History of Events and the Revival of Narrative", 收入伯克(主编）, in Burke (ed.) *New Perspectives on Historical Writing*, pp. 233–248, Cambridge: Polity。

巴特勒 , J., Butler, J. (1990) *Gender Trouble*，London: Routledge。

德塞尔托，M. de，Certeau，M. de (1975) *L'Écriture de l'histoire*，Paris: Gallimard。

沙巴尔 , P. 和德洛兹 , J.- P., Chabal, P. and Deloz, J.- P. (2006) *Culture Troubles: Politics and the Interpretation of Meaning*, London: Hurst。

夏尔 , C., Charle, C. (1990) *Naissance des intellectuels*, 1880–1900, Paris: Minuit。

夏蒂埃 , R., Chartier, R. (1988) *Cultural History*, Cambridge: Polity。

克里斯琴 , D., Christian, D. (2004) *Maps of Time: An Introduction to Big History*, Berkeley, CA: University of California Press。

柯律格 , C., Clunas, C. (1991) *Superfluous Things: Material Culture and Social Status in Early Modern China*, Cambridge: Polity。

戴维斯 , N. Z., Davis, N. Z. (1987) *Fiction in the Archives*, Stanford: Stanford UP。

德吕埃莫 , Q.、菲雷克斯 , E.、马聚雷尔 , H. 和奎尔迪 , M., Deluermoz, Q., Fureix, E., Mazurel, H., and Oualdi, M. (2013)«Écrire l'histoire des émotions: de l'objet à la catégorie d'analyse», *Revue d'histoire du XIXe siècle* 47: 155–189。

道格拉斯 , M. 和伊舍伍德 , B., Douglas, M. and Isherwood, B. (1979) *The World of Goods: Towards an Anthropology of Consumption*, New York: Basic Books。

艾克曼 , P., Ekman, P. (1980) *Face of Man: Expressions of the Emotions in a New Guinea Village*, San Francisco: Garland。

埃利亚斯 , N., Elias, N. (1939) *Über den Prozess der Zivilization,* Basel: Haus zum Falken, English translation, *The Civilizing Process*, revised edn., Oxford: Blackwell, 2000。

费弗尔 , L., Febvre, L. (1953) *Combats pour l'histoire*, Paris: Armand Colin。

芬特雷斯 , J. 和威克姆 , C., Fentress, J. and Wickham, C. (1992) *Social Memory*, Oxford: Blackwell。

福柯 , M., Foucault, M. (1976) *La volonté de savoir*, Paris: Gallimard。

弗雷耶尔 , G., Freyre, G. (1937) *Nordeste: aspectos da influência da canna sobre a vida e a paisagem do Nordeste do Brasil*, Rio de Janeiro: Olympio。

菲赛尔 , M., Füssel, M. (2007) "Akademische Lebenswelt und gelehrter Habitus", *Jahrbuch für Universitätsgeschichte* 10: 35–51。

盖伊 , P., Gay, P. (1984–1995) *The Bourgeois Experience: Victoria to Freud*, 4 vols, New York: Oxford UP。

格林布拉特 , S., Greenblatt, S. (1980) *Renaissance Self-Fashioning from More to Shakespeare*, Chicago: University of Chicago Press。

格里辛格 , A., Griessinger, A. (1981) *Das Symbolische Kaptal der Ehre*, Frankfurt: Ullstein。

哈布瓦赫 , M., Halbwachs, M. (1925) *Les cadres sociaux de la mémoire*, 2nd edn., Paris: PUF, 1952。

霍布斯鲍姆, E. J. 和兰杰 , T. (主编), Hobsbawm, E. J., and Ranger, T. (eds.) *The Invention of Tradition*, Cambridge: CUP。

赫伊津哈 , J., Huizinga, J. (1919) *The Autumn of the Middle Ages*, English translation, Chicago: University of Chicago Press, 1996。

亨特, L., Hunt, L. (1989) *The New Cultural History*, Berkeley: University of California Press。

亨特 , L., Hunt, L. (2009) "The Experience of Revolution", *French Historical Studies*, 32: 671–682。

库恩, T., Kuhn, T. (1962) *The Structure of Scientific Revolutions*, Chicago: University of Chicago Press。

勒夫格伦, O. 和弗吕克曼, J., Löfgren, O. and Frykman, J. (1979) Den kultiverade människan, Lund: Liber-Läromedel, English translation, *Culture Builders: A Historical Anthropology of Middle-class Life*, New Brunswick: Rutgers UP。

马聚雷尔, H., Mazurel, H. (2014) «De la psychologie des profondeurs à l'histoire des sensibilités. Essai de généalogie», *XXe siècle*, 1–10。

穆尚布莱, R., Muchembled, R. (1978) *Culture populaire et culture des élites*, Paris: Flammarion。

罗什, D., Roche, D. (1989) *La culture des apparences: une histoire du vêtement*, Paris: Fayard。

朗西曼, W. G., Runciman, W. G. (2009) *The Theory of Cultural and Social Selection*, Cambridge: CUP。

拉塞尔 , E., Russell, E. (2014) "Coevolutionary History", *American Historical Review* 119: 1514–1528。

萨林斯 , M., Sahlins, M. (1985) *Islands of History*, Chicago: University of Chicago Press。

斯科特 , J. W., Scott, J. W. (1986) "Gender: A Useful Category of Historical Analysis", in *American Hist. Rev.*, 91: 1053–1075。

斯科特 , J. W., Scott, J. W. (2012) "The Incommensurability of Psychoanalysis and History", *History and Theory* 51: 63–83。

斯科特 , J. C., Scott, J. C. (1976) *Moral Economy of the Peasant*, New Haven: Yale UP。

休厄尔, W. H., Sewell Junior, W. H. (2005) "A Theory of the Event: Marshall Sahlin's 'Possible Theory of History' ", in *Logics of History*, pp. 197–224, Chicago: University of Chicago Press。

斯梅尔, D. L., Smail, D. L. (2008) *Deep History and the Brain*, Berkeley: University of California Press。

斯通 , L., Stone, L. (1979) "The Revival of Narrative", *Past & Present* 85: 3–24。

托马斯 , K. V., Thomas, K. V. (1971) *Religion and the Decline of Magic*, London: Weidenfeld and Nicolson。

汤普森 , E. P., Thompson, E. P. (1963) *The Making of the English Working Class*, London: Gollancz。

汤普森 , E. P., Thompson, E. P. (1971) "The Moral Economy of the English Crowd in the Eighteenth Century", *Past & Present* 50, 76–136。

汤普森 , E. P., Thompson, E. P. (1978) *The Poverty of Theory*, London: Merlin Press。

汤姆森 , A., Thomson, A. (1990) "The Anzac Legend", 收入 R. 塞缪尔和 P. 汤普森 (主编), in R. Samuel and P. Thompson (eds.) *The Myths We Live By*, 73–82, London: Routledge。

特里布尔 , E. 和基恩 , N., Tribble, E. and Keene, N. (2011) *Cognitive Ecologies and the History of Remembering: Religion, Education and Memory in Early Modern England*, Basingstoke: Palgrave Macmillan。

沃茨齐 , J., Wertsch, J. (2008) "Collective Memory and Narrative Templates", *Social Research* 75: 133–156。

怀特 , H., White, H. (1973) *Metahistory*, Baltimore: Johns Hopkins UP。

威廉斯 , R., Williams, R. (1958) *Culture and Society*, London: Chatto and Windus。

文化差异的社会定位——族性理论的贡献

菲利普·普蒂尼亚　若瑟莉娜·斯特雷夫－弗纳尔　著
马胜利　译

何谓族性？概念的来龙去脉

与“种族”“身份”或“文化”等具有多种用法的术语不同，“族性”这一术语是在科学空间产生的，它属于社会科学用语。因此，要对它做出定义，就应注重它所包含和用以体现的理论研究。

有些奇怪的是，族性概念的产生是为了反驳把族裔或族群视为世界现成事物的看法。20世纪中叶，英语界的人类学首先对公认的“族裔”假设展开了反思。这种假设认为，族裔是在社会组织、语言和文化方面的封闭整体。人类学家弗雷德里克·巴特发表过众多名言，他的影响持续至今，并被视为这项解构活动的鼻祖。巴特是挪威人，但属于英语科研界的一员，因为他用英文写作，在美国和英国接受教育和担任教职。他主编的《族群和族界》（1969）由卑尔根和伦敦的出版商联合出版。他在该书的序言中提出，应当把族群看作属性和身份的范畴，它把人们按照实际的或假定的血统和文化加以分类。这种看法的最大创新在于，它使观察者的注意力从族群内部（语言、文化、政治组织）转向了划分“彼此”的边界。把族群作为一种“边界化”进程来研究，这意味着只从关系体系中来看待它。这种做法与民族学的传统，即专题研究方法大相径庭。

应当指出，巴特和他的合作者并没有使用“族性”一词。该词在美国属于另一谱系，这种纯属美国社会学的第二种思潮对于把族群视为前现代社会和前国家社会的构成实体的看法提出严重质疑，而认为它属于现代社会的构成部分。[1]开启这场活动的是内森·格雷泽和丹尼尔·莫伊尼汉主编的《族性》一书。该书作者表明了族裔化的进程如何在美国把移民改造成了“族群”。

这些族群不再被看作迁徙时代濒临消失的后人，而被视为在移民状态下形成的社会生活演变形式，并往往由源于一个民族的多种亚民族类别统一起来（原来自视为西西里人或皮埃蒙特人，现在变成了意大利裔美国人）。尽管他们始终被看作拥有自身文化的群体，但他们的文化已不是其族群成员以往所在群体的文化了。该文化是在对身份象征和以往叙事的选择中形成的。这些身份象征和以往叙事成了现在博弈的源泉（格雷泽和莫伊尼汉，1975）。

所以，族性的问题有两个来源，这两个来源都促成了传统族群表象的解构，这些族群原本被视为不可更动的坚固现实。

在上述两种研究思路的共同作用下，族性在 20 世纪 90 年代成为一个独立的研究领域，并拥有了这方面的专家、“手册”和教材（詹金斯，1997: 班克斯，1996）。其采用的主要是“构成主义”研究方法，与“原初论”研究方法形成对立。后者所指的理论方法认为：传输血统、亲属关系或圣物象征的联系（包括族裔联系）是基本特征；这些象征称作“原生物”，因为它们在社会互动之前便已存在。相反，将族性进行构成主义问题化的方法认为，族群是社会关系体系产生的后果，并从多个相互联系的维度看待族群。与偶然性维度有关的看法是，族性有形得成或形不成两种可能。这不是一个解释性原则，而是一个“有待解释的事物”，是一种需要从外部因素，即社会、思想、政治和经济因素来解释其生成的现象。与进程维度相关的看法注重族裔现象的历史性和背景化。族性的形成过程具有历史厚度并从不完结，所以应当研究特定语境下的行动者在何种条件下突出文化差别，启动有助于分辨“我类”的人际关系。最后，关系维度对研究族性的方法非常重要，因为它使人们在分辨“自己人”时必定与对“彼者”的看法有关。这就是要看清：一个群体的内部构成起源于它与其他群体的显著差异，而这些显著差异是在与其他群体的互动中产生的。

与语境相关的理论化

然而，研究领域的统一不应当掩盖族性概念受到的扭曲，因为使用这一概念的研究人员属于不同的学科，具有不同的理论导向，他们从事经验研究的社会语境也不尽相同。

在民族学家研究的多民族传统体系中，邻居的“彼者”构成了自己人之外的中心。巴特在著作中研究的群体关系（达尔富尔的富尔人与巴嘎拉人，阿富汗和巴基斯坦的帕坦人与俾路支人）是居民们在经济和政治妥协或竞争中建立起来的，他们在地理上相互比邻，同属一个社会整体。这个整体不只有一种文化。然而，族裔的划分在群体间的具体关系中得以出现和保持，这些群体关系并非表现为彻底的相异性，[2]而表现为在排斥和衔接中的区域结合（巴特，1969）。利奇对缅甸山区克钦贡萨人和掸人的研究表明，不仅这些居民中的部分人会改变身份，而且族裔界线也会在不同情况下有所加强或削弱。因此，巴特强调说，身份是在社会和文化连续统一中展现的，群体的组织形式和内部标准的变化在于应对与邻近群体的广泛相似性。

格雷泽和莫伊尼汉主编的著作以20世纪60年代的美国为研究背景。在那里，族裔划分是在完全不同的背景下进行的：该社会深受大规模移民和奴隶制历史的影响。族性问题与少数族裔问题相关，与他们争取权利平等和享有福利和资源的斗争相关，与他们要求在公共空间（政治论坛、媒体、大学）获得承认有关。

在西方现代社会中，族裔关系的体系一般表现为族群地位的不对等和国家的强力介入。国家提出官方命名（人口统计）和招聘方式（借助国籍权），以此体现“内外有别”的原则。国家还规定了合法身份，阻止非法身份者进入公共空间，并通过公共政策（同化、逆向歧视、多样化政策等），以精英人士或文化创新者来疏导新的身份机会。身份选择的设想越来越具有移民社群性，注重以抽象实体作为命名的参考（例如“亚洲人”，以及有法国语境的“原住民”），把历史和文化“背景”全然不同的居民集合在一起。

尽管批判原初论族裔定义的研究者都基本认同这些前提，族性的理论化还是具有彼此互动的历史和宏观社会背景，并属于这一概念在不同背景下展现的与种族和部族概念的政治博弈。

人类学家（纳德尔，1945；利奇，1954；摩尔曼，1965）最早在“异国”社会对族裔实体进行理论思考，是由于他们难以在现场分辨和划定人们所说的部族（努皮人、克钦人、仂族人）。于是，他们宣布转向巴特的族群观念，并开始重视更广泛的社会领域。而且，他们不再以“部族”作为文化承载群体的参照术语，而代之以“族群”，从而抛弃了有关族裔身份和组织的原始主义和原初论观点。他们淘汰了一种贬义词及其派生的“部落制”，该贬义词体现了对原殖民地居民与现代民族形式对立的政治形式和社会冲突的鄙视。更彻底的是，这意味着否认“原始人”与“现代人”的二分法，即“彼此之分”（朗克吕，1992）是该领域的组成部分。与术语的改变相关，族群关系成了一种恰当的术语，用以研究复杂的传统政治组织对异质性空间的影响。族群关系也非常适合研究城市化、工业化和新国家建设所带来的变化（科恩，1978）。

在北美，族性的意义只体现在它与种族既相近又不同的关系上和这两种归属关系之间的分类之争上。在 20 世纪 80 年代，“非洲裔美国人”的称呼替代了“黑人”的称呼，这种表示来源而不是种族的参照使美国黑人变成了一个词组，用来指既非黑人也非白人新教徒（日耳曼裔美国人、意大利裔美国人、爱尔兰裔美国人、犹太裔美国人）的美国人。种族和族性这两个概念的变换也表现在“族裔研究”的教学和研究大纲上。它实际上不是指社会学家所定义的“族群”，而是指种族化的群体，即黑人、美国原住民、奇卡诺人、亚裔人。20 世纪 60 年代，这些名词的发展与黑人争取民权、反对种族主义和种族歧视的斗争有关。它们的计划目标是美国意义上的族群目标：提升其历史和文化价值，使其成员进入社会高级部门的岗位。

在美国的大学界，族性问题引起了激烈的学术和政治辩论。在理论上，辩论主要集中在两个方向上。

一个方向是工具主义，它把族群看作利益群体，认为它动员起来旨在争取物质利益和权力，并会发展成政治游说活动或占据族裔基地（哈奈茨，1974）。

另一个方向是把族性理解为选择性地使用文化符号，以使正在同化的群体有机会在更广泛的社会秩序中表明自己的身份。“象征性族性”的概念（甘斯，1979）很能表明这个方向。

族性问题在社会辩论中引起了两方的争执，一方赞扬美国的族裔多样性，另一方则谴责奥兰多·帕特森所说的“族裔沙文主义”。后者痛斥社会保守主义以“族裔复兴”的浪漫主义做伪装（帕特森，1977）。在对立面，主张多元文化的人则强调，恢复自身形象对于提升少数群体的地位和捍卫其社会经济利益和政治权利都十分重要。还有些人反对工具主义观念，他们谴责社会的碎片化，认为这是动员少数族裔捍卫各自利益而导致的结果。

有些讽刺的是，倡导构成主义族性观念的研究者所处的社会历史背景（20 世纪 70 年代的“族裔复兴”）有助于多元文化认同的出现，并促进了美国大学的“族裔研究”。在这些研究中，有些晚辈研究者从自由主义多元文化的角度（格罗斯弗盖尔，2012）看待原初论观念的标准化实践（詹金斯，1997），以及“左翼的赫尔德主义”[3]（维默尔，2013）和族裔 / 种族等级的再生。

法语科学界对族性的接受

应当指出，盎格鲁 – 撒克逊人提出的族性问题对法国的研究影响并不大。在法国，人们在 20 多年里完全不知晓族性理论在盎格鲁 – 撒克逊地区的进展。[4]

在社会学方面，这种不接受态度是由于不太关注迁徙现象，即便考虑到这些现象，也深受法国特有的普遍主义传统影响，即只认为别人的文化有特异性，并要求他们通过同化来化解自身。在很长时间里，对少数族裔和族裔间关系的思考都被放弃，这不仅出于政治原因，甚至被视为无用之举而被抛到脑后。到了 20 世纪 90 年代，当族性受到关注时，人口学家要比社会学家更加投入：通过关于引入“族裔”统计的讨论，“族裔”一词开始广泛使用和传播；其倡导者认为，这种统计能够解释移民融入进程的变化，还可揭示歧视现象（特里巴拉，1995；西蒙，2008）。因此，族性的概念一下子充满了政治和思想含义，并具有了强烈的争议性。[5]

在民族学方面，法国对族裔类别的关键修正比较晚，并遵循了自身的道路。开启这项工作的是社会科学高等研究院的非洲学专家。他们在 1985 年出版了由让 – 鲁 · 安塞勒和艾丽嘉 · 姆波克罗主编的《族裔的核心》一书。这种发展的理论背景很少涉及文化主义，并借助于乔治 · 巴朗迪耶的贡献，与战后占主导地位的列维 – 斯特劳斯的结构主义拉开了距离。作为这一做法的组成部分，对族裔概念的解构首先注重突出其在科学认识方面所起的作用，它有助于殖民当局尝试“合理地”管理居民。

安塞勒虽然承认受到巴特的启发，但并未真正运用他的族界命题。他主要将其作为一个过渡点，并批评它丝毫没触动由此经过的群体。我们可以对他指出，并不是族界命题没有触动群体，而是族群身份的差别依然明显，例如帕坦人和俾路支人之间。但在某种程度上，对“群体主义”的指责（布鲁贝克尔后来也这样批评他）也有一定道理。实际上，尽管巴特并不认为族群是个文化实体，但它们确实以社会组织的形式而存在；由于这种形式，在互动中系统化和进行沟通的文化差异变成了产生社会关系的因素。

确实，他们的目标并不相同。《族裔的核心》的作者认为，应当表明当代的族群类别是如何在历史上被社会行动者建构和调整的，是如何为非洲大陆塑造了一副“一贯”受族裔冲突所累的形象的。他们关注的是（由殖民者或民族学家）从外部进行的分类而造就族群的过程。他们把族群主要看作由事先的科学和政治划分造成的结果，即一种“虚构主体”（巴赞，1985：94）、一种“殖民产物”（多宗，1985：49）、一种“19世纪种族学的遗产”（克雷蒂安，1985：130）。

《族群和族界》的作者们则认为，对传统的族群观念进行解构，这只是为了根据行动者的认同实践和身份选择的背景特征，重新确定族群的轮廓。族群的类别随环境而变化，是确定角色和行为的基础，因此，“一些类别群体和价值导向便具有了自我预测性”（巴特，1995［1969］：236），并能够成为社会生活的线索。

上述两种研究方法达成了一致，因为它们都重视在归属关系确定前的分类过程，无论该过程是外部的和客观的，还是“主观的”和强调处境与互动的。因此，族裔认同，以及与之相关的语言和宗教认同（布鲁贝克尔，2015）属于更普遍的社会认同过程。这一过程意味着封闭社会，划定和维持边界，以及级别之争。这样一来，处于对照框架中的族裔归属便脱离了赫尔德文化多样性观念的本体论假定（维默尔，2013）。

族性、文化和身份

20世纪末，出现了一股旨在重建人类学工程的文本主义和后现代主义思潮（克利福德和马库斯，1986），它对抽象地和去历史性地使用文化概念给予批评，宣布它已没落，乃至干脆将其抛弃（阿布－卢格霍德，1991）。在法国，与这一运动保持距离的让·巴赞（2008）把民族学的范例与人类学的研究方法区分开来。人类学的研究方法旨在掌握实践的内在手段，基于人类的行动能力和为适应形势学会行动的能力。相反，民族学的方法把文化的多变性视为被研究居民（一个“族裔”）的特性，把观察到的行为看作这种居民的典型行为，与构成其文化的表象和含义网络相关。通过增强这些行为的一致性，并努力使其成为唯一的全体性，人们会发掘出这些居民不可言喻的心态相异性。

研究族性的构成主义方法把文化差异的出现和保持作为背景，它同时使文化走出自然和不再不可言喻。其基本点在于族性与文化脱钩。族性所基于的差别不是自行确立的。无论是传统、神话、音乐、艺术，还是生活方式，都不能从本质上表明文化特性，只有被行动者赋予相关性，它们才会在互动中分类。其中某些因素会凸显为标志，另一些因素则会减弱。正如韦伯（1971）在对族群的定义中指出的，政治事件，乃至行政边界都会成为族裔社群化的有效源泉。显著文化因素的专断可用一句著名格言来表示：“研究的关键在于确定群体范围的族裔边界，而不在于拥有的文化材料”（巴特，1995：213）。与文化主义拉开距离后，人们不再注重将文化本质化，甚至作为第二本性的社会化和转移过程，而是注重族群成员把文化特点作为标记、标志或痕迹来交流的创造性运用。总之，如果说集体表象不能建立团体，它却提出了群体如何让人承认其存在的问题。按照斯图亚特·霍尔（2007）的说法，在当代世界，身份陈述的产生与表象政策密不可分。族群的文化认同是个持续的产生过程，是在政治斗争的空间里形成的，并包含本质化成分，正如霍尔主张放弃的重要黑人主题的成分。根据这种观点，研究族性概念的构成主义方法能够防止任何将文化本质化的企图，其中也包括将少数族裔文化本质化的企图。

然而，文化毕竟是族性概念的基本成分，因为族裔的归属和区别特征（和阶级或种族的归属和区别方式相比）与文化反差所起的作用密切相关。

鉴于文化在理解族性概念方面所起的作用，仍然有一些模糊点使某些作者提出疑问：构成主义进路表面的胜利是否只是反驳了原初论的族群观念，而并未解决它提出的理论问题？

布鲁贝克尔认为巴特的理论化是不可否认的进步，但也认为它不利于理解族裔认同的构成及其运作，使人们忽视“其中包括的特殊实践、共同理解和制度”（布鲁贝克尔，2015：88）。这会使人考虑到不在真空中活动，而必须在“文化产物”中找到“抓手”的那些人员的动机。然而，仔细阅读巴特的著作便会知道，归属的区分符似乎颇具随意性，但价值的取向和支持它的制度却完全不是这样。维默尔（2019：23，n.7）将此说成是巴特身上遗留的赫尔德表现。他也成为批评的对象，这些批评指出了民族思想和挪威文化对其族群理论化的影响（唐布斯 - 吕谢，1996）。嘉艾拉・克里埃尔认为，巴特对族群的理论化会达到“将挪威居民的‘族裔’（并非巴特的词义）形态加以物化的程度”（凯耶尔，2014：12）。

更普遍的是，由于看到族性定义的多样性和时常的矛盾性，罗杰斯・布鲁贝克尔便开始思考：族性在根本上不就是一种把不协调现象聚合在一起的标签吗？扩展中的模糊性和该领域的界限使他怀疑一种概念会出现在专门的研究领域，韦伯曾很难定义的这一概念至今仍处于长期的不稳定中（布鲁贝克尔，2002）。

我们应当做的不是哀叹这些不明确性，而是通过这一概念的理论多样性及其引发的辩论，看到值得投入调查的研究问题资源，其中包括：族性比其他分类形式更多变的显著性、为支持边界划分活动而对（文化的、政治的、伦理的，等等）参照的选择，以及族性、种族和族体间的关系。自从人们不再让族性分析依赖于“族裔”的先行定义，族性概念引发的一系列问题便使人们把认同和“差异”的问题化进程作为研究对象。这之所以成为研究对象，是由于传统的族裔观念已被抛弃。

Philippe POUTIGNAT et Jocelyne STREIFF-FÉNART:

L'ANCRAGE SOCIAL DES DIFFÉRENCES CULTURELLES.

L'APPORT DES THÉORIES DE L'ETHNICITÉ

(*DIOGÈNE*, No. 258–259–260，2017)

注:

[1] 按照传记作家埃里克森（2015：103）的说法，巴特及其合作者至少了解这种文献著作，尤其是质疑美国“民族融合地区”的著作。还应当指出，2006年，巴特在事后把题为“族群和族界”的研讨会主题说成旨在探讨“族性”：“我当时认为，我的一些斯堪的纳维亚同事的有些资料能使我们改变人类学的传统假定，即我们一致认为的类别：部落 = 文化 = 社会。因此，我们把研讨会主题定为了族性”（巴特，2006：10）。在此期间，这一提法被用来指整个研究领域。

[2] 在这方面，与之对应的是完全不同的世界经验，这种经验完满地体现了民族学研究的特点，与之匹配的是在“原始”和偏僻部族驻扎的人类学家形象，这种形象已成为该学科基础的象征。

[3] 赫尔德主义是维默尔批评赫尔德的实体论族性观念的说法，并以此来反对巴特的建构主义方法。

[4] 关于这方面有两篇同时发表的法语论文，参见马蒂涅罗（1995），普蒂尼亚和斯特雷夫·弗纳尔（1995）。

[5] 这场辩论的内容刊登在两部立场对立的集体著作中，参见巴丹泰等（2009）和埃朗（主持）（2010）。

参考文献：

阿布 – 卢格霍德 , L., Abu-Lughod, L. (1991) “Writing Against Culture”, 收入 R. G. 福克斯 (主编), in R. G. Fox (ed.), *Recapturing Anthropology: Working in the Present*, pp. 137–162, Santa Fé: School of American Research Press。

安塞勒 , J. L. 和姆波克罗 , E. (主持), Amselle, J. L. et M’Bokolo, E. (dir.) (1985) *Au cœur de l’ethnie*, Paris: La Découverte。

巴丹泰 , E. 等 , Badinter, E. et al. (2009) *Le retour de la race. Contre les statistiques ethniques*, Paris: Éditions de l’Aube。

巴朗迪耶, G. 等, Balandier, G. et al. (2010) «Tout parcours scientifique comporte des moments autobiographiques», *Actes de la recherche en sciences sociales*, n° 185: 44–61。

班克斯 , M., Banks, M. (1996) *Ethnicity. Anthropological Constructions*, Londres: Routledge。

巴特 , F., Barth, F. (1969) *Ethnic Groups and Boundaries: The Social Organization of Culture Difference*, Bergen / Oslo: Universitetsforlaget, Londres: George Allen & Uwin, Traduction française de l’introduction de F. Barth dans Ph. Poutignat et J. Streiff-Fénart (1995) *Théories de l’ethnicité*, Paris: Puf。

巴特 , F., Barth, F. (2007) “Overview, Sixty Years in Anthropology”, *Annu. Rev. Anthropol.*, 36: 1–16。

巴赞 , J., Bazin, J. (1985) “A chacun son Bambara”, 收入安塞勒 , J. L. 和姆博科洛 , E. (主持), in Amselle, J. L. et M’Bokolo, E. (dir.) *Au cœur de l’ethnie*, pp. 87–125, Paris: La Découverte。

巴赞 , J., Bazin, J. (2008) *Des clous dans la Joconde. L’anthropologie autrement*, Toulouse: Anacharsis。

邦萨 , A., Bensa, A. (2006) *La Fin de l’exotisme*, Toulouse: Anacharsis。

布鲁贝克尔 , R., Brubaker, R. (2002) “Ethnicity without Groups”, *Arch. Europ. Sociol*, XLIII, 2: 163–189。

布鲁贝克尔 , R., Brubaker, R. (2015) *Grounds for Difference*, Cambridge & Londres: Harvard University Press。

克利福德 , J. 和马库斯 , G. E. (主编), Clifford, J. and Marcus G. E. (eds.) (1986) *Writing Culture*, Berkeley: University of California Press。

科恩 , R., Cohen, R. (1978) “Ethnicity: Problem and Focus in Anthropology”, *Annual Review of*

Anthropology, 7, pp. 349–403。

克雷蒂安 , J-P., Chrétien, J. -P. (1985) “Hutu et Tutsi au Rwanda et au Burundi”, 收入安塞勒 , J. L. 和姆波克罗 , E. (主持), in Amselle, J. L. et M’Bokolo, E. (dir.) *Au cœ ur de l’ethnie*, pp. 129–165, Paris: La Découverte。

多宗 , J. P., Dozon, J. P. (1985) «Les Bété: une création coloniale», 收入安塞勒 , J. L. 和姆波克罗 , E. (主持), in Amselle, J. L. et M’Bokolo, E. (dir.) *Au cœur de l’ethnie*, pp. 49–85, Paris: La Découverte。

埃里克森 , T. H., Eriksen, T. H. (2015) *Fredrik Barth, an Intellectual Biography*, Londres: Pluto Press。

甘斯 , H. J., Gans, H. J. (1979) “Symbolic Ethnicity: The Future of Ethnic Groups and Culture in America”, *Ethnic and Racial Studies*, 2 (1): 1–20。

格雷泽 , N. 和莫伊尼汉 , D. P., Glazer, N. & Moynihan, D. P. (1975) *Ethnicity, Theory and Experience*, Cambridge & Londres: Harvard University Press。

格罗斯弗盖尔 , R., Grosfoguel, R. (2012) “The Dilemmas of Ethnic Studies in the United States: Between Liberal Multiculturalism, Identity Politics, Disciplinary Colonization, and Decolonial Epistemologies”, *Human Architecture: Journal of the Sociology of Self-Knowledge*, vol. 1, 9: 81–90。

阿尔 , S., Hall, S. (2007) *Identités et cultures. Politiques des cultural studies*, M. Cervulle (éd.), Paris: Éditions d’Amsterdam。

哈奈茨 , U., Hannertz, U. (1974) “Ethnicity and Opportunity in Urban America”, 收入 A. 科恩 (主编), in A. Cohen (ed.), *Urban Ethnicity*, pp. 37–76, Londres: Tavistock。

埃朗 , F. (主持), Héran, F. (dir.) (2010) *Inégalités et discriminations-Pour un usage critique et responsable de l’outil statistique. Rapport du comité pour la mesure de la diversité et l’évaluation des discriminations (COMEDD)*, Paris: La Documentation française。

詹金斯 , R., Jenkins, R. (1997) *Rethinking Ethnicity*, Londres: Sage Publications。

凯耶尔, G., Keryell, G. (2014) «“Lapons” ou “Norvégiens”. De l’influence du nationalisme culturel et de la raciologie scandinave sur la théorie barthienne de l’ethnicité», *L’Homme*, n° 209/1: 69–94。

拉蒙, M., Lamont, M. (2018) “Addressing Recognition Gaps: Destigmatization and the Reduction of Inequality”, *American Sociological Review*, vol. 83, 3: 419–444。

朗克吕 , G., Lenclud, G. (1992) «Le grand partage ou la tentation ethnologique», 收入 G. 阿尔塔布、D. 法布雷和 L. 朗克吕 (主编), in G. Althabe, D. Fabre & G. Lenclud (éd.) , *Vers une ethnologie du présent*, pp. 9–37, Paris: Éditions de la Maison des sciences de l'Homme。

利奇 , E., Leach, E. (1954) *Political Systems of Highland Burma: A Study of Kachin Social Structure*, Londres: G. Bell and sons。

马蒂涅罗 , M., Martiniello, M. (1995) *L'ethnicité dans les sciences sociales contemporaine*, Paris: Puf, Que-sais-je?

摩尔曼 , M., Moerman, M. (1965) "Ethnic Identification in a Complex Civilization: Who Are the Lue? ", *American Anthropologist*, 67: 1215–1230。

纳德尔 , S. F., Nadel, S. F. (1942) *A Black Byzantium. The Kingdom of Nupe in Nigeria*, London, New York, Toronto: Oxford University Press。

帕特森 , P., Patterson, P. (1977) *Ethnic Chauvinism: The Reactionary Impulse*, New York: Stein and Day。

普蒂尼亚 , Ph. 和斯特雷夫 – 弗纳尔 , J., Poutignat, Ph. et Streiff-Fénart, J. (1995) *Théories de l'ethnicité*, Paris: Puf。

西蒙, P., Simon, P. (2008) "The Choice of Ignorance: The Debate on Ethnic and Racial Statistics in France", *French Politics, Culture & Society*, 26, 1: 7–31。

唐布斯–吕谢, H., Tambs-Lyche, H. (1996) «Choisir son pays, choisir son peuple: remarques sur la genèse norvégienne d'une théorie de l'ethnicité», 收入 D. 法布雷 (主编), in D. Fabre (ed.), *L'Europe entre cultures et nations*, pp. 157–173, Paris: Éd. de la MSH, Mission du patrimoine ethnologique。

特里巴拉 , M., Tribalat, M. (1995) *Faire France: une grande enquête sur les immigrés et leurs enfants*, Paris: La Découverte。

韦伯 , M., Weber, M. (1971) *Économie et société*, Paris: Plon。

维默尔 , A., Wimmer, A. (2013) *Ethnic Boundary Making, Institutions, Power, Networks*, New York: Oxford University Press。

“黑人研究”与“文化研究”间存在天然的渗透性吗？

萨拉·菲拉－巴卡巴迪奥　著
贺慧玲　译

一种天然的渗透性？

2013 年，阿里尔·赫扬托提到“‘文化研究’和‘区域研究’之间的亲密关系”，并讨论了“文化研究”和“东南亚区域研究”之间的关联性，在他看来，后两者无论从历史上，还是从地理上和文化上来说都是各不相同且相距甚远的。“黑人研究”从地理上和文化上与“文化研究”不是相隔甚远吗？二者均产生于政治和科学关系密切的英语国家，均源自一种强调从社会角度来看不知名或知名度不高的群体（民族化或种族化的少数群体、大众阶层）的经验的“自下而上”的方法，均对现代性和普遍主义概念进行解构，对政治等级和种族等级进行了质疑和批判。最后，二者像其他的“研究”一样，是跨学科的。如果说在“黑人研究”和“文化研究”中存在一些确定方法的话，那么这些方法往往与某位作者相关，如 W. E. 杜波依斯或斯图亚特·霍尔。不存在能够标记和定位这些领域研究的独特方法论。更多的是一些围绕一种结构性的分析范畴组织起来的“装置”[1]：“黑人研究”的“装置”是种族，即“黑人”；“文化研究”的“装置”是文化。这种往往备受批评的灵活性会让人假设这种“亲密关系”不仅符合逻辑，而且甚至在“诸研究”之间存在一种天然的渗透性。然而，就“黑人研究”而言，事情似乎不像其看似的那样明显。

政治的效应

原因首先在于“黑人研究”的历史，或更精确地说，在于“黑人研究”诞生的语境。“黑人研究”正如20世纪六七十年代的黑人民族主义者所设想的那样，是由政治并且是为了政治而构建的。“黑人研究”最初是作为“公民权运动”内部代际的和意识形态的分裂而出现的。大多为学生的年轻人抱怨运动领袖无法把握知识生产的政治角色。“黑人研究”因而可以暂时缓和运动领袖的这种无能，它反映了一种具有隔离特征、深受国际动荡影响的国家语境，而国际动荡本身表现为后殖民的独立以及全球对西方帝国主义同仇敌忾。“黑人研究”的奠基者研究国家和国际这两个层面，目的不仅在于构建知识库，而且在于像毛拉纳·卡伦加指出的那样，向非裔美国青年“教授”其知之甚少的“黑人经验及其当代发展”（卡伦加，引自达格博维，2015：98）。他们的目的不仅在于让所有人了解非裔美国人的历史，而且在于创建一种“知识政治”，即创造一些概念和程序来认定该领域为“黑人的”或“非裔美国人的”。

1969年6月，首届“大学中的黑人研究”研讨会在耶鲁大学举办，举办者为“黑人研究联盟”（BSA）的学生，目的是确定“黑人研究”的内容。发言者是当时的学生积极分子，包括：毛拉纳·卡伦加，他是“联合的奴隶”组织（US）的创立者，历史学家，日后著有教材《黑人研究导论》；N. 黑尔，社会学家，“黑人研究”理论家，在1969年创立了旧金山州立大学的第一个黑人项目，先后创立了《黑人学者》杂志和《黑人研究杂志》，信奉一种“将学院和街头相结合”（黑尔，引自史密斯，2003：168）的教学法；阿卜杜勒·阿尔卡利马特，社会学家，与人共同创立了艺术团体“美国黑人文化组织”（OBAC）。

由于缺乏令人满意的组织结构，他们中的许多人已转而投靠民族主义团体，其中包括形形色色的“黑豹党”，它们实施一些政治教育（Political Education）项目。俗称“黑豹”的“黑豹自卫队”面向其成员和街区社群开设夜课，在课上阅读弗朗兹·法农的《黑皮肤，白面具》《马尔科姆·利特尔自传》、勒洛依·琼斯的《唱蓝调的人们：在白人美国中的黑人音乐》、莱罗内·本内特的《在五月花号之前》等，这应该激起一种建立在压迫、种族和阶级纽带之上的黑人意识和革命思想。“联合的奴隶”组织的成员受Kawaida（斯瓦希里语，意为“传统”或“理由”——中译者注）理论[2]的熏陶，开始讨论非洲独立国家之“父”的概念：从乔莫·肯雅塔的民族独立思想到克瓦米·恩克鲁玛的社会良知论。对于这些积极分子而言，“黑人研究”反映了“黑人的革命实践”，这种实践被视为对“白人至上主义”“资本主义、家长制和殖民主义”（拉巴卡，2010：298）的“违抗”乃至解构。N. 黑尔却在其中看到“黑人研究”的存在理由。同年，他说明道，黑人教育“如果不是革命性的话，就不仅是不相关的，而且（完全）毫无用处”（黑尔，引自范德比尔赫，2002：16–17）。因而只有强化非裔美国人的知识史始终具有的社会和军事功能，才能使“黑人研究”具有意义。

在耶鲁，而后在 N. 黑尔同在 1969 年建立的“黑人世界研究院”的各个研究小组中，参与者提到创设黑人研究项目并讨论了应该开设的课程。所有人将“黑人研究”视为 1967 年由斯托克利·卡迈克尔和查尔斯·汉密尔顿概括的“黑人权利运动”的延伸。在就名称（“黑人研究”“非裔美国人研究”[3]还是“非洲美洲研究”）进行激烈讨论之后，他们一致认为有必要形成一种“知识工程”和一种方法论，不仅如此，特别需要创建一种场域和一种范式（阿卜杜勒·阿尔卡利马特，1990），甚至一门学科，乃至一种“传统”（芬德森，2009）。

从讨论小组到研讨会，这些“奠基者”确定了“黑人研究”的以下四个目标，这些目标随即成为“黑人研究”的框架：（1）说明黑人在反抗种族主义和“知识沙文主义”方面的经验；（2）尽可能广地传播上述知识，并将这些知识建立于“社会和理论分析”“批判”和历史编纂学的基础上，同时参照“黑人研究”的“先锋”成果；（3）生产新知识并且“使已有的信息体系化，将当代研究建立在（他们的）良师益友提出的真理的基础上”；（4）“保存……一种（黑人）学术传统，（作为）非洲人民及其后代的遗产”（特纳，1997：92）。“黑人研究”的身份因而在于它的“描述”功能，尤其是其“修正”和“规定”功能（马拉布尔，2006：99）。“黑人研究”是描述性的，因为像 W. E. B. 杜波依斯、卡特·G. 伍德森或曼宁·马拉布尔那样，研究人员积累了关于非裔美国人的生活和历史的知识来论证非裔美国人的特征。“黑人研究”是修正性的，因为它解构了关于黑人在世界中的缺失的思维定式和偏见。最后，“黑人研究”是规定性的，因为通过其政治功能，它能够去除种族主义，推动社会变革。

将知识功能化为政治参与的一种表达，这导致了“黑人研究”领域主题和概念的密集，如自决、女性主义、非洲中心主义，等等。上述主题和概念后来转型为某些“黑人研究”项目的秘诀，如“黑人研究导论”“黑人文化”“黑人政治”“非洲的遗产和非裔美国人的经验”“黑人艺术”“黑人女性”等。这些主题和概念形成了一种联系紧密的学术资本，其形式和内容均备受认可。但是，内容和实践的这种统一性标志着“黑人研究”构成一种研究领域。这种统一性有时是如此牢固，以至于在很长一段时间内，“黑人研究”难以渗透至其他“研究”。

脱　节

面对其他的“研究”渗入“黑人研究”，民族主义的继承者表现出强烈的不情愿。这种不情愿往往在谈话中表达出来，很少通过书面表达，这反映了他们不愿看到一个来之不易并总受到制度性抨击（参见马拉布尔，2006：98）的领域被淡化。当大学重新回到注重“机会平等”的“平权法案”时，对于“黑人研究”项目的公共和私人资助却少得可怜。2002 年，历史学家拉塞尔・亚当斯说明道，“黑人研究”应该维护在美国和世界其他地方非裔美国人经验的特殊性。这种看法容易理解，因为在过去的二十年中，众多“黑人研究”项目和系院要么消失了，要么转型为“非洲文化研究”（Aricana Studies）或“非洲散居居民研究”（African Diaspora Studies）。其他人指出，美国的非裔美国人的论战尚未结束。种族歧视仍然存在，从警察对非裔美国人的杀害中可以看到这一点。然而，随着源自近来的非洲移民、非裔加勒比人和非裔拉丁美洲人的非裔美国人的增多，我们应该反思美国黑人经验的多样性，并跳脱出 20 世纪中期的民族主义范式。笔者在此无意说“黑人研究”最初的激进主义使得其实践和内容隔绝于其他“研究”之外，而更多的是批评学科和传统这些概念。这些概念往往使“黑人研究”局限于不断地重申一种民族主义视域，而使其丧失了“研究”这一标签所具有的灵活性。“黑人研究”若要长久持续下去，应该在方法论和主题上采取一种去中心化的形式，这并不意味着像某些人（卡伦加，2009：43；马拉布尔和阿加德－琼斯，2008）建议的那样，假设在美国构想的模式可以在任何受白人至上主义效应影响的语境中扎根下来，从而使“黑人研究”成为跨国的。恰恰相反，本文旨在提出“黑人研究”在美国或在其他地方的新的接合。因而“黑人研究”今天更有必要与其他的全球化的“研究”，诸如在那些受种族化影响和曾被殖民化的群体中能产生共鸣的“后殖民研究”或“去殖民研究”开展竞争。

对“文化研究”的怀疑同时也与进路的差异相关。对“黑人研究”的怀疑乃是一种断言。它回应了与白人至上主义表述如影随形的种族歧视和黑人清除。它是一种表征政治（霍尔，1996a：443），同时也是透过非裔美国人经验的棱镜得出的知识的个体化。从20世纪初到“黑人研究”院系的创设，其（黑人心理学和之后的“批判性种族理论”除外）目的并不在于解构占主导地位的文化，而首先是表明一种固有文化和固有历史的存在。“黑人研究”充当了解放性知识以及一种补偿，反对无视非裔美国人的传统美国叙事。这种关于对美国的“黑人生活和文化”（韦赫利耶，2014：5）的否定做出的必要回应姿态，不是要反对民族国家充当构建黑人知识政治的首要空间，而情况恰恰相反，“黑人研究”首先出现在白人占多数的大学中，因此“黑人研究”是美国国家叙事中的一棵树木，表明了黑人经验在美国的形成和繁荣中的中心性。因此，“黑人研究”是并且仍然是关于K. 伍德沃德（1999）所描述的“国家中的国家”的象征性少数知识。“黑人研究”并不是一个超越这种国家叙事的场域，而是一种历史和承认政策的补充场域。其他的“民族研究”后来也是这种情况。“黑人研究”从美国历史的边缘滑向了美国历史的中心。“黑人研究”体现了由我们自己确定并且为了我们自己的一种非裔美国人“我们”，承载“我们”的是一个命运共同体（由沦为奴隶的人的后代组成）。在这种争取承认的无休止的争论中，文化发挥着政治的子项目的作用。文化是政治的一个毋庸置疑的方面，是非裔美国人历史的组成部分。文化属于一种跨学科的方法，并未成为这种争取承认的政治构建中的主要一轴。“黑人研究”引入了一种需要捍卫的领域的等级，将文化降级到次要层面。这是“黑人研究”与“文化研究”的另一个脱节之处。

“黑人研究”和“文化研究”均对黑人主体进行非本质化，研究黑人主体的跨部门表征（民族性、种族、阶级和社会性别）。然而，“文化研究”通过在“主流”文化中运作的政治的、社会的和歧视的机制的不变量来探讨这些问题。“文化研究”拒斥“黑人研究”的修正的和规定的姿态，解构系统性种族范畴并批判任何形式的场域“闭锁”[4]（富凯，2018：220）。“文化研究”的目标在于“撼动”（莫利和陈，1996：8）这些范畴，并质疑“黑人研究”所构建的项目（黑人男性气质、黑人思想，等等）。“文化研究”因而拒斥对于“民族性”（和种族）的“强制性”解读，拒斥这种“干脆忽略阶级”并忽略了黑人的定位性的“多样性”的解读。S. 霍尔、K. 默瑟和 I. 朱利恩认为，由于“黑人”范畴（一种从政治和文化上进行构建的范畴）的统一性排斥“复合种族”（霍尔，1996b：166）的杂交性，因而是过于专制的。他们主张，黑人的一整套主体性和生活历程不应从属于种族，而应该得到共同构建。霍尔认为，我们因而不能“在不参照阶级、社会性别、性以及民族性划分的情况下来表征黑人主体”，这些划分在这些人群所生活的社会以及在黑人社群中均是存在的（霍尔，1996a：443；霍尔，1996b：17–18）。默瑟和朱利恩认为，对黑人的系统性“称颂”甚至会陷入一种“民族绝对主义”（默瑟和朱利恩，1996：55），将“从属的民族性”（女性、性少数群体，等等）置于次要层面。所有人均主张“民族性”的“再接合”和“相对化”（出处同上：454）。几年以来，这种批判同样见诸“黑人研究”。人类学家 M. 赖特在其著作《黑人性的物理学》中也指出了一种将原因和行为者进行等级化的差别化和补偿姿态的局限性。她的确提到，“黑人研究”中关于非裔美国人历史的“传统”观念依据一种独特的时间性，从奴隶制到种族隔离、到公民权运动、到民族主义，再到巴拉克·奥巴马的美国。这种时间性是线性的，也是零散的，因为它主要聚焦于黑人男性的轨迹，而不关注女性。

在美国语境下，“黑人研究”和“文化研究”最终是相距甚远的。即便二者目标一致，但方法截然相反。当一方积累事实、概念和名称等素材时，另一方却通过解构这些素材来确定其逻辑和缺陷。

第三条道路?

我们能否设想第三条道路，某种能够将“黑人研究”和“文化研究”结合起来而又不改变它们的性质的中间道路?

2006年，J. A. 戈登和L. 戈登认为“黑人研究”（这里称“非裔美国人研究”）和“文化研究”之间的关系是一个“关键”问题（J. A. 戈登和L. 戈登，2006：xxiv）。他们承认伯明翰学派就从属知识的生产所做的批判成果，但不提其他。他们避开了争论，倾向于指出，文化主义理论家的建议与哈贝尔·卡比或威廉·哈特这些“黑人研究”作者所提出的更早的建议相呼应。他们本身也主张“非洲文化”（Africana）标签是“黑人研究”的一种国际化形式。那些拒绝考虑“诸研究”之间不可避免的相互渗透的研究人员的立场很奇怪，因为这种渗透已持续了很长时间。

在20世纪90年代初，“黑人研究”滑向“非洲文化”场域，而后滑向“非洲离散居民研究”，将种族降级为一种研究美国黑人群体的结构性研究范畴，推动了一种作为非裔后代的非裔美国人的地位性。[5]非裔美国人的历史带着“非洲文化”和“非洲散居居民”标签，被重新置于一个黑人整体中。如果就像R. D. G. 凯利所指出的那样，将这种历史再次置于非洲散居居民中，这首先意味着改变尺度来理解这种“分析单元”（2000：33）与美国的黑人群体研究是如何不可分的，无论如何，这种地理上的扩展同样也改变了“黑人研究”的功能和内容。这里指的不是将美国叙事中的非裔美国人的少数经验个别化，而是从这种经验中提取与其他民族和区域的关联性并给予这种经验以一种跨国的价值。这种对一种美国解读的去中心化在某些人看来是不可避免的（见赫西，2015），乃是一种认识论和理论上的去中心化，并非所有的“黑人研究”研究人员始终准备采用这种去中心化。然而，将“黑人研究”和“非洲散居居民研究”联系起来并不意味着抹杀前者而侧重后者。这也不等同于说明何为非裔美国人，美国散居居民研究往往是这种情况。这也不意味着简单地从“区域”层面再定义“黑人研究”。这毋宁说是超越民族主义辩证法，这种辩证法创设了非裔美国人经验的排他性的边界并实际上将其限制于白人多数/黑人少数的对立中。关注非洲散居居民，意味着回到对“黑人研究”的最初解读中，包括 W. E. B. 杜波依斯和艾伦·洛克这样的作者的解读，他们认为，非裔美国人经验的特殊性是在与一个“非洲”世界“相关”的情况下构建的。“文化研究”对于这种理论再定位来说是有裨益的，因为尤其通过 S. 霍尔，文化研究已经从加勒比地区开始研究理论再定位问题。

“黑人研究”与“文化研究”之间的另一个共同之处再一次来自英国。也还是在 20 世纪 90 年代，一些英国研究人员创设了“黑人文化研究”。“黑人文化研究”的出版物很少，即便 1996 年第一部教材得以编纂。该教材题为“英国黑人文化研究读本”，虽然这像是一种意向声明，但是编纂者仍然不知所措。他们并不希望建立一个将“黑人研究”和“文化研究”综合起来的新场域。然而他们所做的确实是一种综合工作。他们选择将“黑人文化研究”和非裔美国人的民族主义相分离，将其定义为“文化研究”的延伸，因为“黑人文化研究”通过文化、阶级、公民权和国家等概念对“民族性”提出了质疑（1996: 1–15）。这种不想呈现为美国“黑人研究”的根基的意愿引起了某些美国同行对这些英国的“其他的其他人”的批评。这种意愿同样使他们远离了新一代研究人员，其中的执牛耳者为社会学家欣德·安德鲁斯，他试图沿着非裔美国人的民族主义路线使英国的“黑人研究”凸显出来。安德鲁斯（2016）建议回到马尔科·艾克斯和斯托克利·卡迈克尔的著述上来，但是却将这些著述的立场进行本质化，从而再次引入一种与当代语境不大合拍的自由化修辞。安德鲁斯忽略了“文化研究”，却没有解释原因。他通过一些名字（马库斯·加维、黑豹，等等）和一些概念（全球黑人国家、白人至上主义、作为中心的非洲，等等）构建了一种有时是选择性的政治和学术谱系。这种视域不能与“黑人文化研究”乃至“非洲文化研究”相调和，二者今天超越了这一阶段。

比起北美的研究，法国的“黑人研究”较少。而在北美的研究中，“黑人研究”也只是处于美国国家叙事的次 – 叙事地位。然而，十余年来，步菲利普·德威特和柯里特·圭洛敏著作的后尘，一本关于“黑人研究”核心问题的资料集得到汇编。该集子探究法国黑人群体的实际经验，再次审视“色盲”和法国的普遍主义，并探讨法国社会中非洲后裔和加勒比人的经历。像帕普·恩迪亚耶一样，新一代的研究人员，以马贾利·贝索尼、S. 拉尔谢、F. 热尔曼、J. -P. 德迪厄和 E. 西伯为领导，从“黑人研究”中借用了一些工具来掌握种族范畴的政治用途，如自身源于“黑人研究”和法律研究之间融合的批判种族理论。然而，这些研究的大部分以其作者的原初学科为基础，如历史学、哲学和政治科学。他们沿用法国传统，但是试图通过黑人的地位性来审视这些著作，从而打破这种法国传统。很少人将他们的分析置于“黑人研究”谱系中，也很少有人从“文化研究”中汲取灵感。“黑人研究”和“文化研究”这两个领域更多地出现在关于大西洋的黑人流动的著作中，相关研究者有 S. 弗柳 – 萨尔加、S. 菲拉 – 巴卡巴迪奥和 A. 芒容。[6]

最近的一个开放现象乃是刚刚出现的欧洲“黑人研究”。在 2017 年 11 月于布鲁塞尔召开的“欧洲的黑人研究：一种跨国的对话”研讨会上，研究人员、活动分子和大众对“黑人研究”和由欧洲的黑人群体构建并且为欧洲的黑人群体构建的“黑人研究”表现出共同的兴趣。在此不存在学科的界限，而反映的是一种意愿，即将各领域和各进路结合起来构建一种能够反映地方的、国家的和大陆的认识论的领域的意愿。

走向一种“研究”的共存?

“诸研究”之间不存在天然的渗透性或“亲密关系”。我们将“研究”和流动性挂钩，这种流动性通常受到范式和学派的学科构成实践的限制。“黑人研究”在一种（作为一种政治合法性的）制度化和“文化研究”作者倡导的众多逃避路线之间摇摆不定，这在表面上看起来难以调和，即便领域和工具是相近的。笔者确实认为，跨国研究（散居居民研究或非洲文化研究）是一种可能达及共同点的道路，因为这些研究使我们可以超出经验个体主义，创设一种中间空间作为一种知识论和认识论“共存”的形式。“共存”的第一个含义是“共同生活在一起”（见樊尚，2009），除此之外，它也可以理解为一种共同建构——在此指“非洲的”建构，共同构建一些调解知识，以能够代表黑人 / 非洲人 / 非洲人后裔的在世界中存在的共同点和特殊性。笔者认为这种选择勾勒了黑人知识史的轮廓，因而是更加可行的。艾伦·洛克于 1943 年在中美洲和拉丁美洲旅行期间所写的散文证明了这一点。他提到，黑人在世界中的存在已在文化的考虑范围之内，他将文化界定为“北美、中美和南美”（洛克［1943］，2009：119–138）社会中的社会变革的驱动器。“黑人研究”和“文化研究”可以从中获得启发，构想一个可能的共同未来。

Sarah FILA-BAKABADIO: EXISTE-T-IL UNE POROSITÉ NATURELLE ENTRE LES BLACK STUDIES ET LES CULTURAL STUDIES?
(*DIOGÈNE*, No.258–259–260, 2017)

注：

［1］在此，笔者部分地依据 G. 阿甘本的定义，他将装置视为能够说明“人的行为、举止和思想”的“一整套实践、知识、措施和制度”。

［2］Kawaida 理论由毛拉纳·卡伦加于 1965 年创立。卡伦加认为，向转化为历史资本、文化资本和身份资本的古代非洲性回归，是抗击歧视的唯一有效武器。

［3］见 H. 克鲁斯（1984:41），其中谈到关于该术语的激烈争论，并对该领域淹没于已成形的非洲研究表示担忧。

［4］“闭锁”在这里指将“黑人研究”划界为一种固有空间和整体性，这种“闭锁”也导致了其他领域与“黑人研究”的疏远，甚至导致观点和实践的分隔。

［5］特别是 C. 韦斯特指出，这种转型并非一帆风顺。关于这种转型会不会使“黑人研究”丧失认同，存在众多争论。

［6］欲了解法国的“黑人研究”现状，见萨拉·菲拉－巴卡巴迪奥，“The Imbricated Registers of Black Studies in France”，收入 N. 格雷瓜尔等（即将出版，2019）。

参考文献：

亚当斯 , R., Adams, R. (2002) Entretien avec S. Fila-Bakabadio, université Howard, Washington D. C., 8 octobre。

阿甘本 , G., Agamben, G. (2007) *Qu'est-ce qu'un dispositif ?* Paris: Payot。

阿尔卡利马特, A., Alkalimat, A. (1990) *Paradigms in Black Studies: Intellectual History, Cultural Meaning and Political Ideology*, Chicago: Twenty-first Century Books and Publications。

安德鲁斯 , K. 和帕尔默 , L. A. (主编), Andrews, K. & Palmer, L. A. (eds) (2016) *Blackness in Britain*, New York: Routledge。

贝克 , H. A. Jr.、迪亚瓦拉 , M. 和林德堡 , R. H. (主编), Baker, H. A. Jr., Diawara, M., Lindeborg, R. H. (eds) (1996) *Black British Cultural Studies: A Reader*, Chicago: The University of Chicago Press。

卡迈克尔 , S. 和汉密尔顿 , C. V., Carmichael, S. and Hamilton, C. V. (1967) *Black Power: The Politics of Liberation*, New York: Random House。

克鲁斯, H., Cruse, H. (1984) "Contemporary Challenges to Black Studies", *The Black Scholar*, 15(3): 41–47。

达格博维 , P. G., Dagbovie, P. G. (2015) *What is African American History?*, Malden: Polity Press。

德维特, P., Dewitte, P. (1985) *Les mouvements nègres en France. 1919–1939*, [*Negro Movements in France. 1919–1939*], Paris: L'Harmattan。

芬德森, J., Fenderson, J. (2009) "The Black Studies Tradition and the Mappings of Our Common Intellectual Project", *The Western Journal of Black Studies*, 33 (1): 46–58。

菲拉 - 巴卡巴迪奥 , S., Fila-Bakabadio, S. (2019) "The Imbricated Registers of Black Studies in France", 收入 N. 格雷瓜尔、S. 菲拉 - 巴卡巴迪奥和 J. 马佐凯蒂 , in N. Grégoire, S. Fila-Bakabadio, J. Mazzochetti, *Black Studies in Europe: Questioning the Politics of Knowledge*, Evanston: Northwestern University Press, à paraître。

富凯 , T., Fouquet, T. (2018) "Grassroots Cosmopolitics: Critical Notes on 'Cosmopolitan Africa' ", *African Identities*, 16(2): 219–230。

戈登 , J. A.、戈登 , L., Gordon, J. A., Gordon, L. (2006) *A Companion to African- American Studies*, Malden: Blackwell Pub。

吉约曼, C., Guillaumin, C. ([1972]2002) *L'idéologie raciste. Genèse et langage actuel*, Paris: Gallimard。

霍尔 , S., Hall, S. (1996a) “New Ethnicities”, 收入 D. 莫利和 K. -H. 陈 (主编), in D. Morley & K-H. Chen (eds) *Stuart Hall: Critical Dialogues in Cultural Studies*, pp. 441–449, London: Routledge。

霍尔 , S., Hall, S. (1996b) “Race, Articulation and Societies Structured in Dominance”, 收入 H. A. 贝克 , Jr.、M. 迪亚瓦拉和 R. H. 林德堡 , in H. A. Baker Jr., M. Diawara, R. H. Lindeborg, *Black British Cultural Studies: A Reader*, pp. 16–60, Chicago: The University of Chicago Press。

赫扬托 , A., Heryanto, A. (2013) “The Intimacies of Cultural Studies and Area Studies: The case of Southeast Asia”, *International Journal of Cultural Studies*, mai, 16(3): 303–316。

赫西 , B., Hesse, B. (2015) “Blackness on Both Sides: Blackness Matters”, communication à la conférence *Black Studies in Britain*, Birmingham, 30 octobre。

卡伦加 , M., Karenga, M. (2009) “Names and Notions of Black Studies: Issues of Roots, Range, and Relevance”, *Journal of Black Studies*, 40(1): 41–64。

凯利, R. D. G., Kelley, R. D. G. (2000) “How the West was One: On the Uses and Limitations of Diaspora”, *The Black Scholar*, 30(3–4): 31–35。

洛克 , A., Locke, A., Mangeon A. (eds) (2009 [1943]) *Le rôle du nègre dans la culture des Amériques*, Paris: L’Harmattan。

马拉布尔, M., Marable, M. (2006) “A Plea that Scholars Act upon,Not Just Interpret, Events”, 收入 J. A. 戈登和 L. 戈登 , in J. A. Gordon & L. Gordon, *A Companion to African-American Studies*, pp. 98–101, Malden: Blackwell Pub.。

马拉布尔 , M. 和阿加德 – 琼斯 , V. (主编), Marable, M. & Agard-Jones, V. (eds) (2008) *Transnational Blackness: Navigating the Global Color Line*, New York, NY: Palgrave McMillan。

默瑟 , K. 和朱利恩 , I., Mercer, K. & Julien, I. (1996) «De Margin and De Centre», 收入 D. 莫利和 K. -H. 陈 (主编), dans D. Morley & K-H. Chen (eds) *Stuart Hall: Critical Dialogues in Cultural Studies*, pp. 450–464, London: Routledge。

莫利 , D. 和陈 , K. -H. (主编), Morley D. & Chen K-H. (eds) (1996) *Stuart Hall: Critical Dialogues in Cultural Studies*, London & New York: Routledge。

拉巴卡 , R., Rabaka,R. (2010) *Africana Critical Theory: Reconstructing the Black Radical Tradition, from W. E. B. Du Bois and C. L. R. James to Frantz Fanon and Amilcar Cabral*, Lanham: Lexington Press。

拉耶 , J., Rahier, J. (2017) “The Actual Transnationalisation of Black Studies and African Diaspora Studies”, communication à la conférence: “Black Studies in Europe: A Transnational dialogue", Bruxelles, 17 novembre。

史密斯 , R. C., Smith, R. C. (2003) *Encyclopedia of African American Politics*, New York: Fact on File Inc. 。

特纳 , J., Turner, J. (1997) "African Studies and Epistemology: A Discourse in the Sociology of Knowledge", 收 入 J. L. 科 尼 尔 斯 (主 编), in J. L. Conyers (ed.), *Africana Studies: A Disciplinary Quest for Both Theory and Method*, pp. 91–107, Jefferson: McFarland & Co.。

范德比尔赫 , W., Van Deburg, W. (2002 [1992]) *New Days in Babylon: The Black Power Movement*, Chicago: University of Chicago Press。

樊尚, B., Vincent, B. (2009) «La difficile convivance», *Cahiers de la Méditerranée*, 79: 389–405。

韦赫利耶 , A., Weheliye, A. (2014) "Introduction: Black Studies and Black Life", *The Black Scholar*, 44(2): 5–10。

韦斯特 , C., West, C. (1992) "The Postmodern Crisis of the Black Intellectuals", 收入 L. 格罗斯伯格、C. 纳尔逊和 P. A. 特赖希勒 (主编), in L. Grossberg, C. Nelson, P. A. Treichler (eds) *Cultural Studies*, pp. 689–705, New York: Routledge。

伍德沃德, K., Woodward, K. (1999) *A Nation within the Nation: Amiri Baraka (LeRoi Jones) and Black Power Politics*, Chapel Hill: University of North Carolina Press。

赖特 , M., Wright, M. (2005) *Physics of Blackness: Beyond the Middle Passage Epistemology*, Minneapolis: University of Minnesota Press。

跨大西洋主义：一个日渐式微的范式？

贾尔斯·斯科特－史密斯 著
萧俊明 译

2018年并不是跨大西洋商谈的大好年头。《纽约时报》在1月刊登了一篇题为“跨大西洋关系死了吗？”的文章，着重论述了在德国就特朗普时代与美国关系的重要性和意义而进行的日益扩大的讨论（索尔布雷，2018）。该报紧接着在3月又刊登了另一篇文章，题目是《二战后秩序正在遭受建立它的列强们攻击》。文章强调指出，我们正在目睹一场更加广泛的美欧民粹民族主义/民粹本土主义叛乱，这场叛乱反对既定精英，反对它们领导的国际组织，反对它们对所有其他人强行的紧缩和多元文化主义（古德曼，2018）。7月，《外交事务》杂志发表了格雷厄姆·阿利森的文章《自由秩序的神话》，该文谴责利用自由秩序的构建来证成美国自二战以来在全球实行强权的行径（阿利森，2018）。紧接着在8月，《纽约书评》刊登了《北大西洋公约组织与国际自由秩序的神话》一文，文章指出，美国批评欧洲盟国对集体防务贡献不足从20世纪50年代就开始了，20世纪90年代至21世纪00年代美国驱动的组织扩张纯粹是基于政治经济立场，而非出于安全或战略考虑（伍德，2018）。因此，随后发生的俄罗斯的强烈抵制和北约信誉下滑的根源也就不难预料了，但在当时却被忽略了。9月，《卫报》刊登了《大西洋主义的终结：特朗普杀死了取得冷战胜利的意识形态吗？》一文。文章惊奇地指出，尽管自二战以来一直在使用，大西洋主义一词却是某种很少被定义的东西，同时评论说，这个词在本质上是指“表现理想主义的美国实力之可能”（施瓦茨，2018）。而这只是英美主流自由媒体的一个快速样本。

因此，“跨大西洋”作为一个表示北半球的政治、经济和文化关系的习以为常的多重含义的词是不无问题的。这让我们想到了阿拉斯戴尔·麦金太尔在《追寻美德》中谈及即使其含义已经被清空仍旧坚持不懈地提及道德时经常被引用的一段文字。如果我们用“跨大西洋”来替代“道德”，下面这段引语便会产生一种特殊的反响：

> 我们所拥有的……是一个概念框架的碎片，只是一些其意义的产生语境现在已经丧失的残片。我们确实拥有（跨大西洋）的假想，我们继续使用许多核心表达。但是，我们在很大程度上，如果不是全部的话，丧失了对（跨大西洋）的理论上和实践上的理解。（麦金太尔，1985：2）

显然，我们尚未达到这种程度。但是麦金太尔确实让我们认识到政治、经济和文化利益如何使跨大西洋在越来越多的反证面前仍然作为地缘政治的主要参照点。与布鲁金斯学会、外交关系委员会和（曾与）新美国世纪计划有关的“自由派干涉主义者”罗伯特·卡根，2018 年 7 月在《华盛顿邮报》评定特朗普对北约盟国的攻击性批评时提醒我们，“人类往往宁肯选择自我欺骗而不愿意接受痛苦的现实”。他在文章结束时指出，“曾经作为美国领导的自由世界秩序基石的民主同盟正在动摇……世界危机就要到来”（卡根，2018）。跨大西洋是二战以来的美国国际主义的基本支柱——如果它倒了，跟着会是什么？

有一种普遍的共识认为，我们处在跨大西洋关系的某种形式的拐点之中，即便我们尚不知我们正在拐向何方。这可能是（政治、经济、文化）力量的重组，或可能是某种更深层的东西。无论是什么，我们正在经历一个特殊的跨大西洋世纪或现代跨大西洋时代的结束，我们需要辨别和剖析它的主要成因、特征以及物质和观念后果，从而弄明白我们怎样走到了这一步。玛丽·诺兰在《跨大西洋世纪》一书中就此做了最好的尝试。诺兰的著作实际上指出跨大西洋世纪就是美国世纪，尽管带有欧洲特征。在她看来，20 世纪中期的关系依赖五个主要支柱：美国经济实力、美国军事实力、美欧共同实行凯恩斯主义社会经济政策和冷战反共，西欧迷恋美国大众文化以及接受美国政治统治。按照她的观点，“一个一体化的和更加自治的欧洲的出现”致使美国实力自20世纪70年代以来全面衰退，最终造成当前这种在对待战争、宗教和新自由主义态度上存在重大差别的局面（诺兰，2012：3）。

然而，诺兰的论著对跨大西洋的理解是一种非常唯物主义的理解，这种古典进路通过社会经济数据和区域一体化来解释关系。她确实改变了跨大西洋的时空边界——起点定在更早的19世纪70年代，范围比大多数论述更大，将俄罗斯纳入。但是，对跨大西洋在文化想象中的含义和用法以及这如何与政治设计融为一体进行探究的可能性，远远不止于此。

就在一个世纪之前，即1917年2月，《新共和》记者沃尔特·李普曼在一篇强烈主张美国加入第一次世界大战的辩论文章中创造了大西洋共同体这个概念：

> 大西洋通道的安全是美国应该为之战斗的某种东西。为什么？因为在大西洋两岸已经产生了一个把西方世界连接起来的深远的利益之网。英国、法国、意大利，甚至西班牙、比利时、荷兰、斯堪的纳维亚国家以及全美洲大体上成为一个出于其最深远需要和最深远目的的共同体。它们在这个把它们联合起来的大洋中有着共同的利益。它们如今绑在一起的紧密程度大多数人甚至都未意识到。（李普曼，1917：73）

李普曼将一种共同命运投射于北大西洋沿岸的国家。他的阐述中所展现的跨大西洋空间并不只是一种出于国家安全优先的考虑，而是一种目的论愿景——实现秩序、正义、稳定、民主、自由、伦理、现代性和进步，打败威权主义、武力的使用、野蛮和欺骗。这无疑是一个精英计划，因为他的国际主义同人需要根据这种对国家利益的重新解释来教育大众。二战之后，李普曼的跨大西洋“宏大叙事”趋向于把国家之间的纠纷降至暂时的次要地位，这样不会中断安全利益、经济关系和文化—伦理纽带构成的结构关联。李普曼的雄辩显然不单单支持美国对外政策向东的近期走向，而且为大洋两岸之间所谓不可磨灭的关系的随后提升提供了一个基本论点，这个论点贯彻于克拉伦斯·斯特赖特的《现在联合》、大西洋宪章运动以及冷战时期西方统一战线的诸多表现。这个论点还产生了“西方”这个概念，即构成“国际社会”并执行一种基于价值观的解决全球事务方针的民主倾向国家的松散联盟（邦尼特，2004）。研究跨大西洋关系的传统进路沿循了这些电源线，将着眼点落于20世纪政治和外交史。它与美国作为一个全球强国的崛起以及美国二战之后在欧洲日益增长的政治、经济和文化投入融合在一起。因此，关于跨大西洋的研究成为冷战区域研究的一部分，以北约作为其本体论核心（格雷斯，1998）。

本文不参与着重于仍在连接北美和欧洲的物质和制度关联——可以说其“嵌入”和脆弱程度——的讨论。不探讨北约仍然是“必需”的程度，或者说不探讨跨大西洋贸易与投资伙伴关系协定对于恢复跨大西洋在全球经济中的领导地位是否至关重要。相反，着眼点将落于跨大西洋研究——关于作为一个特定的独特空间的跨大西洋区域的研究，以及在一个从外交史的视角来看其作为区域的利益区域的存在理由似乎受到威胁的时期我们应该如何看待这个研究领域。

从2013年至2016年，我担任跨大西洋研究协会的主席，这是一个由历史学、国际关系和文化研究学者组成的国际网络，相关出版物是《跨大西洋研究杂志》。这个经历提供了一个审视这个领域诸方面的特定视角。协会2002年在英国成立，带有一种强烈的英美观点，有若干年一些经费来自北约公共外交处。尽管声称代表“跨大西洋研究”，但无论是协会还是杂志对这个领域究竟是什么没有一个清晰的概念。特别是历史/政治与文化/文学之间存在着明显的分隔，而且也没有为打通二者做出真正的努力。英美观点也继续主导着管理和人事方面。作为主席，我有意采取一些举措来扩大协会在整个欧洲的影响力——包括在比利时和荷兰举行两次会议，并且引入了一种“文化转向”，其中包括研究我们用“跨大西洋”这个词表示什么意思，以及我们如何采用新的进路来质疑、开放和解构我们的研究领域（伊里耶，1979）。毕竟，冷战正统观点的终结给这个领域带来了转变，从外交转入利用社会学、国际关系、（人文）地理、文化研究及人类学开展研究的路线。这种实验从许多方面来说都是一个成功，但是它也暴露了存在于这个共同体中的薄弱环节。

首先是协会的学者当中英美核心的力量。我不认为大西洋研究特别地需要依靠英美。事实上，我认为没有必要以一种对大西洋关系的非常狭义的理解来限制这个领域的可能性，因为这种理解的目的总归是想把英国在整个大西洋的所谓“特殊关系”和特殊地位永久化。这使协会产生了一种“内—外”或“核心—边缘”之分，这折射出这样一些人的态度，他们认为英国由于与美国有着一种所谓的“特殊关系”，因而以某种方式分离于欧洲其他国家。在我看来，美国不是协会的北极星——我更关注对于大西洋的欧洲观点，而英国的观点只不过是另一种欧洲观点，没有特别的优越地位。

其次是传统主义者——那些认为“跨大西洋关系”是一个给定的人——对任何从一种批判的、哲学的或文化的视角转向质疑这个领域的假定的举动的厌恶。换言之，英美核心使“跨大西洋”作为一种本体论根基稳固下来，在某种程度上拥有了一种具体化的地位。从这个角度来看，它是一个常量，而不是变量。因此，任何批判它、扩大它或绕过它的举动往好里说被视为不相关的，往坏里说是令人费解的，甚至是潜在颠覆性的。毕竟，制度，比如学科，往往是根据拒绝变化的强大既得利益行使功能的，而协会同样是过于扎根于关于跨大西洋的“宏大叙事”以致无法接受这样一种范式转变（甚或范式扩散）。

边界：时间、空间、学科

跨大西洋区域不是一个大陆，它从未受益于易于划定的边界。它是一个“话语对象”，即一个反映赋予其相当大意义的文化、政治和经济利益的建构。因此，跨大西洋既是一个地理空间，也是一个观念，而且这个观念是赋予这个空间以意义所必需的。李普曼只是呈现了这一计划的版本之一，这是一个强有力的版本，在整个20世纪回荡于政治和公共领域。但是，这当然不是唯一的版本。

因此，谈论跨大西洋需要对其空间和时间的界限做一些澄清。就空间而言，是什么使一个区域成为区域？自20世纪90年代以来，国际关系文献中一直就这个问题进行着活跃的讨论。安全研究聚焦于“区域安全复合体”对提供秩序的重要性，而恩斯特·哈斯为一种渐进的制度建设的功能主义观点奠定的基础得以复活（索林根，1998；布赞和维夫，2004；哈斯，2004［1958］）。

这项工作在很大程度上为处于这些过程中的国家起到了带头作用（伯尔策尔和里斯，2016）。一种由建构主义的兴起驱动并在一定程度上依据卡尔·多伊奇的另类路线，更加注重规范的建立和产生了集体认同、共享意义和相互信任感的社会化过程（阿德勒和巴尼特，1998）。观念，如果使它以有效的方式去“旅行”的话，可以改变对区域认同的感知，因而改变政治行为的进程（里斯、罗普和辛金克，1998；阿查里雅，2004）。历史学依据这些见解探究了区域认同随着时间的构成以及变化的推动者，这些推动者以特定的理由——诸如种族或民族区分、阶级和经济利益、社会进步和现代性，或对和平的国际制度的渴望——组织了对认同的促进（坎迪达·史密斯，2017）。

这里，重要的是指出区域主义与区域化之间的差别。区域主义，依据弗朗切斯科·迪纳的观点，注重“（具有）为追求法典化共有目标的法律和官僚结构的……跨国空间”。在《牛津比较区域主义手册》他撰写的一章中，迪纳只能指出跨大西洋区域的三个这类机构：北大西洋公约组织、跨大西洋贸易与投资伙伴协定及综合经济与贸易协定，而其中实际存在的目前只有两个（迪纳，2016：133）。奇怪的是，他并未对区域化进行探究，按照《牛津比较区域主义手册》编者的界定，区域化是指“自下而上的、自发的和内生的过程……其中包含了形形色色的通过正式和非正式网络组织的非国家行为主体”。这些过程发生在“在地理和文化上相近的国家和社会”（伯尔策尔和里斯，2016：8）。

就时间而言，跨大西洋之所以从区域视角来看是令人关注的，是因为它分为两个截然不同的史学时期，这引出了时间问题，或“历史分期的边界”问题。首先，大西洋历史主要集中于15世纪到19世纪，这是帝国、奴隶制和民主革命的时期，而跨大西洋包含作为物资、金融和人力跨洋转运关键节点的非洲和拉丁美洲。其次，20世纪有一个大西洋共同体时代，先是由李普曼原创，后来由玛丽·诺兰记述，其着眼点落于英美共同目标、法制、民主以及现代性。传统历史编纂学的假定认为，二者之间存在着明显可辨的分界点，以奴隶贸易的结束和19世纪中叶的美国内战来划分。这些事件的确为19世纪末美国对外政策的重新定向提供了依据，诸如李普曼这样的国际主义精英也据此断定，欧洲未来的实力格局——以及相关的帝国全球实力动力——对于美国的未来具有关键性重要意义。在这种现代叙事中，非洲和美洲或者被贬至边缘（李普曼在 1917 年的确提到“全美洲”），或者完全看不到，与它们在大西洋史中更加显著的地位形成了鲜明的反差；将它们写入大西洋史确实是为了削减欧洲中心论的“白色太平洋”进路。

然而，引入新的跨学科进路打破了前现代大西洋世界与现代跨大西洋世纪之间所谓的明确分界。关于跨国史的引论尤其如此，它并未将民族国家作为其历史主角或认识论基础。跨国史超越了“方法论民族主义”，引入了新的角色，更加注重物质和精神文化，以及这些文化在跨越边界旅行的过程中造成意义、认同和行为的变化所凭借的手段和方式（贝克，2003）。空间可以被重构，能动力可以被再分配。不适合国家体制框架但仍具有影响力的治理体系，比如宗教秩序或共济会被赋予更大的重要性。就种族而言，“白色大西洋”的“排他主义观念”受到了彻底的挑战（沃达格纳，2015：7）。加勒比地区——长期以来被当作不过是人力和物力资本的转口区而未被写入历史——是跨大西洋的一个次区域，现在已经获得了在前现代大西洋具有历史意义和独立身份的地位（库梅尔斯、劳豪特、林克和蒂姆，2015；罗珀，2018）。在现代跨大西洋，加勒比地区尚未获得这样的地位，它在很大程度上仍被视为其他力量——无论是帝国主义的、毒品的还是气象的力量——的接受者，而非“角色性”本身的生成者。

在一部由苏珊·拉赫尼希特、夏洛特·莱尔格和迈克尔·金马吉合编的书名为《重新考虑跨大西洋》的新文集中，明确阐述了大西洋时期与跨大西洋时期之间的边界的瓦解。大西洋史学家如伯纳德·贝林认为，这个区域“与全球其他地方从未完全分离、自我封闭或隔绝过”（贝林，2009：3–4；赖因哈特和赖因哈茨，2006；波拉斯基，2016）。个人和网络可以在民族国家的解释框架之外来分析，而跨大西洋关系变成杂合或纠结的。现代跨大西洋的基础大约是在 20 世纪上半期英美设计世界领导地位的关头建立的，基本上是关涉种族差别和种族优越性，这种全球管理的帝国思维定式得到了大西洋共同体观念的迎合，后者被带入了冷战（贝尔，2007）。

因此，学科多样性对地理和历史分期边界提出了挑战，并且“跨大西洋关系”，就所涉及的角色和所生成的意义而言，在种族、阶级和性别方面变得更加杂合和纠结（亚当和格罗斯，2006；巴特勒，2007；哈格隆德，2012；霍内克、克利姆克和库尔曼，2013；威廉斯，2014；海德和皮萨尔兹－拉米雷斯，2016）。正如拉赫尼希特等人所认为的，前现代大西洋世界是从“一个有政治动机的启发概念”重构而成的，进而“提供一个更新的研究框架”去探究作为一个知识话语和互相转让领域的区域，这样便可以为探索现代时期的类似交换体系提供一个模型（莱尔格、拉赫尼希特和金马吉，2018）。

这种跨国转向在重新研究跨大西洋世纪的现代时期方面发展得也很成功。近期学术成就强调网络的结构力量以及19世纪末和20世纪初在个人流动性、文化迁移和政治主张方面的错综复杂的发展，其地标性研究丹尼尔·罗杰斯的《大西洋的跨越》奠定了一块重要的基石（罗杰斯，2009）。这一转向还包含对国际联盟的重新评价，这种重新评价不是将其视为一个试图操控国家间关系的帝国主义列强把持的国际机构，而是看作一个由专业知识、非正式治理以及遍布全球的跨国网络构成的多层网络（马佐尔，2009；赖茨勒，2011，2014）。以网络来探索跨大西洋瓦解了前现代与现代之间的边界，因为学者们一直在寻找后来的运动的前身和根源（亚当，2012；斯克鲁普和希思，2014）。我们目前正在探究“多重大西洋”，相互之间存在重叠，时有一致，时有分歧（拉赫尼希特，2018）。

关于冷战时期的跨大西洋及以外的研究也发生了一种跨国转向，产生了所谓的新冷战史。国际组织被重新概念化，从庞大僵化的规则制定者变为全球流动专家们短暂的会合点、政策制定和个人网络合并的中心节点（克里斯蒂安、科特和马特伊卡，2017）。另有一些学者探究了“非正式外交网络”，比如比尔德伯格集团、让·莫内的欧洲合众国行动委员会、三边委员会的作用和相关性。这类研究聚焦于跨国精英在补充和绕开国家体制中的作用，以及政治家本身与来自媒体、商业和学术界的其他精英一起加入这些非正式网络的情况（格林，2008；克努森，2016；海斯韦特，2018）。德国历史研究所的跨大西洋视角项目扩大了关于这些网络的研究，进而去探寻流亡者和强迫移民跨越大西洋的迁移路径，并且回溯到20世纪30年代至20世纪80年代来凸显这种大规模交换——从字面上讲，关于“跨大西洋经历”和使之成为可能的组织的研究——如何影响长期规划、制度建设、学术话语、相互理解和期望。[1]马丁·克利姆克在《其他联盟》中将关注点从精英和制度转向描绘越战时期跨大西洋抗议运动，从而给跨国解释构建了一种浓重的社会维度（克利姆克，2011）。离散和流亡也被认为形成了另一种跨越大西洋的联系模式，它们通过行动主义、相互依存和记忆来追求政治可能性（斯科特－史密斯，2016）。

第一波跨国史往往着眼于自由力量为了改善或取代民族国家体制的目的而进行的进步运动。国家在国际条约和法律方面是有特权的行为主体，但是具体原因实际上进入决策表取决于多重利益集团、游说网络和知识社群的活动。民众和观念的自由运动被视为一件好事；由于大多数学者认为自己是一个世界共同体的一部分，所以他们的主要关注往往落于表明这些关联是如何产生的是可以理解的。不过，也有一种反对这种自由趋势的回推，比如另有一些人强调跨国关联和“国际主义力量”的消极方面。正如关于跨国权利的研究所表明的，相互关联性未必是一种进步力量（赖尼施，2016）。

当前大西洋两岸反体制、反移民、民族—民粹主义政治运动此起彼伏，遥相呼应，共同努力动摇跨大西洋秩序制度，这是一个很明显的现时提示。如果这种趋势继续下去，结果将是跨大西洋区域的不可治理性日趋更甚，这显然颠覆了李普曼在一个世纪前提出之后被无数人重复的设想：将这个区域置于全球进步的中心。尽管这些政治力量以一种复兴辞藻（让美国再次伟大，德国另类选择）来汲取力量，但是这是一种零和政治博弈，公然地倒退去强行种族排斥路线，并以“民族”“西方”“文明”或无论什么容器——只要可能适合任何时间和任何地点的运动——的名义拒绝全球文化多元主义。不情愿者联盟在当今的政治中拥有相当的力量。

几点结论：由此向何处去？

从国际关系的视角来看，许多人的着眼点仍旧落于美欧关系对于全球治理体系的关键性。20世纪90年代和21世纪00年代初被定名为“新大西洋主义”时代，因为两个“敌对伙伴”试图在一个相对政治分歧时期管控它们的深层经济和金融关系，并通过国际机构进行协调（麦圭尔和史密斯，2008；西莫尼，2013；博南诺、库格莱桑和亨德森，2015）。学者们在诸如生物科技、能源、气候变化以及人工智能这些表明专业知识渠道仍然有效发挥功能的领域寻求“深层政策网络”。正如加布里埃拉·帕尔－亚克利所指出，这类行为主体不仅作为变化渠道是宝贵的，而且对堵住以国家为中心的治理“结构漏洞”也很重要（帕尔－亚克利，2014）。

如果进一步检视我所谓的跨国跨大西洋，反思正在进行中的事情，我会认为在一个条约和同盟的基于国家的支柱开始摇摇欲坠的时代，非国家行为主体的角色在赋予跨大西洋关系以意义方面越来越重要。正如上文所表明的，这关涉到使用“跨大西洋转向”来凸显另一种通过非国家部门践行的治理形式。我这里想到的是诸如德国马歇尔基金会这样的行为主体，它在发展政策相关领域中的跨大西洋专家对话方面投入很大，但同时进行了将跨大西洋与亚太、拉丁美洲以及非洲协调起来的网络建设（斯科特－史密斯，2018）。

在其关于区域主义的研究中，坦亚·伯尔策尔和托马斯·里斯将一个“区域秩序”定义为关涉“一个特定区域中区域化和区域主义的多样化结合……既包含从下至上的经济、政治、社会和文化交流过程（区域化），又包含正式和非正式的国家领导的制度建设（区域主义）”（伯尔策尔和里斯，2016：9）。路易丝·福西特也曾做过类似的界定：“我们对于区域的理解自然地流入作为一项政策和规划的区域主义概念——国家和非国家行为主体借以在某一区域进行战略合作和协调”（福西特，2005：24）。这些是有条理的、政治学类型的定义，但是它们却未能把握诸如跨大西洋这样的区域的流动性，那里的时空边界越来越模糊。

然而，现代跨大西洋研究中还必须摆脱以从上至下、突出精英，基于专家的举措为着眼点的做法（早期大西洋史不久前已经实现的一个转向）。还有一个被剥夺者的跨大西洋，他们从自下而上的角度经历了在美欧核心中实行的资本主义、种族主义和歧视。跨大西洋叙事承载的历史包袱，就有钱人与无钱人、胜利者与牺牲者而言，应该从边缘挪到研究的中心。保罗·吉尔罗伊 25 年前写出了《黑色大西洋》，作为一种削弱和重构欧洲白人认同和作为历史意义的主要载体的民族国家的方式（吉尔罗伊，1993）。正如我们所熟知的，不平等制度深深地嵌入了自由主义的故乡。正如瓦尔特·米尼奥罗所指出的，带有“殖民性”烙印的社会行为和世界观总是恰恰隐藏在表面之下（米尼奥罗，2005；拉赫尼希特，2018）。瓦尔特·本雅明同样提醒我们说，“任何一部记录文明的史册无不同时是一部记录野蛮的史册”（本雅明，1968）。跨大西洋应该重新变为与不平等的社会、经济和政治权力结构进行批判交锋的空间，不是从跨大西洋另类右翼宣称的分歧的意义上而言，而是从查尔斯·波斯特尔所说的“劳动人民为了更加公正、平等和人性的社会而进行民主政治动员的历史传统”的意义上而言（波斯特尔，2017）。2017 年发生的妇女大游行和科学大游行联合了跨大西洋区域及以外的许多城市的活跃分子，诸如此类的例子恰恰证明了波斯特尔的观点。历史学家的任务正是要揭示和维护这些贯彻于若干世纪的关系，这些关系既使跨大西洋成为一个流动和解放的空间，也使之成为一个等级和秩序的空间。

Giles SCOTT-SMITH: TRANSATLANTICISM: A FADING PARADIGM?
(*DIOGENES*, No. 258–259–260, 2017)

参考文献：

阿查里雅, A., Acharya, A. (2004) "How Ideas Spread: Whose Norms Matter? Norm Localization and Institutional Change in Asian Regionalism", *International Organization* 58: 239–275。

亚当 , T. 和格罗斯 , R. (主编), Adam, T., & Gross, R. (eds.) (2006) *Traveling Between Worlds: German-American Encounters*, Arlington: Texas A & M University Press。

亚当, T., Adam, T. (2012) *Intercultural Transfers and the Making of the Modern World, 1800–2000*, New York: Palgrave Macmillan。

阿德勒 , E. 和巴尼特 , M., Adler, E. and Barnett, M. (1998) *Security Communities*, Cambridge: Cambridge University Press。

阿利森, G., Allison, G. (July /August 2018) "The Myth of the Liberal Order", *Foreign Affairs* 97。

贝林 , B., Bailyn, B. (2009) "Introduction", 收入 B. 贝林和 P. L. 德诺 (主编), in: B. Bailyn and P. L. Denault (eds.), *Soundings in Atlantic History: Latent Structures and Intellectual Currents, 1500–1830*, Cambridge, MA: Harvard University Press。

贝克, U., Beck, U. (2003) "Toward a New Critical Theory with a Cosmopolitan Intent", *Constellations* 10: 453–468。

贝尔 , D., Bell, D. (2007) *The Idea of Greater Britain: Empire and the Future of World Order 1860–1900*, Princeton: Princeton University Press。

本雅明 , W., Benjamin, W. (1968) *Illuminations* [Edited and with an Introduction by Hannah Arendt], New York: Schocken Books。

邦尼特 , A., Bonnett, A. (2004) *The Idea of the West: Culture, Politics and History*, Basingstoke: Palgrave。

伯尔策尔, T. 和里斯 , T. (主编), Börzel, T. and Risse, T. (eds.) (2016) *The Oxford Handbook of Comparative Regionalism*, Oxford: Oxford University Press。

博南诺 , L.、库格莱桑 , N. 和亨德森 , K. (主编), Buonanno, L., Cuglesan, N., & Henderson, K. (eds.) (2015) *The New and Changing Transatlanticism: Politics and Policy Perspectives*, London: Routledge。

巴特勒 , L., Butler, L. (2007) *Critical Americans: Victorian Intellectuals and Transatlantic Liberal Reform*, Chapel Hill: University of North Carolina Press。

布赞 , B. 和维夫 , O., Buzan, B. and Waever, O. (2004) *Regions and Powers: The Structure of International Security*, Cambridge: Cambridge University Press。

坎迪达・史密斯, R., Cándida Smith, R. (2017) *Improvised Continent: Pan-Americanism and Cultural Exchange*, Philadelphia: University of Pennsylvania Press。

克里斯蒂安, M.、科特, S. 和马特伊卡, O., Christian, M., Kott, S., and Matejka, O. (2017) "International Organisations in the Cold War: The Circulation of Experts Between East and West", *Studia Territorialia* 17: 35–60。

迪纳, F., Duina, F. (2016) "North America and the Transatlantic Area", 收入 T. 伯尔策尔和 T. 里斯 (主编), in T. Börzel and T. Risse (eds.), *The Oxford Handbook of Comparative Regionalism*, Oxford: Oxford University Press。

福西特, L., Fawcett, L. (2005) "Regionalism from an Historical Perspective", 收入 M. 法雷尔等 (主编), in M. Farell et. al. (eds.), *The Global Politics of Regionalism: Theory and Practice*, London: Pluto Press。

海斯韦特, T., Gijswijt, T. (2018) *Informal Diplomacy: The Bilderberg Group and Transatlantic Relations during the Cold War, 1952–1968*, London: Routledge。

吉尔罗伊, P., Gilroy, P. (1993) *The Black Atlantic: Modernity and Double Consciousness, Cambridge*, MA: Harvard University Press。

古德曼, P., Goodman, P. (26 March 2018) "The Post-war Order is Under Assault from the Powers That Built It", *New York Times*, available online: <https://www. nytimes. com/2018/03/26/business/nato-european-union. html>。

格雷斯, D., Gress, D. (1998) *From Plato to NATO: The Idea of the West and Its Opponents*, New York: Free Press。

格林, G., Grin, G. (2008) "Jean Monnet's Action Committee for a United States of Europe and the Origins of the Treaties of Rome", *Relations Internationales* 4: 21–32。

哈斯, E., Haas, E. (2004 [1958]) *The Uniting of Europe: Political, Economic and Social Forces 1950–57*, Notre Dame IN: University of Notre Dame Press。

哈格隆德, D., Haglund, D. (2012) "That Other Transatlantic 'Great Rapprochement' France, the United States, and Theodore Roosevelt", 收入 H. 克拉布本达姆和 J. 汤普森 (主编), in H. Krabbendam and J. Thompson (eds.), *America's Transatlantic Turn-Theodore Roosevelt and the "Discovery" of Europe*, London: Palgrave Macmillan。

海德, M. 和皮萨尔兹-拉米雷斯, G. (主编), Heide, M. & Pisarz-Ramirez, G. (eds.) (2016) *Hemispheric Encounters: The Early United States in a Transnational Perspective*, New York: Peter Lang。

霍内克，M.、克利姆克，M. 和库尔曼，A.（主编），Honeck, M., Klimke, M., & Kuhlmann, A. (eds.), *Germany and the Black Diaspora: Points of Contact, 1250–1914*, New York: Berghahn Books。

伊里耶，A., Iriye, A. (1979) "Culture and Power in International Relations and Intercultural Relations", *Diplomatic History*, 10: 115–128。

卡根，R., Kagan, R. (12 July 2018) "Things Will Not Be Ok", Washington Post, available online: <https: //www. washingtonpost. com/opinions/everything-will-not-be-okay/2018/07/12/c5900550-85e9-11e8-9e80-403a221946a7_story. html>。

库梅尔斯，I.、劳豪特，C.、林克，S. 和蒂姆，B.（主编），Kummels, I., Rauhaut, C., Rinke, S. and Timm, B. (eds.) (2015) *Transatlantic Caribbean: Dialogues of People, Practices, Ideas*, New York: Columbia University Press。

克利姆克，M., Klimke, M. (2011) *The Other Alliance: Student Protest in West German and the United States in the Global Sixties*, Princeton: Princeton University Press。

克努森，D., Knudsen, D. (2016) *The Trilateral Commission and Global Governance: Informal Elite Diplomacy, 1972–1982*, London: Routledge。

拉赫尼希特，S., Lachenicht, S. (2018) "Transregions from Early Colonization to Post-Cold War: Multiple Atlantics", 收入 M. 米德尔（主编），in M. Middell (ed.), *Routledge Handbook of Transregional Studies*, London: Routledge。

拉赫尼希特，S., Lachenicht, S. (2018) "How the Americas Became 'the Americas' ", 收入 V. 德普卡特等（主编），in V. Depkat et. al. (eds), *Cultural Mobility and Knowledge Formation in the Americas*, Heidelberg: Winter。

莱尔格，C.、拉赫尼希特，S. 和金马吉，M.（主编），Lerg, C., Lachenicht, S., & Kimmage, M. (eds.) (2018) "Introduction", in *The Transatlantic Reconsidered*, Manchester: Manchester University Press。

李普曼，W., Lippmann, W. (17 February 1917) "Defense of the Atlantic World", *New Republic*: 69–75。

麦圭尔，S. 和史密斯，M., McGuire, S., & Smith, M. (2008) *The European Union and the United States: Competition and Convergence in the Global Arena*, Basingstoke: Palgrave Macmillan。

麦金太尔，A., MacIntyre, A. (1985) *After Virtue: A Study in Moral Theory*, Duckworth。

马佐尔，M., Mazower, M. (2009) *No Enchanted Palace: The End of Empire and the Ideological Origins of the United Nations*, Princeton: Princeton University Press, 2009。

米尼奥罗 , W., Mignolo, W. (2005) *The Idea of Latin America*, Oxford: Blackwell。

诺兰 , M., Nolan, M. (2012) *The Transatlantic Century: Europe and America 1890–2010*, Cambridge: Cambridge University Press。

帕尔 – 亚克利 , G., Paar-Jakli, G. (2014) *Networked Governance and Transatlantic Relations: Building Bridges through Science Diplomacy*, London: Routledge。

波拉斯基 , J., Polasky, J. (2016) *Revolutions without Borders: The Call to Liberty in the Atlantic World*, New Haven: Yale University Press。

波斯特尔, C., Postel, C. (2017) "What We Talk about When We Talk about Populism", *Raritan* 37: 133–155。

赖因哈特 , S. 和赖因哈茨 , D. (主编), Reinhardt, S. & Reinhartz, D. (eds.) (2006) *Transatlantic History*, Arlington: Texas A & M University Press。

赖尼施 , J., Reinisch, J. (2016) "Introduction: Agents of Internationalism", *Contemporary European History* 25: 95–105。

赖茨勒 , K., Rietzler, K. (2011) "Experts for Peace: Structures and Motivations of Philanthropic Internationalism in the United States and Europe", 收入D. 拉奎(主编), in D. Laqua (ed.), *Internationalism Reconfigured: Transnational Ideas and Movements Between the World Wars*, pp. 45–65, London: I. B. Tauris, 2011。

里斯 , T.、罗普 , S. 和辛金克 , K., Risse, T., Ropp, S. and Sikkink, K. (1999) *The Power of Human Rights: International Norms and Domestic Change*, Cambridge: Cambridge University Press。

罗杰斯 , D., Rodgers, D. (2009) *Atlantic Crossings*, Cambridge, MA: Harvard University Press。

罗珀 , L. H. (主编), Roper, L. H. (ed.) (2018) *The Torrid Zone: Caribbean Colonization and Cultural Interaction in the Long Seventeenth Century*, Columbia SC: University of South Carolina Press, 2018。

索尔布雷 , A., Sauerbrey, A. (3 January 2018) "Is the Transatlantic Relationship Dead?" *New York Times*, available online: <https://www. nytimes. com/2018/01/03/opinion/germany-trans-atlantic-america. html> 。

施瓦茨 , M., Schwartz, M. (4 September 2018) "The End of Atlanticism: Has Trump Killed the Ideology That Won the Cold War?" *The Guardian*, available online: <https: //www. theguardian. com/news /2018 /sep /04 /atlanticism — trump — ideology — cold — war — foreign — policy>。

斯科特–史密斯, G., Scott-Smith, G. (June 2016) "Exiles on Main Street: Cold War

Intellectuals, Diasporas,and the Transatlantic Community", Keynote Lecture, Tübingen University。

斯科特-史密斯, G., Scott-Smith, G. (2018) "The Transnational Transatlantic: Private Organizations and Governmentality", 收入莱尔格、拉赫尼希特和金马吉 (主编), in Lerg, Lachenicht and Kimmage (eds.), *The Transatlantic Reconsidered*, Manchester: Manchester University Press。

斯克鲁普 , D. 和希思 , A., Scroop, D., & Heath, A. (2014) *Transatlantic Social Politics: 1800–Present*, New York: Palgrave Macmillan。

沙恩, S. 和马泽蒂, M., Shane, S. & Mazzetti, M. (20 September 2018), "The Plot to Subvert an Election", *New York Times*。

西莫尼, S., Simoni, S. (2013) *Understanding Transatlantic Relations: Whither the West?* London: Routledge。

索林根 , E., Solingen, E. (1998) *Regional Orders at Century's Dawn: Global and Domestic Influences on Grand Strategy*, Princeton: Princeton University Press。

沃达格纳 , M., Vaudagna, M. (2015) "Introduction", 收入沃达格纳 (主编), in Vaudagna (ed.), *Modern European-American Relations in the Transatlantic Space*, Turin: Otto。

威廉斯, A., Williams, A. (2014) *France, Britain and the United States in the Twentieth Century 1900–1940: A Reappraisal*, London: Palgrave Macmillan。

伍德 , T., Wood, T. (21 August 2018), "NATO and the Myth of the Liberal International Order", *New York Review of Books*, available online: <https://www. nybooks. com/daily/2018/08/21/nato-and-the-myth-of-the-liberal-international-order />。

在文化迁移扩大之后：作为区域研究之更新的“迁移研究”

达米安·埃拉尔特 著
贺慧玲 译

“文化迁移”概念在20世纪80年代由米歇尔·埃斯帕涅和米夏埃尔·维尔纳提出，它大大丰富了人文社会科学的“成套工具”（instrumentarium）。这一概念在研究景观中已具合法性并甚至构成了TransferS这一杰出实验室的主题。TransferS旨在“从长期来研究伴随着诸文化间文本、知识模型、物品、艺术品或日用品的流通的再语义化形式（http://transfers.ens.fr/-programme-scientifique-）”。文化迁移概念是法德文化空间和德国研究的组成部分，在文学史和文化史学家中传播开来，近来引起了政治学家和文化圈研究专家的兴趣。本文的目标不是要交出一部文化迁移史——赖因哈特·科泽勒克式的概念史（1979）——，而毋宁说是要研究2004—2006年间的转向如何促进了文化迁移的扩大（埃拉尔特，2010：14–15）以及这种扩大如何促进了当代世界中的区域研究。文化迁移建立在跨国动态的基础上，它将重新质疑文化圈观念？抑或它会丰富区域研究？

文化迁移：思考诸文化间信息的流通和变动

“迁移研究”最初与今天源自比较主义的视域相对立，因为比较主义视域将术语看作不变量，而“迁移研究”旨在强调“一些混杂形式，它们往往因认同研究受重视而受到忽视，因为认同研究天然地旨在掩盖这些混杂”（埃斯帕涅，1999：1）。“迁移研究”适用于文化空间之间的交流进程和调解形式。因此，文化迁移指称思想、文化制品、做法和体制从关于行动、行为和诠释的一种社会模型转移至另一种社会模型（吕泽布林克，2015：129–170）。一些中介者、机构或媒体充当了这种转移的载体。

文化迁移理论并不仅限于往往被视为占主导地位的传送方的文化，它同样也重视其他文化中的接受背景，重视跨文化调解者及其调解机构的行动的根本作用。就像汉斯·罗伯特·耀斯和康斯坦茨学派所创制的接受美学一样，“迁移研究”重视那种主动地挪用信息而不是被动地承受信息的影响的接受者。这里有意使用传送者—接受者这一对术语。事实上，米歇尔·埃斯帕涅（1999：20）直接参照沟通理论，这是他用来分析从一种文化向另一种文化过渡的模型之一。当然他还采用历史学方法和解释学等其他进路。

作为解释学工具的文化迁移的好处不在于传送者和接受者之间的转移，而毋宁说在于主导着信息的挪用和变革的语境和动态。信息来自传送者，但是信息的编码或解码可能被语义的杂音所干扰。因此，米歇尔·埃斯帕涅（1999：8）认为，迁移类似于“一种翻译”，因为考虑到“文化混杂”的存在，它与众多国家空间之间的一种换码相匹配。乍一看，这种翻译形式更多地类似于一种“诸文化的翻译”——从“翻译转向”的角度说（巴赫曼–梅迪克，2006；乌斯蒂诺夫，2007）——这种翻译与历史的、文化的和政治的语境密不可分。虽然语言和文化之间的类比是有限的，但是“诸文化的翻译”概念使得多样性成为文化的一种内在品格（罗莱，2012）。如果我们使用这种关于翻译的隐喻的话，那么，在文化迁移案例中，难道不应该将翻译者及其翻译——即便是错误的——置于其语境中吗？我们离格言“译者即背叛者”还远着呢！

在“跨文化传播”中，信息的转化因而与信息本身一样也是主要的：或多或少深刻的变动源自一种创新性的挪用，会带来新东西。因此，迁移理论的长处之一是重视在思想和作品的国际流通中出现的转型。迁移倾向于解构关于认同的本质主义视域并研究思想流通过程中出现的变动，在这一过程中，迁移表现为一种强大的解释工具，尤其在冲突时期的跨文化调解情况下。从这个角度看，迁移尤其显得适应法德关系史。安娜–玛丽·蒂埃斯（2001：11）强调在认同的确认和认同在国际交流框架内的构建之间存在明显的悖论：“没有什么比国家认同的形成更国际的东西了。悖论是巨大的，因为每种国家认同不可约简的独特性曾是流血冲突的借口。这些认同却源自同一种模式，而这种模式是在密集的国际交流框架中不断调整的。”这种悖论可以因为“迁移研究”而被打破，因为“迁移研究”表明国家认同在何种程度上能够在众多文化空间之间同时构建（科斯特卡 / 卢克贝尔特，2004：15）。

2004—2006 年的转折：新理论的突现

笔者在此无意确立一种文化迁移的知识状况，也无意总结对文化迁移的研究，只强调四种从文化迁移出发创制的理论。这些理论发端于 2004—2006 年间，包括交叉史理论（维尔纳 / 齐默尔曼，2004）、艺术调解理论（科斯特卡 / 卢克贝尔特，2004）、跨国文化场域理论（2005 年在萨尔布吕肯举行的罗曼语语言学家大会；吕泽布林克 / 奥斯特，2008）以及“迁移研究”理论（巴黎洪堡学院，2006；埃拉尔特 / 努尔・斯克尔，2012）。这些理论催生了当前关于上述研究的未来及其与区域研究的适应性的反思。

米歇尔・维尔纳和贝内迪克特・齐默尔曼（2004）首次提出了交叉史，他们再次对迁移理论提出了以下几点质疑：接受稳定的和所谓知名的国家参照物；使用源自国家学科传统的概念；反思性不足；大部分研究围绕引入－传播—接受进程而接合起来，这一进程缺乏相互性和可逆性。他们认为，这一进程并未充分考虑情况的复杂性：迁移可以随着时间再次出现（再－迁移）并交叉。交叉构成了他们更新的历史观的基础，交叉这一形象对于他们来说似乎最有利于思考这些构型的复杂性。

至于艺术调解理论（科斯特卡 / 卢克贝尔特，2004），该理论通过“挪用（Aneignung）、依赖、奖励和撤退的感觉”以及距离和挪用游戏（经由这种游戏，“主体面对一个‘他者’而达及自身”）来定义这些构型的复杂性。艺术史提供了一个有说服力的研究客体，如调解得以实现的场所、调解者相遇的环境以及调解者组织成网络的方式。调解者看起来像一个“思想的传递者”和一个介入其中的裁判，他的偏见会扭曲他的调解对象。该理论的框架之一乃是友好的调解和敌对的调解（即积极的和消极的调解形式）之间泾渭分明的区别。如果说“调解者”这一术语对于思考历史上起过冲突的德法之间的关系是有用的话，那么调解者并不总是扮演调停人角色的“受欧洲民主思想熏陶的形象”：“艺术史以它的方式见证了一些‘敌对的调停’的形式。”本书表明我们不能总是区分调停的积极形式和调停的消极形式，因为我们发现它们是相互交织的……（科斯特卡 / 卢克贝尔特，2004：15）

2005 年 9 月在德国萨尔兰大学举办的罗曼语语言学家大会期间，汉斯 - 于尔根・吕泽布林克和帕特里夏・奥斯特（2008）对文化迁移进路进行了更新，将其与布迪厄提出的场域概念结合起来。如果说布迪厄在《艺术的规则》（布迪厄，1992）一书中在国家层面定义文化场域的话，那么吕泽布林克和奥斯特将文化场域概念置于跨国视角，即法德关系的视角中，从而拓宽了文化场域概念。面对一战结束后各不相同的国家文化场域，1940—1955 年代似乎回应了一种“跨国的”文化场域状况并见证了“关于一种欧洲归属的共同意识前提”的萌生。因此，文化迁移被纳入各种社会力量在其中发挥作用的场域的动态领域中。迁移和跨国文化场域具有独特的活力，与“关于相异性的形象学”的静止状态形成了鲜明对比。“关于相异性的形象学”这一概念借用自比较文学，指称异国表征研究。自吕泽布林克和奥斯特的理论推出以来，跨国文化场域概念或全球文化场域概念在此后的著述中得到阐发（埃拉尔特，2008；博斯凯蒂，2010；凯珀斯，2011；巴克霍尔兹，2016；茹瓦耶 - 普吕内尔，2016）。在全球文化场域案例中，全球文化场域相对于政治和经济场域的自主性没有其相对于国家文化场域的自主性那么突出。我们可以引证拉里莎・巴克霍尔兹（2016：45）的著述，他在其中谈到全球艺术场域多个阶段的演变：20 世纪 60 年代出现了两年一度的博览会的全球展演；20 世纪 80 年代全球化拍卖市场突现；20 世纪 90 年代在全球范围出现了与西方套语（doxa）针锋相对的话语。贝亚特丽斯・茹瓦耶 - 普吕内尔（2016）关于 1848—1918 年间艺术先锋的著述也值得一提。茹瓦耶 - 普吕内尔的地缘政治进路表明了艺术家在何种程度上可以求助国际层面来应对国家制度。

最后，“迁移研究”概念是洪堡学院于 2006 年 11 月在巴黎举行的“欧洲空间中的跨文化调解与跨文化关系”研讨会上提出的。阿兰・帕特里克・奥利维耶（2012）认为，迁移“考虑的既非差异，也非同一和差异之同一，而是从差异到同一和差异之同一的过渡”。这种定义参照了黑格尔辩证法的三个环节，即同一、差异、矛盾抑或“同一和差异之同一”。迁移因而考虑的是从差异到矛盾的过渡，因而意味着对他人以及多样性中的统一性的承认。如果说迁移预设同一和差异的话，那么这是为了更好地挫败它们，经由的方式是从一种同一或一种文化过渡到另一种同一和另一种文化，“即翻译、隐喻和居无定所的主要可能性”。因此，“迁移研究”研究“从一种文化到另一种文化、从一种社会性别到另一种社会性别的可能通道以及沟通的桥梁，将其作为一种可能性，来舒缓、疏通和调和密集人群，避免其形成相互敌对的集团。如果不再有‘同一’或‘差异’的话，也不再会有迁移：从这种意义上说，对差异的抹杀乃是迁移研究的视界”（奥利维耶，2012：45）。

从这种观点来看，迁移场域可以再被扩大。事实上，“迁移研究”以“文化研究”为模板，将“文化”一词替换为“迁移”。我们更多地强调“跨”文化的迁移，而非仅仅是往往围绕着一些极点产生的对认同的确认：统治者 / 被统治者、多数人 / 少数人和男性 / 女性。“迁移研究”希望在不低估这些极化的同时超越它们。迁移研究“强调根状的文化认同的谱系和嬗变是迁移进程。因此，迁移概念发挥着一种腐蚀性作用，因为迁移概念既对诸文化做出了断定的陈述，又对诸文化进行分解”（埃拉尔特，2012：15–16）。不足为奇的是，迁移研究能够孕育一种新的文化研究形式，因为它与“文化研究”有诸多相似之处：迁移研究和文化研究均聚焦于处于学术文化或国家历史之边缘的东西，并且往最好的情况说，它们均强调杂交性或“文化混杂”，在第三空间或跨文化基石中认出自己的特征，并且质疑具有本质主义企图的同一性。然而，如果说“文化研究”开展一种旨在从边缘过渡到中心的“重绘”的话，那么“文化研究”在实践中往往与社会集团或少数群体的认同紧密相关，这可能导致一些与由统治性文化强加的视域同样本质主义的视域。在多数人 / 少数人的关系方面，“迁移研究”远离了属于占统治地位的文化视角的一种进路，同样也远离了“文化研究”视角。相对于占统治地位的文化的认同，“迁移研究”肯定了少数人的认同：

在“文化研究”和“迁移研究”中，文化被物化了；我们将文化看作一个固定的实体，而非指称一些“流”。在这两种情况下，多数人和少数人之间的差距进一步加大，而“迁移研究”希望避免上述差距，致

力于研究从一种文化到另一种文化的过渡。（埃拉尔特，2012：16–17）

文化迁移概念的扩大

与 2004—2006 年的转向同步，文化迁移理论本身也扩大了其视域。可为例证的是米歇尔·埃斯帕涅（1995）和汉斯－于尔根·吕泽布林克（2005）分别给出的定义之间的比较。埃斯帕涅在国家空间中考虑迁移，并将迁移与“像国家那样的群体的自我感知”联系起来；吕泽布林克将迁移视为一种研究对象，适用于“思想、文化制品、实践和制度从关于行动、行为和解释的一种社会模型向另一种模型的转变”（吕泽布林克，2005：129）。在吕泽布林克看来，迁移远非局限于国家空间，它适用于各个层面的人类学文化，包括其区域和地理的维度，社会和社会文化的维度，宗教的、世代的和社会性别的维度。

另一个影响迁移的重要变化是：埃斯帕涅认为迁移是一种具有解释学目的的机制，其简单的因果性往往使我们忘记情况的复杂性，吕泽布林克将迁移视为一种类似于场域的、处于其历史语境中的、从根本上说动态的进程。此外，我们可以观察到研究领域的一种扩大。埃斯帕涅始终靠近文化史和人文科学，研究的主题涉及法国人文社会科学中的德国参照、由档案或德国在法国的移民所传达的跨文化记忆。至于吕泽布林克，他使迁移领域向媒体科学和跨文化市场营销开放，同时重视情感因素。然而值得一提的是，这两种取向同样（并不只是同时）反映了法国和德国的一些偏好领域：法国偏好文化史，而德国偏好媒体科学。这种跨学科的扩大表现为各种迁移普及到文化之外的其他领域：艺术迁移（科斯特卡 / 卢克贝尔特，2004）；知识迁移（埃斯帕涅 / 吕泽布林克，2015）；科学迁移（洪堡学院，巴黎，2013）；音乐迁移（凯姆，2010；埃拉尔特，2018），等等。2013 年笔者在德国大使馆组织了关于“法德之间的科学迁移”的研讨会，洪堡学院的论据注重科学领域中迁移概念的一词多义性：“这种一词多义性既适用于不同文化空间中科技数据的迁移，也适用于文化和知识迁移（就‘迁移研究’更为特别的词义而言）”（研讨会安排见 http://calenda.org/244569?file=1）。最后，文化迁移逐渐离开它们出身于其中的法德领域，向其他的文化圈开放。法国—德国—俄罗斯关系（德米特里耶娃 / 埃斯帕涅，1996）以及非洲—欧洲关系（埃斯帕涅 / 吕泽布林克）

就是这种情况。

作为区域研究之更新的迁移研究

处于复杂性中的迁移概念的活力因而轻松地适应跨国的乃至全球的文化场域，这种场域由调解者的定位和行动来决定。此外，“迁移研究”辩证的目的使得我们既思考各文化的确认与解体，又思考社会群体中的（自我）确证进程，这些社会群体可以产生众多变体。这种可变性同样也是处于不断重构过程中的文化场域的固有特性。因而“迁移研究”的“成套工具”难道不应该充分利用跨国的乃至全球的文化场域概念吗？

应该全方位地理解场域概念（从地方层面到全球层面），理解行为者是如何在某些时而相互竞争的场域中定位的。即便在迁移研究中，国家层面继续发挥着不容忽视的作用，区域层面似乎也占有一席之地。即便在当代世界中民族主义的加剧往往表现了一种对已消亡的帝国的怀念。然而，“由国土和被武力和雄心召集起来的民众构成的”帝国已经超出了现代民族国家所谓的统一的框架（伯班克 / 库珀，2011：4e de couverture）。因此，在地区的和国家的场域之上，还增加了区域或全球层面的跨国场域。

同样，考虑到文化圈之间的关系，文化迁移不应该从全球层面来思考吗？今天可能应该发展更加精确地聚焦于文化圈之间的迁移或者区域间迁移的研究？同样，我们应该考虑跨越西欧、中欧和俄罗斯的文化场域，其趋同和互不沟通的形式多种多样。这使得迁移从最初设想的国家层面过渡到世界大区域的层面。从文化迁移同“作为国家的群体的自我感知”是相关的这一准则出发，米歇尔·埃斯帕涅（1999：2）认为：“文化迁移概念今天可能有哪怕一点点意义，但是一个关于经济理论、哲学或衣着方式、小说或汽车的欧洲市场确实存在。”这句引语应该被置于欧洲语境中，或置于世界主义的全球化语境中，不能被普遍化。此外，这种相对同质的欧洲观较好地传达了柏林墙倒塌后的历史视域。当今的状况肯定大不相同，在欧盟内部，至少存在两个由费尔南·布罗代尔定义的文化圈，即具有趋异利益的西欧和中欧（诺维茨基，2008：110）。

从埃斯帕涅的上述引语中，我们可以得出同一和差异越少就越没有充分的理由去求助迁移这一结论吗？这与阿兰·帕特里克·奥利维耶（2012）的观点不谋而合，奥利维耶认为，“如果不再有‘同一’和‘差异’的话，就不会再有迁移”。这个理念受到追随，但是“迁移研究”却从未达及这一理念。我们还需问的是，我们真的期望差异缺失而出现一个排除了任何对话可能性的光滑社会？

我们难道不应该更多地研究生产性对抗吗？缺乏沟通被理解为人类沟通的困难（误会、歧见以及不理解），这些困难有可能不断地导致不沟通。不沟通有时发挥着拯救作用，这使得多米尼克·沃尔通（2017：247）如是说：“欧洲的不沟通毋宁说将欧洲人联系起来，而非将其分离开来。”源自文化迁移的动荡会产生不沟通，但是在众多谈判和辩论之后可以确立一种富有成效的对话。文化迁移部分地与不沟通概念相关，并最终成为理解跨文化对话状况的一把重要的钥匙。

正如雅克·波蒂埃（2015）所提议的那样，“区域研究”应该改变其新陈代谢，并与全球世界的复杂性挂钩，区域研究会与这种复杂性相互交织。这种新的新陈代谢可以采取“迁移研究”的形式，“迁移研究”旨在研究在各文化圈、各个空间和各个领土上存在的紧密联系和紧张关系。出于这种目的，不同层面的场域研究和迁移研究是必要的，这样才能把握当代世界的复杂性和动态。“迁移研究”在“区域研究”的常规频谱之外，至少可以围绕以下三个视角发生变化。

第一，区域研究的长处在于它依赖一些聚焦于世界不同地区的跨学科进路。但区域研究并不总是足够重视区域间的迁移以及介入全球范围思想流通中的变动。为了缓和这种状况，最好确立一种“关于文化圈的交叉研究”。根据交叉史，文化圈交叉研究有助于开启文化圈专家和不同学科专家之间的对话，以共同研究和面对关于全球化的观点及与之相关的全球挑战。这种在创造性层面富有成效的横向对话却可以使我们远离被多次承载的光滑和同质的全球化形象。

第二，今天的“文化研究”更多地关注少数群体文化的认同确认，而不是与大众阶层和反抗阶层有关的问题，而伯明翰学派的作者却研究过此类问题。难道我们不应该步场域理论的后尘，与“文化研究”的“社会维度建立联系”

吗？事实上，“迁移研究”依赖场域理论，必然关注行为者在不同层面场域中是否找到立足工具的状况。亚历克斯·霍耐特的承认理论（2000 年）认为，社会斗争的驱动者不再是经济诉求，而是对他人的情感、法律和文化的承认方面的期待。因而“迁移研究”与之相反，试图将社会阶层和 / 或种姓（对于印度世界而言）问题重新提上日程，并超出承认问题对其进行研究。

第三，“迁移研究”围绕黑格尔辩证法，“接受文化圈进路中的矛盾”。笔者将该辩证法应用于该领域：文化圈的认同与表征着差异环节的跨文化基石或第三空间相反。因此，“迁移研究”并不质疑文化圈的存在，而将文化圈看作与可能在文化圈的边缘构建的第三空间处于矛盾关系中。然而，第三空间能够导致文化圈的解构。

总之，我们不应该固守文化圈的解构，而应该赋予这种接纳矛盾的、新的多样性的统一性形式以意义。我们应该承认由斯皮瓦克或内夫提出的“全球的”或“全球性的”视域吗？这里指的是一种批判性思考形象，它远离“经济就是全部”，转而聚焦我们的地球星球。因此，G. C. 斯皮瓦克（2003：72）将到处推行同一种交换体系的全球化与作为统一的自然空间的星球对立起来，因为地球是一种我们居于其上并对其有所依靠的相异性。地球越来越不像一种“被统治、被占有、被掌控的空间，而越来越像一个适宜居住的星球”（内夫，2015：51）。地球是我们的存续之地，今天比以往任何时候都有必要知道如何思考矛盾，以永久地保持跨文化对话。但愿“迁移研究”能够长久开展下去！

Damien EHRHARDT: APRÈS L'ÉLARGISSEMENT DES TRANSFERTS CULTURELS: LES TRANSFER STUDIES COMME RENOUVELLEMENT DES ÉTUDES ARÉALES

(*DIOGÈNE*, No. 258–259–260, 2017)

参考文献：

巴赫曼 – 梅迪克 , D., Bachmann-Medick, D. (2006) *Cultural Turns. Neuorientierungen in den Kulturwissenschaften*, Hambourg: Rowohlt Taschenbuch Verlag。

博斯凯蒂 , A., Boschetti, A. (2010) *L'espace culturel transnational*, Paris: Nouveau Monde Éditions。

布迪厄 , P., Bourdieu, P. (1992) *Les Règles de l'art. Genèse et structure du champ littéraire*, Paris: Seuil。

巴克霍尔兹 , L., Buchholz, L. (2016) "What Is a Global Field? Theorizing Fields Beyond the Nation-state", *The Sociological Review Monographs* 64 (2): 31–60。

伯班克 , J. 和库珀 , F., Burbank, J. & Cooper, F. (2011) *Empires. De la Chine ancienne à nos jours*, Paris: Payot。

德米特里耶娃 , E. 和埃斯帕涅 , M. (主编), Dmitrieva, E. & Espagne, M. (eds.) (1996) *Philologiques IV. Transferts culturels triangulaires France-Allemagne-Russie*, Paris: Éditions de la MSH。

埃拉尔特 , D. 和努尔・斯克尔 , S. (主编), Ehrhardt, D. & Nour Sckell, S. (eds) (2012) *Interculturalité et Transfert*, Berlin: Duncker & Humblot。

埃拉尔特 , D., Ehrhardt, D. (2008) «Liszt,médiateur entre la France et l'Allemagne. Vers une nouvelle théorie du champ et une histoire transculturelle de la musique», *Études germaniques* 63 (3): 503–527。

埃拉尔特 , D., Ehrhardt, D. (2009) *Les relations franco-allemandes et la musique à programme*, Lyon: Symétrie。

埃拉尔特 , D., Ehrhardt, D. (2012) «Transfer Studies: une introduction», 收入埃拉尔特 / 努尔・斯克尔 , in Ehrhardt / Nour Sckell, pp. 13–18。

埃拉尔特 , D., Ehrhardt, D. (2017) «Le concert (au-delà) des nations: l'Europe des transferts», *Hermès, La Revue*, 77: 169–176。

埃拉尔特 , D., Ehrhardt, D. (2018) "Musik-und Kulturtransfer um 1900. Zur Mahler-und Reger-Rezeption in Frankreich", in *Max Reger-ein nationaler oder ein universaler Komponist?*, H. 洛斯、K. P. 科赫和 S. 波普 (主编), H. Loos,K. -P. Koch & S. Popp (eds.), pp. 130–148, Leipzig: Gudrun Schrôder Verlag。

埃斯帕涅 , M. 和吕泽布林克 , H. J., Espagne, M. & Lüsebrink, H. -J. (2015) *Transferts de savoirs sur l'Afrique*, Paris: Éditions Karthala。

埃斯帕涅，M., Espagne, M. (1999) *Les transferts culturels franco-allemands*, Paris: Puf。

霍耐特，A., Honneth, A. (2000) *La lutte pour la reconnaissance*, Traduit de l'allemand par P. Rusch, Paris: Éditions du Cerf。

茹瓦耶－普吕内尔，B., Joyeux-Prunel, B. (2016) *Les avant-gardes artistiques (1848–1918). Une histoire transnationale*, Paris: Gallimard。

凯姆，S., Keym, S. (2010) *Symphonie-Kulturtransfer. Untersuchungen zum Studienaufenthalt polnischer Komponisten in Deutschland und zu ihrer Auseinandersetzung mit der symphonischen Tradition. 1867–1918*, Hildesheim, Zürich & New York: Olms。

科泽勒克，R., Koselleck, R. (1979) *Historische Semantik und Begriffsgeschichte*, Stuttgart: Klett-Cotta。

科斯特卡，A. 和卢克贝尔特，F., Kostka, A. & Lucbert, F. (2004): *Distanz und Aneignung. Kunstbeziehungen zwischen Deutschland und Frankreich 1870–1945*, Berlin: Akademie-Verlag。

凯珀斯，G., Kuipers, G. (2011) "Cultural Globalization as the Emergence of a Transnational Cultural Field: Transnational Television and National Media Landscapes in Four European Countries", *American Beharvioral Scientist* 55(5): 541–557。

吕泽布林克，H. J. 和奥斯特，P., Lüsebrink, H. -J. & Oster, P. (2008) *Am Wendepunkt: Deutschland und Frankreich um 1945 - zur Dynamik eines,transnationalen' kulturellen Feldes / Dynamiques d'un champ culturel? transnational'-L'Allemagne et la France vers 1945*, Bielefeld: transcript Verlag。

吕泽布林克，H. J., Lüsebrink, H. -J. (2005) *Interkulturelle Kommunikation*, Stuttgart & Weimar: J. B. Metzler。

内夫, S., Neef, S. (2015) «L'incertitude dans l'histoire des idées cosmopolitiques et cosmographiques» in *Le Soi et le Cosmos d'Alexander von Humboldt à nos jours*, S. 努尔・斯克尔和 D. 埃拉尔特（主编）,S. Nour Sckell & D. Ehrhardt(eds), pp. 45–54, Berlin: Duncker & Humblot。

诺维茨基，J., Nowicki, J. (2008) «La diversité culturelle comme élément d'identité nationale: le cas de l'Europe médiane», *Hermès. La Revue*, 51: 101–105。

奥利维耶, A. P., Olivier, A. P. (2012) «Le transfert culturel de la phénoménologie transcendantale», 收入埃拉尔特 / 努尔・斯克尔，in Ehrhardt / Nour Sckell, 2012: 45–56。

乌斯蒂诺夫, M., Oustinoff, M. (2007) «Les "Translation Studies" et le tournant traductologique», *Hermès. La Revue*, 49: 21–28。

波蒂埃, J., Pothier, J. (2015) "Farewell Area Studies. Long Live Transfer Studies!",

Contribution to Symposium *Area Studies as a Reflection of the World in Flux*, Jagiellonian Univ. <halshs-01226023>。

罗莱, S., Rolet, S. (2012) «À propos de la “traduction des cultures”», *Revue des Études Slaves*, 83 (2–3): 883–894。

斯皮瓦克 , G. C., Spivak, G. C. (2003) *Death of a Discipline*, New York: Columbia University Press。

蒂埃斯 , A. M., Thiesse, A. M. (2001) *La Création des identités nationales. Europe XVIIIe–XXe siècle*, Paris: Éditions du Seuil。

维尔纳 , M. 和齐默尔曼 , B., Werner, M. & Zimmermann, B. (2004): «Penser l’histoire croisée. Entre empirie et réflexivité», in *De la comparaison à l’histoire croisée*, 维尔纳 , M. 和齐默尔曼 , B. (主编), Werner, M. & Zimmermann, B. (eds), pp. 7–36, Paris: Seuil。

沃尔通 , D., Wolton, D. (2017) «Dix chantiers pour aider à penser l’incommunication en Europe», *Hermès. La Revue*, 77: 243–247。

重构文化圈研究：比较主义作为被重新审视的路径

阿尔扎基·舍尔法乌伊　著
贺慧玲　译

法国对非欧洲语言和文明的兴趣由来已久。如果我们坚持将非欧洲语言和文明作为一种制度化知识和学术领域的话，我们无疑应该追溯到年轻的法国国立东方语言文化学院的创立。法国国立东方语言文化学院是 1669 年由科尔贝尔提议创立的，旨在培养东方国家语言译者。“文化圈”术语的出现则晚很多，它由费尔南·布罗代尔提出，布罗代尔计划围绕历史科学来重构人文科学，从长时段的视角来理解塑造了第二次世界大战后世界秩序的“诸连续性”的各种文明。费尔南·布罗代尔认为，一种文明至少通过四种基本现实来界定，即空间、社会、经济和集体心态（布罗代尔，2013：152）；所有这些要素及它们之间的互动形成了一种“语法”，应该特别通过“一种言语，特别是一种驾轻就熟的语言”（出处同上：143）来破解它。在高等研究实践学院的第六部内部提出关于“文化圈”的提议之初，历史学家为该领域在法国学术景观中的制度化做出了重要贡献。尽管如此，文化圈在学术领域中的地位却仍然是模糊的：文化圈所暗含的跨学科项目与学科的和学科化的组织制度相冲突，这种学科组织制度在整个 20 世纪下半叶不利于对文化圈的完全和彻底的承认。费尔南·布罗代尔受到其 20 世纪 50 年代中期美国之行的启发，但他的目的并不是照搬美国的“区域研究”项目。美国的众多院系对他具有吸引力，但他的项目在认识论上的初衷是推动一种围绕长期历史的跨学科性，一方面旨在使当局能够评定欧洲之外的领域，另一方面旨在培养新一代的高中生。文化圈研究人员既是被需求的，又是相对边缘化的，难以在制度性结构中站住脚。

20 世纪 90 年代末是一个过渡阶段，面对与全球化相关的动荡，研究人员往往竭力分析一个新世界，其中科技迅猛发展，诸文明相互交织，甚至相互碰撞。

本文的目的是为这个自 21 世纪初启动的动态提供一些经验要素。全球化被视为一种消除文化圈隔阂的现象，我们重新考虑与全球化相关的挑战来理解新的世界秩序。本文尤其质疑的是文化圈的区域根基问题以及今天理解文化圈的方式，而并不是主张有关文化圈及其认知共同体的认识论和方法论工程的解体。由美洲研究院、法国国家科研中心和法国国立东方语言文化学院为重新审视文化圈的概念而举办的“文化圈 2014”国际研讨会的召开，即关于文化圈的这种认识论的、方法论的和制度性的重构的表现。我们总结了来自文化圈研究人员的主要立场取向，采取一种我们所称的“新比较主义”——全球化语境下使文化圈研究持久开展的一条重要路径，这条路径不是以各社会的独特性为重点（德蒂恩内，2009），而是重视跨区域研究，从而凸显当代社会在运行方面的趋同，并因而逃脱了针对文化圈研究的激烈批评，即主要是普遍主义和个体主义之间的论战。我们要提出疑问的是，实施这样一种认识论工程需要何种制度条件。

在全球层面理解诸文化[1]

全球化问题在几十年中是学术研究的一个主要对象。当众多研究人员尤其关注全球化的近期阶段时，那些将全球化置于更长时段（即从苏联解体后的 20 世纪 90 年代开始）中来研究的研究人员大部分是徒劳无功的。我们可以追随格鲁津斯基，将世界化现象（随着历史的发展今天成为全球化）划分为四个时刻（格鲁津斯基，2004）。因此，当代全球化问题以一种新方式向我们提出了质问，在新信息技术飞速发展所促进的普遍化流通语境中，提出了一些认识论和方法论挑战。我们一方面要把握信息流动，因为大部分社会科学研究人员对某些扎根于地区的文化感兴趣；另一方面考虑评估信息流动在地方层面产生的影响。特别是，媒体承载着一些或多或少贴近世界现实的想象，它们的影响无处不在；阿帕杜莱强调了这些源自现代媒体的代表性逻辑（阿帕杜莱，1996）。通过“民族景观”，个体倾向于对他们通过电视滤镜感知的现实进行再创造。这些想象并不总是平静的，因为它们建立在个体主观性的基础上，个体主观性的变量几何解释甚至能够导致一些暴力现象（维耶维沃尔卡，2008）。文化实践乃至经济和社会实践的某种全球传播今天看来毫不为奇。经济实力强劲的国家的崛起表明，生活方式与西方模式越来越趋同；集体动员似乎在各处普及，甚至不管是在拉美还是最近（伴随着阿拉伯革命）在所有地中海弧国家进行全球化。在经济层面，全球扩散进程使得某些跨国公司成为杰出的行为者，在全球层面布局它们的发展战略：国际层面生产进程的解构、全球通信、购物和消费实践的趋同。今天能够在网络上订购世界另一端的产品，是再自然不过的事情！

世界的齐一化论断（拉图什，1989）在经受事实的考验时，难以站住脚。地区主义或地方认同现象的突生是一种惊人的全球化的反向效应，它凸显了一种回归趋势，即立足于地方、重新寻找有时崇高的身份。这些“向自身回归”的诉求存在于不同层面：首先在地区和地缘政治层面；今天的土耳其处于何处？北非处于非洲北部还是只是大中东的附庸？何谓中部欧洲的崛起？研究人员很难找到一个确切的名称来称呼这个中部的欧洲，因为它既不能混同于意涵过于丰富的东欧，也不能混同于具有一种过于明显的去中心性的中欧。在一种更为地方的层面上，美洲的印第安群体的认同诉求如何解决？法国的科西嘉人或布列塔尼人的认同诉求如何解决？这里并不只是质疑“全球的”和“地方的”之间的互动，而是要重新审视研究人员借以重新质疑世界秩序、并根据普遍化的流通语境重新研究世界秩序的工具。

上述问题不仅涉及打破常规地图绘制术的划界的地缘政治利益，而且加剧了社会挑战。在法国，一个棘手的问题是世俗性和宗教的关系，这些问题表明，将身份封闭起来的企图存在危险，这种自我封闭企图倚仗对民族认同的理想化的和各自为政的构建。这是关于社会和政治诉求的两个重要例证，值得研究人员关注。他们可以借此理解文化重组进程，理解其中的杂交性以及社会的、文化的乃至政治的转型。更新近地说，移民问题[2]以一种更即时的方式凸显了不同层面之间的接合：既是地缘政治挑战也是社会挑战，因为这些挑战与移民母国内部的困难具有内在联系，同时还影响了移民接收国。

如此多的世界失序应该会使关于文化圈的研究长盛不衰。然而，如果该研究领域积极研究社会和政治诉求的话，那么，更细致地研究文化圈领域的研究状况势在必行。首先应该指出的是，过去二十年在文化圈领域提出了一些重大倡议，其目的是使文化圈研究人员从他们所置身的制度性萧条中解脱出来。[3]这些倡议提出时，学术环境本身处于深刻的转型中，机制间的竞争更加激烈，人文社会科学研究所获得的资源骤减。但是，关键点无疑在于对强烈的批判效应进行系统性研究，无论是出于预算原因还是出于国内和国际影响力原因。对于文化圈研究而言，这样一个目标可能会适得其反，因为一方面它事实上会导致关于少数民族文化和族群文化研究的消失，另一方面研究者们试图将一些偶然拼装起来的研究集中到联合研究实验室中，这些实验室很少能够形成一项富有凝聚力的共同工程。

这种全球逻辑因而促使文化圈研究人员再次采取行动。就像 2007 年创建的美洲研究院那样，在 21 世纪前十年中，要表征处于运动中的诸文化的想法逐渐出现。在美洲研究院内部，北美研究和拉丁美洲研究之间的区别让位于一种一体化逻辑，即考虑美洲范围的流通引起的趋同和趋异。作为该研究院基础的这种认识论工程被扩大至其他领域：2014 年，美洲研究院的年度研讨会主要探讨文化圈问题，并重新审视文化圈概念。同时，法国国家科研中心设立了三个科研集团（GIS），分别研究其他三种文化圈（亚洲、非洲、伊斯兰世界—中东）并承认中部欧洲是一个特殊的实体。该项目不仅是对文化圈的界定，它尤其旨在构建一种制度基础，来指导像美洲文化研究者那样的每个文化圈的专家之间的未来合作。

超越文化圈的疑难：新的比较主义路径的挑战

研究人员要走出区域超级专业化的动态，面临着众多挑战。首先，他们要确定比较层面：区域内比较旨在理解在同一个文化区域内部的实践的趋同和趋异；北非圈内部的柏柏尔语研究、拉美比较文学或者甚至阿拉伯革命研究就是这种研究的例子。其他两个层面的比较——跨区域比较和多区域比较[4]则分别指两个区域的比较以及从总体上比较所有区域。这些比较研究面临着一些棘手问题：它们可由唯一一个研究人员进行或者在一个研究团队的单一框架中开展吗？在这种情况下，如何开展比较研究教学，尤其是博士阶段的教学呢？在博士阶段，相关研究人员需要具备至少关于两个区域的知识，并掌握相关语言。

其次，语言问题涉及翻译问题，特别是那些贯穿于对现实的社会构建过程的一些不可译的东西占据着一定地位。这些不可译的东西不仅仅是词汇的差异，而且是内在不同的，用许多西方研究人员认为放之四海而皆准的标准化分析框架来分析很难行得通。20 世纪 90 年代初美国政治学中的争论（贝茨，1993）很好地说明了与普遍主义企图有关的这种维度。即便文化圈研究仍然应该为知识的进步做贡献，我们却可以质疑某些被视为普遍的理论模型（如博弈论）在理解社会文化现象方面的可信性和相关性，使用这些理论模型有丧失研究内容的实质本身的风险，即只是对社会文化现象的解释性分析；社会文化现象中潜在地内在的文化品格不应该因此被拉向一种学术相对论。

再次，第三种困难在于研究文化圈问题域的学者介入到比较进程中：应当质疑文化圈的知识生产条件，因为这些条件使得“这里和那里”的研究人员处于结构性的不平等状态，无论是从资源的角度而言，还是从研究目标的定义而言，均是如此。值得一提的是，作为研究对象的文化圈（北美除外）往往是由北方（乃至为了北方）单方面地针对南方开展的研究，而南方对北方的研究则少之又少。在这种结构化中，西欧似乎是一个盲点，因为西欧不是作为文化圈存在于法国的当前体制中，就像“美国研究”在美国一样。从这点来看，我们注意到由南方开展的关于南方的进路最近比重增大，特别是在法国某些研究实验室（如非洲世界研究院等）中，这些进路受到重视。在法国某些高校中近来出现的关于“法国研究”的课程，就是一种打破这种反常现象的尝试。最后，研究人员的学科条件本身在开展一种比较主义工程方面是有差别的。即便比较分析在文学和语言学上牢牢确立，但是在社会科学中，比较分析仍是广受质疑的，因为长期以来它采取的方法往往是描述性分析和案例罗列：如果研究文明的学者雄心勃勃地采取一种多学科视角的话，他们立刻会与学科专家相冲突，学科专家们总是勉强地将比较置于其学科的边缘。

美国政治学家近来重新审视本文开头提出的一些预警，对于文化圈比较分析问题的论文提议填补这些空白（阿拉姆、克尔纳和希尔，2018）：这些论文适用于前述三个比较层面，主要采用一些量性方法论，彰显了用多区域比较方法描述差别化社会所具有的运行机制的可能性。现有的逻辑在于凸显各种全球进程，这些全球进程的解释性效力对于学科的一般理论模型具有启发意义。在法国，比较主义抱负在美洲研究院关于文化圈的研讨会期间重新焕发活力。[5] 比较分析不断增多，尤其围绕着被视为经济和文化流动空间的间质区域：[6] 在特别由地理学家开展的美洲研究之外，非洲研究专家与亚洲研究专家围绕中国和非洲关系、印度半岛—非洲开展合作。[7] 在此值得一提的是，作为主导性棱镜的学科进路，它们往往受经济和政治需求的引导，使经济学、地理学和政治学成为原动性学科。

先行破除机制的挑战——一个核心赌注

正如我们所指出的那样，关于文化圈概念的认识论反思伴随着关于文化圈研究的结构化的新动议。2013 年以来根据文化圈设立的科研集团是增强法国文化圈研究影响力的一个标志性事件。我们可以质疑一个明显的悖论，一方面机构的逻辑是进行区域划分，与之矛盾的是另一方面，学术话语重视那些主张消除隔阂和鼓励流通的进路。但是，研究人员的担忧无比强烈，他们尤为担心这些集团的目的性。那些科研集团难道不是一些“超级实验室”吗？它们能够监管文化圈领域的资源从而监控其方向？

科研集团负责人提供了以下多个论据：[8] 科研集团的任务一是优化资源，将研究中心集中起来，从而保障它们长久生存的条件；二是引导每个文化圈内部所有行为者关注协调逻辑并在信息上互通有无；三是确定每个文化圈的行为者的身份及其结构，从而促进文化圈研究者之间的合作；此外，对于那些在某些专题性或学科性实验室中偏居一隅的文化圈研究人员而言，科研集团发挥着联络点的作用。最后，只有在文化圈层面乃至科研集团所代表的所有文化圈层面开展的反思工作才是充分的。

这些任务得以实施，并从 2016 年开始，促进了一些白皮书的出版，这些白皮书介绍了每个文化圈的研究和教学状况。同时，最初的研究工具得到进一步加强，特别是通过构建每个文化圈的研究者数据库、运用通信手段（创建网址）以及组织主要年度活动。在构建学术数据库、档案库或文献中心方面的特别努力乃是构建这些团体的一个首要方面。

根据这些最初的阶段，我们可以尝试勾勒三个制度性挑战，如来自灰色文学领域[9]和法国人文社会科学领域的经验观察的挑战。第一个挑战是在文化圈之间存在明显的不平衡。作为研究对象的每个文化圈的研究条件各不相同，这归因于诸多因素：人数上的不平衡（结构与变革）、对于某些文化圈来说进行实地研究有着潜在的困难甚至是危险的（特别在中东）、法国社会内部污名化的社会表征（伊斯兰主义、非洲）。所有这些因素并不总是有利于推动一种比较合作视角。

在学科层面，经验观察凸显了一种学科割裂的风险：一方面，一些学科可能能够回应公共需求，从而处理政治的、社会的和文化的当务之急，如政治学、经济学或者甚至地理学等作为“硬的”人文社会科学，在体制景观中根基深厚并能通过一些议程表和招标回应一些当务之急。但是，认识论的和方法论的取向能够脱离区域研究的传统规制；特别是，由治理逻辑引导的目的性潜在地偏离了研究规制而有利于专长逻辑的发展。对语言学质料的使用非常贫乏，甚至根本不存在。经济学就是这种情况。另一方面，更为偏语言学和文学的（即更为“文化的”）并与人文科学相关的（包括文明）学科可能会遭受这种失衡之苦，因为它们鲜以国际政治议程表为基础。[10]科研集团的机构负责人提出了将区域研究表述作为新领域的一个名称的动议，这个动议可能会导致众多的质疑，对这种潜在的语义转变的质疑甚至使文化一词消失。这种反差状况整体上在人文社会科学层面有所加剧，其中整体性学科的突现旨在提出一种能把握全球化现象的备选的甚至是竞争的方案。[11]

第二个制度性挑战在于文化圈领域年轻世代的培训。深受教学和研究职业引导的区域研究课程应该考虑一种更大的职业化目标，因为高等教育和研究中的出路是不够的。这种将课程职业化的雄心由来已久，[12]它更多的是在上游寻求新的公共和私营合作伙伴，以期出现新的职业需求。挑战是巨大的，无疑需要考虑关于文化和大学学科鲜有发声的情况，学科素材与职业世界相适应的问题似乎就是扭转研究对象的处境不佳甚至不被接受的状况。

第三，我们不得不考虑，囊括所有文化圈的制度性结构是缺失的，无论是在国家层面，还是在欧洲或国际层面，均是如此（霍夫曼，2015）。我们不妨严肃地自问一下，从比较的视角看，推动文化圈研究人员之间更好地合作的促进机制仅靠研究人员个人或集体的动议就足够了吗？或者一种致力于区域比较研究的协调结构不值得创建吗？从这个角度看，康多塞特遗址的近期开放如果属于这种区域研究的空间一体化逻辑的话，那么，随着一种结构或者一种服务于区域比较研究体制机制的设立，它会从中受益。[13]

文化圈研究的近期变化往往重新开启比较主义路径，旨在避免通常针对文化研究者提出的批评。比较视角远远不是进行罗列案例操作，而被视作为文化圈研究配备工具，从而理解全球化进程的相关理论和方法论装置。文化圈研究者将他们的假设置于政治的、经济的和文化的千差万别的背景中进行检验，逐渐能够澄清那些塑造了文化圈的结构化的根本机制，同时能够解释他们所研究的社会中的行为。此外，他们在结论中消除了众多的“成见”，这些结论成为文化圈的本质主义进路的根源。

从经验的角度来说，我们很高兴地看到，文化圈领域研究的转型直接源自世界秩序的变动：在这种意义上，文化圈领域的研究是一种有生命力的、动态的和可操作性的研究；这种看法使我们承认在认识论和方法论的工具更新中，调查领域具有完整倾向，这是创造知识生产的知性和物质条件以及在制度层面进行重构的一个必要条件。我们所捍卫的社会的—认识论的实用主义因而广泛地强调研究机构的地位，强调研究机构作为理论挑战和经验挑战的接合点发挥着重要作用。这种分析层面似乎还不那么受欢迎，即便在学术景观内部存在众多机构动议。我们特别应该质疑在每个文化圈内部构建的不同科研集团之间、在不同学科的学者之间或者甚至在北方学者和来自文化圈本身的学者之间开展有效合作的条件。总之，更好地比较应该日益意味着更好地合作。

Arezki CHERFAOUI: RECONFIGURER LA RECHERCHE SUR LES AIRES CULTURELLES: LE COMPARATISME, UNE VOIE REVISITÉE

(*DIOGÈNE*, No. 258–259–260, 2017)

注：

［1］从布罗代尔到最近，文化圈领域的这一称呼一直备受质疑。我们从文明的意义上思考“诸文化”，即从围绕政治、经济和文化三个维度接合起来的三部曲来思考“诸文化”。

［2］该名词本身已经成为一个政治主题；在全球范围内，特别是在发展中国家非常普遍的移民现象一直是研究和讨论的对象。

［3］文化圈领域在20世纪下半叶一直处于学科的边缘，因为某些批评直指其认识论工程和调查方法过于片面（临时的方法、缺乏数据，等等）。

［4］我们在此再次采用英文词“跨区域”（cross regional），它更多地强调多区域层面，因此与注重两个区域的地区间比较相区别。

［5］见C. 古拉－戈班，«Le comparatisme et la mise en relation des métropoles: posture scientifique ou outil méthodologique?»; A. 迪克霍夫，«La comparaison dans le domaine des aires: un point de vue politiste», Colloque annuel de l'Institut des Amériques, «Aires culturelles 2014», Paris, CNRS, 6 Novembre 2014。

［6］参见法国凡尔赛大学内南部美洲研究小组的创设，该研究小组由雅克·波蒂埃领导，波蒂埃是比较文学教授，他的项目尤其旨在理解美国的南美文学和整个拉丁美洲的南美文学之间的影响。

［7］参见“非洲—亚洲新的区域性”计划，它汇集了来自不同学科的十名研究人员团队，他们研究非洲和亚洲的不同国家和地区。

［8］这些论据引自皮埃尔－西里尔·奥特克尔和让－米歇尔·布朗凯二位学者的讲话，奥特克尔时任社会科学高等研究实践学院院长（“法国大机构中研究的结构化”“文化圈2014”研讨会，巴黎，法国国家科研中心，2014年11月6日），布朗凯当时任美洲研究院院长（科研集团白皮书发布日，巴黎，法国国立东方语言文化学院，2016年10月26日）。

［9］见“美洲、亚洲研究、法国非洲研究和中东—伊斯兰世界”科研集团发布的白皮书。

［10］这种状况尤其引起了文化圈研究人员的注意，他们组成了一个抗议团体——外国语言和文化协会集团（GALET），向一些代表性机构，如法国国家科研中心和科研集团提出诉求。

［11］参见整体性学科的突现，更准确地说，随着人文科学之家基金会（FMSH）中“整体地思考”运动的开展，整体性学科得到加强。

［12］参见自20世纪70年代以来应用外国语（LEA）课程的突现。

［13］科研集团负责人曾提出将一条预算线用于区域研究的要求，因为区域研究已经隐性地或显性地出现于由法国国家科研署制定的专题性和学科性研究主题中。2018年初，法国国家科研署对这种要求表示同意。

参考文献：

阿博特 , A., Abbot, A. (2001) *Chaos of Disciplines*, Chicago: University of Chicago Press。

阿拉姆 , A.、克尔纳 , P. 和希儿 , R. (主编), Ahram, A., Köllner, P., Sil, R. (eds.) (2018) *Comparative Area Studies: Methodological Rationales and Cross-Regional Applications*, Oxford: Oxford University Press。

阿拉姆, A., Ahram, A. (2011) "The Theory and Method of Comparative Area Studies", *Qualitative Research* II, 1: 69–90。

阿帕杜莱 , I., Appadurai, I. (1996) *Modernity at Large. Cultural Dimensions of Globalization*, Minneapolis: University of Minnesota Press。

贝茨 , R. H.、奥巴尔 , J.、门丁布 , V. S., Bates, R. H., O'Barr, J., Mundimbe, V. S. (1993) *Africa and the Disciplines. The Contribution of African Studies to the Humanities and Social Sciences*, Chicago: University of Chicago Press。

贝特朗 , R., Bertrand, R. (2011) *L'Histoire à parts égales*, Paris: Seuil。

布罗代尔 , F., Braudel, F. (2013) *Grammaire des Civilisations*, Paris: Flammarion。

卡耶 , A.、迪富瓦 , S. (主编), Caillé, A. Dufoix, S. (dir.), (2013) *Le tournant global des sciences sociales*, Paris: La Découverte。

德米, N., Demyk, N. (2002) «D'un paradigme à l'autre: les apories de la notion d'aire culturelle», *Cahiers des Amériques latines*, 40: 178–187。

德蒂恩内 , M., Detienne, M. (2009) *Comparer l'incomparable*, Paris: Seuil。

富歇 , M., Foucher, M. (2010) *La Bataille des cartes. Analyse critique des visions du monde*, Paris: Bourin。

格鲁津斯基, S., Gruzinski, S. (2004) *Les quatre parties du monde. Histoire d'une Mondialisation*, Paris: La Martinière。

霍 夫 曼 , B., Hoffman, B. (2015) "Latin America and Beyond: The Case for Comparative Area Studies", *European Review of Latin American and Caribbean Studies*, 100: 111–120。

拉图什 , S., Latouche, S. (2005) *L'Occidentalisation du monde. Essai sur la signification, la portée et les limites de l'uniformisation planétaire*, Paris: La Découverte。

马宗 , B., Mazon, B. (1988) *Aux origines de l'école des hautes études en sciences sociales. Le rôle du mécénat américain* (1920–1960), Paris: Éditions du Cerf。

麦克卢汉 , M., McLuhan, M. (1964) *Understanding Media*, Londres: Routledge。

桑顿 , D., Szanton, D. (2002) *The Politics of Knowledge. Area Studies and the Disciplines*,

Berkeley: University of California Press。

维耶维沃尔卡 , M., Wieviorka, M. (2008) *Neuf leçons de sociologie*, Paris: Laffont。

翻译：研究领域和文化研究模式

苏珊·巴德利 著
马胜利 译

如今被称为“翻译研究（Translation Studies）”[1]的学科在近二三十年有了充分发展。这种发展的开端与翻译研究的“文化转向”有关，即通过认识论方面的根本质疑，使该专业向其他领域开放，使研究对象得以扩展和多样化。和大学中所有正规学科一样，翻译研究现在也拥有了可观的科研图书资料，[2]并成为众多专业刊物的研究对象。[3]翻译研究还开设了大学教育，在大量研讨会和学术活动的促进下，它的知识水平不断提升。《翻译研究手册》是旨在总结越来越多的翻译研究尖端成果的年刊，它“明显体现出该学科体制的不断壮大”（甘比尔和范道斯莱尔，2011：viii）。它从 2010 年到 2013 年已连续出版了 4 年。

该学科的扩展和向其他领域的开放也说明翻译越来越受到广泛重视（巴克曼－梅迪克，2012）。和大学的其他许多学科一样（尤其在人文科学领域），翻译研究也经历了人们所称的“转向”。2009 年，玛丽·斯内尔－霍恩比确定了“转向”的特点，[4]该转向包含 4 个典型阶段：研究对象和主题领域的扩展、隐喻化、引发观念“跃进”的方法精练、跨学科的应用。翻译研究在 20 世纪 90 年代初实现了“转向”，这种发展达到了“文化翻译”的概念。对“文化翻译”概念可以有两种解释：一种是“在翻译研究中注重文化维度”；另一种是“把（语言间的）翻译作为广义文化转移的隐喻”。我们将简要地论述一下这两个方面。

文化翻译

在大学的翻译研究方面，20 世纪 90 年代初出现的“文化转向”所针对的是此前在翻译中占主导的纯语言学（或大体上）研究方法，是欧仁·尼达等理论家提出的“对等”概念（尼达，1964；尼达和泰伯，1969）和关于翻译者“隐形”的概念。[5] 在此之前，该学科主要是在比较文学的夹缝中发展，其文本方法属于语言学和文献学类型，主要用来进行评价。这种方法不把翻译作为独立于译文的实践，而注重研究“伟大”文学译著，尤其是列入民族史的“经典”译著。20 世纪 60 和 70 年代，随着自动翻译实验的出现，这种方法还把语言只看作一套术语和连接“事物”的“词汇”表，认为只需将其套入另一种语言就能实现准确的翻译。[6] 这种观念强调术语从一种语言到另一种语言有深刻不对称性，从而使一些语言学家得出了翻译的不可能性的结论。

从 20 世纪 90 年代初起，翻译研究领域出现了所谓“文化转向”（参见巴斯内特和勒费维尔，1990：4）。在一篇文章中（1990：81–82），玛丽·斯内尔 – 霍恩比概述了当时占主导的语言学和文献学翻译方法与新的“文化”方法之间的不同。新方法不再把翻译行为视为把语言信息系列从 A 语言到 B 语言的简单对换或代码转换，而将其看作一种充分的沟通行为，它类似于对特定公众的解释或表达行为，还会因对象的不同而导致不同的再生过程。[7] 这种方法认为，目标文本（翻译的）的功能比原文本的内容更重要。总之，这种分析框架认为，文本是世界的组成部分，而不是语法和词汇术语的简单集合，也不是在语境之外运作的语言“样板”。

因此，“文化”翻译的方法还提出了一系列问题：通过翻译传输的文化表象问题、对原始文本的改造乃至篡改（有意或无意的）问题、如何处理原文本表达的“奇异性”和相异性的问题，以及原始文本与目标文本的产生环境存在文化差异的问题。这些问题最终都涉及权力关系问题，以及主导话语的建构和加强问题。

对翻译的精细分析可起到揭示作用。当我们把一份文本的不同译本，或者原文和译文加以对照时，就会发现有意或无意的篡改做法。安德烈·勒费弗尔（1992）就做过这种演示，他把《安妮·弗兰克的日记》的法文、英文和德文译本加以对照，并发现德国的译者通过选译，在很大程度上减弱甚至掩盖了作者对德国人向犹太人施暴的一些见证。这种对原文的改写是为了使其在战后的德国能被人所接受（参见马里奈蒂，2010：27）。

“背叛的译者”[8]这一概念肯定早就存在，但翻译学界在1995年为此出版过一本重要著作，即劳伦斯·韦努蒂的《译者的隐身性：翻译的历史》。作者反对占主导地位的看法，即译者的主要任务是生产一个尽量不像译文，但至少忠于原文精神的文本。他批判这种“追求目标语”（注重对译文的接受而非对原文的保持）过程中产生的“坦诚幻想”，而赞同反向的“异化翻译”过程，即对读者加以引导，让他们离开舒适地域，使他们应对产生于不同文化语境的文本所带有的相异性。当然，由此也产生了口笔译者的责任问题：[9]他们今后应当认识到，自己的工作绝不是中性的，而是调解文化差异的强大工具；同时也产生了“对待差异的伦理，即承认并力求纠正翻译中的不对称，以及关于翻译实践和研究方法好坏的理论”（韦努蒂，1998：iii）。

把翻译不只看作语言行为而看作综合行为；重视翻译文本产生的语境；意识到翻译的选择必然带有主观性；翻译在权力建构中占有重要地位。上述这些发展都无可否认地丰富了学科领域，开辟了新的前景，把其他领域的知识成果吸收到本学科中。同样，这些发展也使翻译“领域”得以扩展，使之不仅能容纳口头或笔头的文本，也能容纳各类文化“转移”[10]。纳入这些新参数后，翻译学真正具有了跨学科性质，它的发展也产生了正面和负面效应。其正面效应包括，翻译研究走出了“象牙塔”，在更具体的社会和政治关系领域获得了地位和适用性。但是，翻译向语言学和文献学以外的方面开放，这也引发了研究这一对象的能力问题，即语言学家是否有能力研究语言学之外的领域，非语言学家的研究者是否具有语言方面的能力。当然，翻译研究领域总是有扩张或收缩的可能，甚至有完全丧失自我的危险。

文化研究中的“翻译转向”

相反，认为翻译不只是不同语言之间的语言行为，这种看法使翻译方法的工具化成为可能，以便研究文化转移以及改写和改编的各种情况。韦努蒂（1999：9）已指出过翻译作为文化研究调查工具和研究场地的潜能。苏珊·巴斯奈特（2002）也提出了这种看法，她更愿意将其称为一种翻译理论，该理论隶属于普遍和解理论，基于各种“文化中介人”的转移行动和洽商行为。[11] 她指出：“如今，世界各国人民的运动都像在模仿翻译过程，因为翻译不只是把文本从一种语言转换成另一种语言。人们有理由将其想象为文本和文化间的洽商过程。这一过程中会出现各种由翻译者做中介的交易行为”（巴斯内特，2002：5–6）。

多里斯·巴克曼－梅迪克把这种类比推得更远，他在著作中把文本翻译到文化翻译的广阔范围看作全人类从翻译中汲取的方法，甚至还提出了“把人类当作翻译研究”的看法（2009：5）。

各国的语言特征显然可以支持（或不支持）上述方法。如果我们想从语言的翻译过渡到文化的转移和交流，英语的“翻译”（translation）一词更适合该功能。[12] 从中世纪到 16 世纪初，这个词从法语进入英语，其动词为“translater”，名词为“translation”，用来指语言翻译。1520 至 1530 年，源于意大利语的词汇“traduction”和“traduire”开始出现，并取代了旧的术语。“translation”一词来自拉丁文“translatio”和“translatum”，以及动名词“transferre”，字面上是指“从一地带到另一地”（de trans- et ferre）。这与表示“隐喻”并具有同样含义的希腊文“μεταφορα”很接近。在菲利克斯·加菲奥的拉丁文－法文词典中，“translatio”的意思首先是“运输和转移行为”。现代法语中的“translater”一词仍主要保留了这种意思：“把某人的尸体或残骸从一地运到另一地的行为”，典型的例子就是把伟人的遗骸或骨灰迁往先贤祠。

因此，“translater”一词是指移动或变换某物的地点，使其在此前和此后保持原样；而动词“traduire”（相当于拉丁文 traducere）则引入了附加维度，即“运到界线之外，具有跨越和穿越”之意（例如当今“送交法庭审判”[traduire en justice]的说法）。且不说该词的发音很接近拉丁文的“tradere”（trahir，背叛）一词了。而英文在 13 世纪从法文中引入了现在的“translate”一词，该动词从那时起便没有被改变和替代过。从中不难看出，人们是如何从“把某物从一地转移到另一地”过渡到“把同一信息由一种语言传达给另一种语言”之意。用更讲究的说法就是：“将一种语言陈述的内容变成另一种语言陈述的内容，同时注重两种陈述在语义和表达上的对等”（《小罗贝尔词典》的定义）。

因此，英文的“translation”一词很容易与“文化转移”概念挂钩，它是指物品（物质的）、人员或居民、思想和观念、文学模式，乃至词汇要素在两种文化空间（国家、民族、地区、文化或语言区）的移动。文化转移的研究领域（或者说文化转移的研究方法，因为这还没有成为新的研究领域）在不久前才出现，其目标是研究某种特定文化如何引进和同化外来因素，或向外输出自身的文化因素，这其中包括行为、文本、形式、价值，以及思维和表达方式。

对采取这种方法的人来说，最重要的不是借鉴和引进，而是被“转移”内容起始的背景和条件，尤其是受接待的环境和条件，其中涉及媒介（旅行者、翻译者、教师和其他“摆渡人”）、相关的适应过程（或排斥过程），以及在文化间的引进和输出现象中体现的博弈和策略。

由于翻译应被视为最佳的文化转移样板，所以，把翻译的术语和方法工具化，使其成为其他学科的分析方法，这种反向操作似乎是较为合理的发展。实际上，多里斯·巴克曼－梅迪克在 2013 年就写过一篇关于文化研究和社会科学中的“翻译转向”的文章。他在文章中描述了这个领域的某些做法。例如，约阿希姆·雷恩（2006）发展了“翻译关系”（relations of translation）的概念，用以分析社会的归并过程。巴克曼－梅迪克本人在该文中主张“文化的翻译理解”，她认为文化特征不是永恒的，而是活动的，并受到交易的影响。她把这种“转移”方法看作两个共同体文化差异间的中介手段，并旨在更好地处理这些差异。有人可能会说，这只是一种隐喻。然而，语言之间的翻译本身就意味着一种隐喻，一种对原意的扩展，是将某物从一地“转移”到另一地。

该文还指出，当翻译的分析工具用于分析 1948 年的联合国《人权宣言》在各地的不同版本时，也能显示出上述方法的局限性。我们知道，《开罗伊斯兰人权宣言》强调伊斯兰教法是其框架的唯一法律参照，它并不是对原文献的“翻译”，而是一种“改写”。在这里，术语和隐喻受到了局限。翻译和改写有什么差别呢？没有差别：任何翻译或多或少都是改写。不能指望任何转移都是“翻译”，更明智的做法无疑是把翻译样本当作一种转移，而转移的概念本身就意味着改造、改编或篡改。[13]

在较为相近的领域，例如资料目录学领域，使用翻译类比法确实很有效。在1988年发表的一篇文章中，比利时的研究人员耶罗姆·韦克吕斯把“印刷翻译”的概念加以理论化，以便研究手工印刷时代的出书过程。他令人信服地表明，这种“翻译”可定义为把手稿变成印刷文本，或把一种印刷文本变成另一种印刷文本的一系列操作。介入这一过程中有作者本人，或许有为印刷誊写手稿者，有一个或多个排字工，还有校对员、印刷师傅，以及出版商。他们都有各自的能力和相关的“操作规范”。

有关的操作涉及以下问题：确定文本或许是副文本，剪贴和组合文本的各个部分，选择印刷的字体，确定使用何种颜色的油墨，选择纸张和开本，设计版面，设计标题页，安排插图，纠正拼写和标点（广义的做法：不仅包括标点符号，还包括分段、空行、留白、大写的使用、字形的交替）。所有这些都属于文字含义的生产。实际上，无论何种文本，其含义都有赖于“将其变为可读的”形式（罗歇·沙尔捷的说法）和形成文字的设备。越来越多的研究注重分析文本的载体及其物质体现。它们表明，现在已不可能把对文字的历史理解与对其载体形态的描述割裂开来了。

盖达·阿姆斯特朗近期发表的一篇文章（2015）也提出同样的看法。她分析了1570年至1600年发表的、从意大利文译成英文的著作（双语教材或多语种著作），并运用了翻译学中的著名概念，如“对等”“归化”和“异化”[14]，以便分析文本的版面设计因素（选择字体、并置两种语言的技巧、页面的字体布局、装饰成分）和翻译本身如何都属于对文本含义的创造和领会。这种创造和领会是通过特定读者实现的，这些文本都经过了“归化”或“异化”。异化的文本更受富裕和有经验读者的赏识，具有一种附加值。[15]

这类研究在过去不多见，现在还越来越少。它处于语言学、文献目录学和阅读文化史的交汇处，为人们提供了新的视野和前所未有的启示。

总结与展望

把翻译的分析方法用于远离语言学和文本学的专科领域，这种尝试似乎缺乏说服力，因为人们很难超越隐喻或简单类比的阶段。另外，在语言间的翻译实践方面，关于与翻译有关的权力博弈的讨论并不适合所有情况。应当指出，并非所有翻译都适用于这种方法，远非如此。在全世界的数百万件翻译作品中（技术翻译、使用说明等），大多数不适合用这种方法。在翻译吹风机的使用说明和宾馆消防安全须知时就不存在任何权力博弈。这些讨论对从事日常业务翻译的人也没有多大作用。然而，对于文学翻译者和政治、历史文件的翻译者来说，这些讨论却具有重要的，甚至是关键的作用。

相反，在作为研究对象的翻译方面，文化史学家们，尤其是彼得·伯克的《近代早期欧洲文化翻译》（2007）一书不久前为此开辟了重要前景。与比较文化学和宗教史不同，翻译史是较少被探索的领域。然而，劳伦斯·韦努蒂、西奥·霍曼斯和安托瓦纳·贝尔曼等杰出研究人员仍强调了翻译史这一学科的重要性。我们是否能像伯克（2007：2）那样鉴定翻译学的“历史转向”？这位英国研究人员赞同翁贝托·埃科的名言：“翻译不是两种语言间的转换，而是两种文化间的转换”（引自伯克，2007：7）。他在著作中提议对不同文化区进行一系列案例研究，并开辟了通往翻译史新前景的道路。这些研究包括：翻译如何作为思想传播的见证、关于翻译的供求和流通的物质问题、译者的地位和译者的培养问题，等等。接下来还有一系列问题（目前尚无答案或只有部分答案），如“谁在翻译？翻译什么？为谁翻译？何时翻译？如何翻译？”。

要回答这些问题，研究人员目前掌握的材料已有可能实现一部完整的翻译文化史。现有的数据库可以使图书史中的翻译研究更加准确。值得一提的是圣安德鲁斯大学的《通用短标题目录》（USTC）。该目录的编制是基于对欧洲和北美图书馆收藏的、从印刷术初期到16世纪末的印刷版本的详细研究。它如今可为大量著作进行定位，这些至今鲜为人知的著作是欧洲翻译史的重要组成部分。另外还有更为专业性的数据库，例如华威大学的“文艺复兴文化交汇”基地，那里有欧洲印刷术初期到17世纪中叶出版的译著；还有本文作者建立的“法译英数据库”（TRAFA），这里收藏和介绍了1500—1600年的所有从法文译成英文的著作。现在，这些数据库可使人们较精确地勾画出翻译实践的分布图，并将该实践纳入近代文化交流的全面历史中。

法国人也参与了这些创建活动。由伊夫·谢弗雷尔和让－伊夫·马松主持的《法语翻译史》项目已出版了4卷，每卷1000多页。它能使人们了解翻译现象的整体规模，为从各种语言译成法语的翻译实践和理论奠定了重要的历史坐标。这是个雄心勃勃的大型科研计划，由一个跨学科的专家组操作，它为目前和今后的翻译史研究者开辟了前所未有的研究领域。

尽管法国还未真正评估翻译在文化研究领域的潜能，这些工具的存在却为很少被涉猎的翻译史学科开辟了特殊前景。翻译研究既是文化研究各领域研究方法论的研究场地，也是其潜在模式，它引发了众多的提问和潜在的答案。这些提问涉及如何考虑文化多样性的表达，作为摆渡人和中介者的翻译（广义的）是否中立，主导话语如何建构，以及少数族群的文化产品如何向更广大公众开放，等等。作为一种模式，翻译能够促使乃至迫使人们认识到或反思，文化间的沟通总能通过谈判、修改和更新来确立语言和文化的动态和历史性关系。

Susan BADDELEY: LA TRADUCTION: CHAMP D’ÉTUDES ET MODÈLE DES ÉTUDES CULTURELLES

（*DIOGÈNE*, No. 258–259–260, 2017）

注：

[1] 法文中没有相应的术语。根据情况，人们有时用“traductologie”（如大学教育中的翻译学硕士），有时用“cursus de traduction”（指语言教育基础知识）。“research in translation studies”的术语是指翻译研究。这些术语不能明确地区分翻译实践者的工作（或对实践者的专业培养）和作为科研对象的翻译。

[2] 据统计，网上参考书目《翻译研究书目》（TSB）有近 2.8 万个有关条目（期刊文章、专著、集体著作、书评、工具书、硕士和博士论文、未发表的手稿）。

[3] 例如：《翻译杂志》《翻译者》《笔译和口译研究》《翻译研究》；法语刊物有法国翻译学会的刊物《翻译》。

[4] 参见《翻译研究》，2009 年，2/1。

[5] 正如玛丽·斯内尔－霍恩比所恰当指出的（1990：80–81），“对等”概念本身受到争议，该术语深受其语言文化使用空间的影响。20 世纪 60 和 70 年代的德国翻译研究学派认为，“对等”一词来自数学和形式逻辑，它意味着可逆性，主要用于对照词汇学领域，该概念适用于排除语境的词汇层面。该术语和概念的出现与自动翻译计划的出现有关。但在英文中，“对等”一词更为含糊（指两个基本类似的事物），它不带有可逆性的意思，很容易用于超出该词的可译部分。因此，德文中的“对等”（Äquivalenz）与英文中的“对等”（equivalence）并不对等。关于“对等”概念的讨论综述，可参见肯尼的著作（2009）。

[6] 这里仍涉及翻译实践的现实，文学翻译只是其中很小的部分，民族文学“伟大”著作的翻译所占比重更小。有很多人仍把语言视为术语，这种观念已被大卫·贝罗斯（2011：93–104）等人彻底批驳了。

[7] 汉斯·弗美尔（1986）提出的“目的论”概念认为，翻译是一种文化间的转移行为，而不只是语言行为；任何翻译者不仅应具备语言能力，还应具备文化能力：“翻译并不在于把词汇和句子从一种语言转码成另一种语言，而应是一种复杂的行为，它是一个人在不同的功能、文化和语言性条件下，把一种文本的信息（源语言材料）提供给新的境况，同时尽量保持原有的形式”（1986：33）。

[8] 该说法的来源不为人知，但根据其发音的近似性（traduttore traditore）判断可能是来自意大利。它的对应词出现在 16 世纪中叶的法文中，见迪·贝雷（《捍卫和弘扬法语》，1549，第一卷，第六章“不称职的翻译者”）：“鉴于他们背叛了所应代言的人，窃取了他们的荣誉，并以此手法迷惑不知情的读者，对他们颠倒黑白，我要说的是，他们更应当被称为‘变节者’而不是‘翻译者’……”

[9] 这个问题是最近由唐纳德·特朗普演说的翻译者引发的。对于特朗普的言辞，

翻译者往往试图恢复真相或缓和过激和攻击性言辞。另外，还有些翻译者倾向于美化原文，遮盖让人感到“幼稚的”对大写字母、惊叹号或重复句的使用，以便使演说更符合一个总统的身份（参见维耶诺，2019）。

[10] 关于“文化转移”概念，参见维尔纳和埃斯帕涅的奠基性论文（1987）。

[11] 把（语言）翻译视为交易的观点主要是翁贝托·埃科提出的（2006）。

[12] 令人惊奇的是，在16世纪，人们在法语中从一个术语转向了另一术语，并似乎把翻译的概念转变成另一个概念。

[13] 兰德尔·麦克劳德（2009）根据“transform”和“transmission”两个词创造了“传输改造（transformission）”的概念。该概念认为“任何传输都意味着改造”，并将其非常贴切地用于文本传输，尤其是手写和手工印刷时代的文本传输。

[14] 英文的foreignisation一词在法文中有多种译法：“异国化”（étrangéisation）、“离故土”（dépaysement），甚至“非本地化”（forainisation）；但都不令人满意，一些人更喜欢保留原本的英文。

[15] 这里采用的方法基本是受安妮·科迪隆（2012）的启发。她则是吸取了韦努蒂的可见性/不可见性的概念，并将其运用于材料文本的非语言因素。她强调这些因素的重要性：它们是否被看作“外来的”可决定其价值是否能提升。

参考文献：

阿姆斯壮 , G., Armstrong, G. (2015) "Coding Continental: Information Design in Sixteenth-century English Vernacular Language Manuals and Translations", *Renaissance Studies* 29/1: 78–102。

巴克曼 – 梅迪克 , D., Bachmann-Medick, D. (2009) "Introduction. The Translational Turn", *Translation Studies* 2/1: 2–16。

巴克曼 – 梅迪克 , D., Bachmann-Medick, D. (2012) "Translation: A Concept and Model for the Study of Culture", 收入 B. 诺伊曼和 A. 努宁 (主编), in B. Neumann et A. Nünning (eds.), *Travelling Concepts for the Study of Culture*, pp. 23–43, Berlin & Boston: De Gruyter。

巴克曼 – 梅迪克 , D., Bachmann-Medick, D. (2013) "The 'Translational Turn' in Literary and Cultural Studies: The Example of Human Rights", 收入 G. 奥尔松和 A. 努宁 (主编), in G. Olson et A. Nünning (eds), *New Theories, Models and Methods in Literary and Cultural Studies*, pp. 213–233, Trèves: Wissenschaftlicher Verlag Trier。

巴斯内特 , S.、勒费维尔 , A., Bassnett, S. & Lefevere, A. (1990) *Translation, History and Culture*, Londres: Pinter。

巴斯内特 , S., Bassnett, S. (2002) *Translation Studies*, 3e édition, Londres: Routledge。

贝洛 , D., Bellos, D. (2011) *Le Poisson et le bananier. Une histoire fabuleuse de la traduction*, trad. par D. Loayza, Paris: Flammarion。

伯克 , P.、夏 , R. P.–C., Burke, P., & Hsia, R. P. – C. (2007), *Cultural Translation in Early Modern Europe*, Cambridge University Press。

谢弗雷尔 , Y.、马松 , J. – Y., Chevrel, Y. & Masson, J. – Y. (2012) *Histoire des traductions en langue française: XIXe siècle*, Y. 谢弗雷尔、L. 迪尔和 C. 隆布 (主持), Y. Chevrel, L. D'hulst & C. Lombez (dir.), Lagrasse: Verdier。

谢弗雷尔 , Y.、马松 , J. – Y., Chevrel, Y. & Masson, J. – Y. (2014) *Histoire des traductions en langue française: XVIIe et XVIIIe siècles*, Y. 谢弗雷尔、L. 迪尔和 C. 隆布 (主持), Y. Chevrel, A. Cointre & Y. M. Tran-Gervat (dir.), Lagrasse: Verdier。

谢弗雷尔 , Y.、马松 , J. – Y., Chevrel, Y. & Masson, J. – Y. (2015) *Histoire des traductions en langue française: XVe et XVIe siècles*,V. 迪谢 – 加韦 (主持), V. Duché-Gavet (dir.), Lagrasse: Verdier。

谢弗雷尔 , Y.、马松 , J. – Y., Chevrel, Y. & Masson, J. – Y. (à paraitre) *Histoire des traductions en langue française: XXe siècle*, B. 巴农、J. – Y. 马松和 I. 普坦 (主持), B. Banoun, J.– Y. Masson & I.

Poutin (dir.), Lagrasse: Verdier。

科尔迪龙 , A. E. B., Coldiron, A. E. B. (2012) "Visibility Now: Historicizing Foreign Presences in Translation", *Translation Studies* 5: 89–200。

杜・贝莱 , J., Du Bellay, J. (1971[1549]) *Défense et illustration de la langue française*, Y. 文德尔 – 贝朗热 (主编), Yvonne Wendel-Bellenger (ed.), Paris: Larousse (collection «Nouveaux classiques Larousse»)。

翁贝托・埃科 , Eco, Umberto (2006[2003]) *Dire presque la même chose-Expériences de traduction*, trad. par M. Bouzaher, Paris: Editions Grasset et Fasquelle。

甘比尔 , Y.、范道斯莱尔 , L., Gambier, Y. & van Doorslaer, L. (2010) *Handbook of Translation Studies*, vol. 1, Amsterdam/Philadelphie: John Benjamins Publishing Company。

甘比尔 , Y.、范道斯莱尔 , L., Gambier, Y. & van Doorslaer, L. (2011) *Handbook of Translation Studies*, vol. 2, Amsterdam/Philadelphie: John Benjamins Publishing Company。

甘比尔 , Y.、范道斯莱尔 , L., Gambier, Y. & van Doorslaer, L. (2012) *Handbook of Translation Studies*, vol. 3, Amsterdam/Philadelphie: John Benjamins Publishing Company。

甘比尔 , Y.、范道斯莱尔 , L., Gambier, Y. & van Doorslaer, L. (2013) *Handbook of Translation Studies*, vol. 4, Amsterdam/Philadelphie: John Benjamins Publishing Company。

肯尼 , D., Kenny, D. (2009) "Equivalence", 收入 M. 贝克和 G. 萨尔达尼亚 (主编), in M. Baker et G. Saldanha (eds), *The Routledge Encyclopedia of Translation Studies* (2e édition), pp. 96–99, Londres: Routledge。

勒费维尔 , A., Lefevere, A. (1992) *Translation,Rewriting and the Manipulation of Literary Fame*, Londres: Routledge。

马里奈蒂 , C., Marinetti, C. (2010) "Cultural Approaches", 收入 Y. 冈比耶和 L. 范多尔斯拉尔 (主编), in Y. Gambier et L. van Doorslaer (eds), *Handbook of Translation Studies*, vol. 2, pp. 26–30, Amsterdam & Philadelphie: John Benjamins Publishing Company。

麦克劳德, R.、欧文斯, M., McLeod, R. & Owens, M. (2009) "Randall McLeod in Conversation with Mark Owens", *Dot Dot Dot* 18。

尼达 , E. A., Nida, E. A. (1964) *Toward a Science of Translating: With Special Reference to Principles and Procedures Involved in Bible Translating*, Leyde: E. J. Brill。

尼达 , E. A.、泰伯 , C. R., Nida, E. A. & Taber, C. R. (1969), *The Theory and Practice of Translation*, Leyde: E. J. Brill。

雷恩, J., Renn, J. (2006) *Übersetzungsverhältnisse: Perspektiven einer pragmatischen Gesellshaftstheorie*, Weilerswist: Velbrück。

斯内尔 – 霍恩比, M., Snell-Hornby, M. (1990) “Linguistic Transcoding or Cultural Transfer? A Critique of Translation Theory in Germany”, 收入 S. 巴斯尼特和 A. 勒费维尔 (主编), in S. Bassnett & A. Lefevere (eds.), *Translation, History and Culture*, pp.79–86, Londres: Pinter。

斯内尔 – 霍恩比 , M., Snell-Hornby, M. (2006) *The Turns of Translation Studies: New Paradigms or Shifting Viewpoints?* Amsterdam/Philadelphie: John Benjamins。

斯内尔 – 霍恩比 , M., Snell-Hornby, M. (2009) “What’s in a Turn? On Fits, Starts and Writhings in Recent Translation Studies”, *Translation Studies*, 2/1, pp. 41–51。

韦努蒂 , L., Venuti, L. (1995) *The Translator's Invisibility: A History of Translation*, Londres & New York: Routledge。

韦努蒂 , L., Venuti, L. (1998) *The Scandals of Translation. Towards an Ethics of Difference*, Londres & New York: Routledge。

韦克吕斯 , J., Vercruysse, J. (1988) «Les traductions typographiques de Voltaire», 收入 N. 卡塔什 (主编), in N. Catach (ed.), *Les Éditions critiques. Problèmes techniques et éditoriaux*, pp. 98–107, Besançon & Paris: Annales Littéraires de l’Université de Besançon / Les Belles-Lettres。

弗美尔 , H. J., Vermeer, H. J. (1986) *Voraussetzungen fur eine Translationstheorie-Einige Kapitel Kultur-und Sprachtheorie*, Heidelberg: Vermeer。

维耶诺 , B., Viennot, B. (2019) *La Langue de Trump*, Paris: Les Arènes。

维尔纳 , M.、埃斯帕涅 , M., Werner, M. & Espagne, M. (1987) «La construction d’une référence culturelle allemande en France: genèse et histoire (1750–1914)», *Annales: Économie, Sociétés, Civilisations*, 42 (IV): 969–988。

电影节研究：关于一个新研究领域的认识论要素

克里斯特尔·塔伊贝尔 著
贺慧玲 译

自21世纪第一个十年初期以来，具有“电影节研究”符号特征的出版物、研讨会和教学培训层出不穷。然而，电影节很久以来就受到来自众多学科的研究人员的关注。这种新动态在过去十年中难道具有接近英美“研究”视角的明确意愿？本文建议开辟一些思考路径，探索关于电影和音像节这一独特对象的研究的特点，从而为一种仍待构建的研究领域的认识论设置一些独特的路标。本文将分为两部分。我们的思考首先在于努力了解电影和音像节专门研究在更宽泛的“节庆研究”领域中有何特征。其次，在所展示的特征的基础上，我们提出“电影节研究”的认识论创设中所独有的若干基准点。

透过节庆研究看电影节研究：一个研究领域的独特性

提出存在一个专门的“电影节研究”的研究领域，这预设了“电影节研究”能够表明其相对于其他更为宽泛的研究领域的自主性，特别是相对于“节庆研究”的自主性。“节庆研究”呈现为一种具有一定结构的领域，尤其在盎格鲁－撒克逊世界中。由唐纳德·盖茨自2010年以来所做的综述证明了节庆的活力及其思考行动目标和行动方式的能力，即便在这里其行动是在旅游和事件管理框架中得到考虑的。在这种背景下，电影节要构成一个自主的研究领域，它所依托的是什么？为什么它所采用的工具应该区别于那些为从总体上理解节庆世界而构建的工具？该研究领域的特点使得构建一种独特的认知框架成为必要。

一种专门的经济框架，介于支持经济和强大的工业挑战之间

首先要强调的一点自然是伴随着电影和音像产业发展的经济挑战，这些经济挑战制约着与该产业相关的节庆。值得一提的是，在文化产业中，电影和音像产业产生了巨大的资金流动。电影和音像节属于“生动影像”的宽泛领域，我们对它们的思考不能不考虑它们在全球市场中的调节功能，特别是它们作为文化之窗的作用。电影节很自然地赋予电影节影片一种象征价值，这个特征相对于其他类型的文化产业中的节庆而言更为明显。这种断言基于以下这些活动的通常是竞争性的特征：在作为电影和音像节存在理由的基础的艺术认可过程中，电影和音像节颁发的奖项传达了一种明显的改变市场方向、影响观众消费决策，同时赋予一些入选影片象征性附加值的意愿。当然，在文化产业所属的其他领域中，形形色色的奖项也发挥着类似的作用（如具有毋庸置疑的经济影响的文学奖，还有影响程度较小的形形色色的戏剧节或音乐节奖项），但在这些文化产业中，有资格颁奖的并非是各种节庆，恰恰相反，电影领域完全并且非它莫属地参与了这种回报经济。这个角色首先由国际大型电影节扮演，尤其对于那些具有潜在国际影响的电影而言。这个角色也由更为普通的电影节承担，它们有助于给那些不知名的作者的影片赋予一种重要的符号性承认：这些影片在上映时在艺术与实验影院网络中一炮而红，特别是在法国，电影行业拥有一批钟爱这些影片的影迷观众。

我们上述提到的国家特征促使我们阐发电影节领域第二个独特的经济特点：法国电影和音像产业模式同样也说明了法国电影部门在这一独特领域的无穷活力，电影和音像产业由一种支持经济所承载，这种支持经济的基础是：国家文化政策的明显特征是注重著作权和创新（塔伊贝尔，2009）。法国国家文化政策表现为从文化和经济上对抗好莱坞霸权的意愿，在二战后的表现是“文化例外”概念，这种概念总是见诸法国电影节负责人的话语，他们坚决地挥麾战斗，将文化抵抗问题置于行动之首。

然而法国国家在电影领域所推动的这种支持经济往往促进了创新，在电影中，创新意味着艺术敏感性，这些取向的表现是一种支持电影制作的宏大计划，不仅在法国电影中心的遴选性支持层面，而且在当今极度多产的大区所推动的电影制作政策层面均是如此。然而，并非所有受到支持的电影都能

在传统的商业发行市场（影院、电视、视频）中占有一席之地，即使是最受宠的电影往往也只能在专业影厅上映。对于所有这些人们界定为“没有发行者的影片”的影片而言，电影节发挥着关键作用，因为影片因电影节而得以与观众见面，被口口相传，为作者打开知名度，甚至产生一些投资回报。我们经常谈论电影节事实上所发挥的非正式市场的作用，很少谈论与之平行的由电影节渠道构成的发行网络。在法国和欧洲，不同合作伙伴之间的影片交流是频繁的。我们因而可以提出这一假设，即法国在国家和地区层面支持电影制作的政策仅仅因为电影节而存在，而在其他文化部门却没有类似情况。我们将某些电影制作范畴称作“电影节影片”往往证实了这种断言。

影迷中介模式的历史性

我们想提出的第二点是电影节与对电影的痴迷概念之间的紧密联系（德巴克，2003；德法尔克，2005）。这种关系是电影特有的，无论从其指称还是性质而言均是法国的，对于其他艺术或文化表达而言是不存在的。它意味着一种痴迷关系，但超越了“粉丝”实践，这种关系的基础既是对电影关系的量性理解（影迷看很多影片），也是质性理解，因为电影的评价依据的是一些既是个人的也符合一种共同规范的评判标准和艺术本质；电影艺术的评价方式与教育问题紧密相连，教育可以影响观众的能力，这种评价方式可被视为带有很强大的政治性，因为它采取的是一种对电影的二分视域，一方面将电影看作一种娱乐的产业生产，另一方面将电影看作作者的一种文化生产，将一种目标引入产业政策的变动中；影迷因而完全由其与这种艺术的独特关系所决定并将其实践纳入电影文化实践的政治的、经济的和文化的历史中。

如果对于我们来说影迷问题在理解节庆领域中的电影节的特征时发挥着主要作用的话，那是因为这种特征是根据相当数量的中介机制——电影俱乐部、艺术与实验影院、影片资料馆——的实验化而得以构建的，大部分电影节直接沿袭了这些中介机制。因此，今天的电影节研究不应该超出这种整体的影迷生态系统之外去理解，这种影迷生态系统完全转向观众的教育需求。因此，多种多样的行动方式包括：与有待构建的知识观念相关的信息支撑、组织一些旨在从个体方面研究观众的知识解放的论战，以及用埃马纽埃尔·埃蒂斯的话说“一种参与性公众的形成”（2007：15）。因此，如果不理解贯穿影迷实践的这种影迷满怀期待的状况，研究电影节是不可能的。我们在其他的文化节中找不到这种形式的影迷实践，其他的文化节即便贯穿一定的教育维度，但更多的是将中介框架局限于作品的介绍，而很少直接地考虑观众的陪伴问题，而电影节恰恰能做到这一点。

生动影像：一种日常媒体和一种取之不竭的专题库

考虑到电影节的特征，同样也即意识到视频媒体能够绝对关涉任何一个主题——对于其他在节庆上呈现的文化产品而言，这点也还未得到确证。这是重要的一点，因为这解释了为何性质千差万别的行为者受鼓励投资电影节。如果说影片最经常地在电影节上透过其艺术作品的地位得到审视的话，那么影片同样也是一种就任何性质的主题进行交流的理想媒体。因此，电影节领域出现的一些行为者起初对于电影媒体并不是特别感兴趣，它们只不过将其视为其交流活动的媒介，举办电影节来传播法国文化和语言的文化中心和文化学院；试图通过一些事件来阐明自身活动的协会（如由索姆考古学跨学科研究中心举办的亚眠考古电影节），等等。

我们观察到在节庆实践中存在一种确实的进路多样性，在电影领域中尤其如此，电影直接促进了参与这些活动的受众的异质性：除了影迷，我们还将发现不同类别的活动拥有各不相同的受众，这些受众因而从社会学角度扩大了电影部门的影响。

电影节能够触动大众，还因为没有任何心理的或文化的障碍会阻碍对于一种生动影像的参与：生动影像这种媒体，无论其被视为信息源还是娱乐和文化源，属于所有大众的日常生活，无论他们的社会阶级归属、教育层次、年龄或出身如何。电影节所构成的中介机制之所以获得支持，正是因为生动影像与其他艺术的和文化的表达恰恰相反，从社会学角度说不带有任何社会差别。这一点对于理解和研究这些活动发展的方式而言至关重要，这些活动的提议非常多样，如在大众教育领域是如此。源自这种社会规划的协会事实上大大地将生动影像视为一种优先的行动工具，正是因为生动影像能够吸引普罗大众到一个文化的、公民的和解放的规划周围，毫无保留地论及各种主题，并就世界及其变迁发问。

处于当代实践核心的生动影像

最后一点关乎“业余电影”实践问题及其在过去几十年中确确实实地爆发。如果说“业余电影”实践由来已久，从历史角度来说与微电影然后与视频相关，那么两种现象解释了这些做法在当前的集中发展：首先是高质量生产工具的普及（在摄像设备、剪辑和后期制作软件层面上，等等），同时尤其是互联网的发展，它提供了展示和交流业余内容的无尽空间，采取一种几乎完全的去中介化逻辑。如果说帕特里斯·弗利希（2010）所称颂的“业余爱好者的庆典”在此引起了我们的兴趣，那是因为它促进了电影制作数量的惊人增长。在数量增长的同时也伴随着所谓制作的质性增长，线上交流同时也促进了一种更融洽的影片赏析交流。

除了普通制作之外，我们发现有一些可以定性为半专业的制作，就性质而言，它们没有整合进商业圈，但却会打动电影节组织者。值得一提的是，创意在影像教育工具中占据重要地位，创意的再爆发正合这些行为者之意。因此，我们观察到业余电影节的激增，业余电影节将构成最有能耐的制作人的窗口，这些窗口与互联网上的共享平台完全相反，将对内容进行精心编辑并承认作者的艺术和创意行为。短片节虽然未被打上“业余”的标签，但是却受到这种类型的制作的滋养。

同样，在其他类型的节庆中绝对没有出现这种现象。即便存在若干地方团体参与的业余戏剧节，但它们无非是年末演出概念的延伸。即便音乐节植根于合唱传统中（贡普洛维奇，1987），但我们今天在当代节庆中却找不到合唱传统的表达——只有音乐节可称为由非专业人士广泛参与的音乐盛典的范例。

关于电影节的研究需要考虑广义上的电影领域中业余性的特殊地位，这种业余性与我们前文所提到的其他现象紧密相关，如伴随着电影节这些“业余”实践的增殖的影像教育工作、这些“业余”实践为增强电影的受欢迎程度而采取的沟通举措，以及它们所构建的服务于大众教育规划的工具。在法国电影文化当前约 700 个重要年度电影节中，艺术和审美作为突出的价值，代表着影迷对电影节功能的理解，与其他社会的和教育的价值如影随形，这些社会的和教育的价值构成了其他类型的节庆的符号性结构，它们对于电影行业的现实也具有同样的意义。在探讨了这第一个进路之后，虽然还有许多其他点值得阐发，但我们在此提出一个原则，即将“电影节研究”从更宽泛的“节庆研究”中独立出来是完全正当的：虽然电影节与其他类型的节庆存在明显的相近性，如它们的事件性、它们在地方经济和政治中的作用等，但是电影节活动所处的独特的经济、历史、文化和符号框架能够证成电影节研究可以作为完全独立的研究领域。然而，我们刚刚证成了其繁荣发展的“电影节研究”存在吗？该领域的研究状况如何？

电影节研究的认识论进路

一些研究人员为了定义他们的调查领域，今天求助于“电影节研究”概念，提出这一概念的初衷是有意将一个在21世纪头十年迅速发展的研究领域进行结构化。

这种意愿的第一个明显标志是马里吉克·德法尔克和斯卡迪·洛伊斯特于2008年创设的一个旨在将研究同一对象的研究人员集中起来的网络——“电影节研究网络”。该网络清点了关于电影节的已出版的成果，对正在开展的研究进行交流，迅速地给予这一特殊研究对象一种身份和框架，更不用说这发生在关于这一对象的确实多学科进路的语境下。事实上，研究这一问题的人员来自多个学科领域，如“电影研究”“媒体研究”“文化研究”、历史学、社会学、人类学、传媒、经济学、管理和政治学等领域。这个特点给交流带来了不便，因为无论就出版还是就科研活动而言，研究更普遍地是围绕学科逻辑构建的。因而，网络的价值体现出来，它从国际层面迅速地将来自各领域的研究人员联合起来。该网络的网站（网址：http://www.filmfestivalresearch.org/）上推出的浩大书目形成了关于这一主题的著作和文章库，将当时由往往孤立的研究人员撰写的出版物集中起来。

依托上述电影节研究网络，众多关于电影节问题的国际会议得以组织，那些虚拟地联合在这一网络的研究人员可以互相碰面。以欧洲电影和媒体研究网络（NECS）年度会议的作用为例，该年会设立了“电影节研究工作小组”：设立电影节专题讨论小组和工作小组的建议不断提出，这印证了该研究领域在电影和音像研究领域中的结构化。与此同时，一些完全以该问题为论题的国际会议得以组织，如2014年在意大利摩德纳组织的“电影节制图学”会议。

即便今后研究一个共同问题的研究人员能够相互认同，定期碰面并交流研究成果，但是这一新的学科领域仍待厘清。为了使这一工程更明确，两部“奠基性文本”汇编集分别于2013年和2016年出版，我们可以明显地认为这些尝试旨在奠定这一构建中的研究领域的认识论基础（约尔丹诺瓦，2013；德法尔克，2016）。根据这些出版物来定义何为“电影节研究”，这仍是一项复杂的任务。这些不同的文章试图各自提出一种适合电影节研究的方法论，它们的叠加表明了进路、所涉及学科和所采用的理论模型的多样性，当然这也不妨碍最终会出现某种统一性。同理，如果说今天应该确定“电影节研究”真正所指的话，应该在符合“文化研究”工程的前提下，试图将这些根据各自的专门目标研究这同一个对象的纷繁进路串联起来。

在20世纪80年代之前，探讨电影节问题的文章由记者撰写，他们对这个问题的探讨采用的是一种对展演影片的审美批评进路。源于这种创作的大型文本汇编今天对于那些关注节庆历史的人而言代表了一种有价值的资料来源，即便试图对节庆现象本身进行反思的人非常少见。

在该领域这个最初阶段的奠基性文本中，我们可以提到1961年由安德烈·巴赞（1961）撰写的著名文章——《论被视为一种秩序的节庆》，他在其中不无幽默地描写了浸润于戛纳电影节世界中的影评人的地位。巴赞在此对投身于“时空之外的空间”（然后将会投身其他工作）的电影节参与者的地位进行了一种社会学分析。这种视角在当时是特立独行的。探讨节庆问题的最早的学院研究往往探讨某次单独的活动，采用一种历史化的视角和一种参与式的观察，再辅以一些对组织团队的采访。如果说所有大的国际电影节成了这类研究的对象（雅各布森，1990；巴特，1997；史密斯，2001；罗多洛，2003，等等）的话，那么，在法国和其他国家，研究戛纳电影节（该领域国际上的主要角色）的出版物层出不穷。

某些研究者在探讨大型国际活动时，更为关注这些活动的地理战略维度，关注出席电影节与否的国家之间的关系是如何围绕电影节进行构建的。其中最有意思的一项研究是洛尔达纳·拉蒂伊（2013）关于戛纳电影节的一项研究，该研究发表于以她的历史博士论文为基础的书中。在其博士论文中，她表明了这种活动的历史如何不能与一种严格意义上的外交史相脱离，因为这种外交史源自根据常规的地缘政治再平衡产生的不断调整的妥协甚至让步。斯特凡诺・皮苏 2013 年出版的博士论文重新采用了这种视角，分析了威尼斯双年展与苏联的关系。他作为意大利研究人员，此后将这种视角扩大到了其他活动（柏林电影节、戛纳电影节、卡罗维发利电影节和莫斯科电影节）中，试图理解当代世界史如何通过大型的国际电影节而得到领会（皮苏，2016）。

其他许多高质量的研究也采取了这种将历史和地缘政治结合起来的视角，例如在法国，卡罗琳・穆瓦纳的研究便是如此。这种独特视角还贯穿着国家认同问题，电影节可以通过这种方式探讨国家认同。例如，利兹・恰赫（2004）将其研究建立在这个问题基础上，旨在知晓电影节如何可被视为一种用来奠定"国家电影"的体制机制之一。她专门研究了加拿大的情况，分析了在 20 世纪 70 年代国家主义情感得到强化的语境中，"多伦多电影节"是如何将一种认为存在"加拿大电影"的感觉联合起来的。这些研究在黛安娜・伯吉斯的研究那里得到延续，她 2008 年的博士论文注重加拿大电影节，目的是理解加拿大电影节如何通过将国际市场的经济利益、文化外交维度和影迷方面接合起来，雄心勃勃地采取一种与独立电影市场相关的自主规划，同时试图与好莱坞保持距离。这里所阐释的面向好莱坞的认同的、艺术的、经济的和文化的自主性思想，提供了一把极好地理解节庆现象以及国际秩序的构建的钥匙。

与此同时，研究作品的"合法化"概念的作者也大有人在，他们往往从布尔迪厄的视角研究一方面作为机制的电影节所享有的符号资本，另一方面作为杰出作品的电影所享有的符号资本。某些作者延续这些视角，试图界定节庆世界中的专门接受框架以及专属于这一独特世界的社交礼仪。在"电影研究"领域，比尔・尼科尔斯自 1994 年以来发表了一些论文，这些论文表明了新的电影形式是如何在电影节体验的独特框架中得到设计和诠释的：

> 电影节框架既促进了一种尊重感，同时也会引起不屑、好奇和感受性，结果是"发现"一种体系，即由全套容易理解的被编码的意义构成的体系。细节的积累，人员（行为者）、场所和事物之间的聚合，主题之间的类比，

各种结构之间的共同点，关切、节奏、夸张和疏忽促进了文本的不断叠加，文本新的意义浮出水面。（尼科尔斯，1994：80–81）

在这项工作中，比尔·尼科尔斯考虑到机制本身的特征：他提出的观点是，从一种符号实践的视角来看，电影节体系改变了电影产品的接受条件。这种进路在丹尼尔·达扬（2000）的研究中得到延伸。丹尼尔·达扬隶属于法国国家科研中心和社会科学高等研究院，他借用了尔文·戈夫曼的“体验框架”概念来分析电影节中起作用的社会进程。他采取了一种民族志进路，研究了由圣丹斯电影节所提供的电影节框架。他认为经常光顾电影节具有“行为序列”的维度，分析了在这种语境下规定了行为的规则：他认为，电影节参与者的行为的仪式化参与了电影节活动及其展陈的作品的合法化。

埃马纽埃尔·埃蒂斯在《走红毯：社会科学视角下的戛纳电影节》（2001）中扩展了这种社会学视角，对电影节体系进行反思，他从整体上理解电影节，从时空方面审视电影节，反思电影节与组织者宣布的项目之间的互动，反思电影节与整个电影世界及与电影世界的经济、文化和媒体方面的互动。他同样表明了这一独特领域如何回应其自身的仪式（走红毯）、其自身的规则（各种认证），等等。他提出的电影节参与者（专业人士、“得到认证”的影迷和其他人）内部的类型学参与了这种有自身规则的微型社会的理论构建。

在理解电影节现象时强调体系的作用，这促使一些作者将电影节视为一种“制度”。在 2003 年开展的一项学术研究中，朱利安·斯特林格说道，他认为，“当今的电影节构成了关键机制之一，经由它，当代电影世界得以运行并能得到理解”（斯特林格，2003：60），因此，从一种机制的视角来研究电影节的组织逻辑尤为重要。这种视角开辟了管理领域的一些研究，并提出组织进路如何能够促进一种关于电影节的反思（见鲁林和斯特兰德加尔特·佩德森，2010）。这种进路建立在多样的看法之上，其中一种看法认为，组织一次电影节意味着千差万别的行为者（导演、制作人、记者、投资人、法律专家、发行者、旅游经济的代表、电影节的组织者，等等）的参与和互动。组织理论因而开辟了一些能够理解这些个体之间关系的性质的路径。人力资源问题从逻辑上说贯穿着这些思考，因为电影节需要一些性质不同的雇员（工薪层、实习人员、志愿者、临时工，等等）。组织视角同样也使得我们思考电影节——组织通过节目安排策略以及最大型电影节获取国际电影制片人协会认可的策略所锻造的认同（穆瓦纳，2013）。

最后，电影节研究不能忽视经济视角，应该理解电影节在地方经济层面及其在电影经济价值链中的作用（这是严格意义上的电影问题所专有的）。经济学家对这些专门问题的研究非常少，除了研究电影市场的作用之外（凯林、克龙，1987；莫伦、斯特兰德加尔特，2012）。

上文通览了已开展的不同类型的研究。作为总结，我们可以提到最后一个视角，即将电影节世界看作国际网络。阿姆斯特丹大学的托马斯·埃尔泽塞尔和德马里吉克·德法尔克这两位研究人员分别于2005年和2007年发表的研究成果就采用了“电影节网络”这种观点。二者试图创制一种关于电影节的国际流通的理论模型，他们依托的是20世纪90年代开始像比尔·尼科尔斯这样的研究人员展开的思考，他们认为，不能专门从电影节的国家性方面来理解电影节，而是恰恰相反，应该从全球体系来理解电影节。马里吉克·德法尔克将电影节视为欧洲电影流通中的众多“连接点”，它们的运行既是“反对”好莱坞的，也是联合好莱坞的，并且这是从一些既是地缘政治的、也是商业的和文化的视角开展的：她认为，在国家之间建立的关于电影的政治纽带所编织的电影节生活的核心，一些经济策略得到发展，新的电影实践得到验证。由于马里吉克·德法尔克在“电影节研究联合会”中的带头人作用，这本著作对此后一些年的研究产生了重要影响，为该学科围绕一个共同视角进行的结构化奠定了前提。

然而，我们可以对内在于这种进路的基础提出疑问，这种进路旨在将电影节的范围局限于大型国际电影节，并拒斥应用于电影的“国家性”概念，面对多样的现象而只是将诸多研究局限于一种最终受限的视域。像迪纳·约尔丹诺瓦这样的许多研究人员捍卫的观点是，只能根据一种跨国视角来思考电影节。然而，就像我们在本文的第一部分在法国案例的基础上大篇幅表明的那样，对电影节文化的国家根基（电影节所处的司法体系、国家体系和政治体系，它们所处的影迷中介史、主导的工商环境）的否定会掣肘对该现象的充分理解。另一个要素也提出了深层问题，即众多研究人员聚焦于大型国际电影节，尤其是得到国际电影制片人协会认可的大型国际电影节：这些大型机构实际发挥的国际电影节市场的功能在研究中被高估了，而电影实验室的功能、社会纽带的创设、其他众多活动（往往在更为地方的或更为区域的范围内，却大大丰富了“电影节”概念）促进的地区活力则受到忽视。同理，令我们遗憾的是，对隶属于国际电影制片人协会圈的电影节的反复研究将论述集中于西欧和北美，却忽视了世界其他地区，在这些地区，电影节部门有时焕发出一种独特的活力。所幸的是，某些当代研究人员对这种活力进行了阐释。

总结：当今“电影节研究”的挑战

就像关于那些标志着这一研究领域的构建的研究成果的简短横向概述所强调的那样，理解电影节现象意味着采用非常多样的学科进路。今天，如果说难以断言“电影节研究”已经腾飞的话，那么正是因为这些进路之间的综合似乎还没开展。研究领域的构建在那时只不过被视为一种往往折中主义的研究成果的剪辑。这些研究成果只是在具体场合才相互呼应一下。从一个根据一种当今的多学科断言围绕同一称谓聚集起来的研究人员共同体过渡到一种采用联合进路的真正跨学科性乃至多学科性的实施，可能会为该研究领域的充分确证提供一个发展框架。创建一种完全投入这些反思的研究实验室或一种国际观察所，可能构成这一领域一种有趣的杠杆，可能成为“电影节研究”从童年向成年过渡的一个先决条件。

Christel TAILLIBERT: LES FILM FESTIVAL STUDIES*:*
ÉLÉMENTS POUR UNE ÉPISTÉMOLOGIE
D'UN NOUVEAU CHAMP DE RECHERCHE
(*DIOGÈNE*, No. 258–259–260, 2017)

参考文献：

巴特 , P., Bart, P. (1997) *Cannes, Fifty Years of Sun, Sex & Celluloid: Behind the Scenes at the World's Most Famous Film Festival*, New York: Hyperion。

巴 赞 , A., Bazin, A. (1961) «Du festival considéré comme un ordre», in *Qu'est-ce que le cinéma?* T. 3, *Cinéma et sociologie*, Paris: Éditions du Cerf (posth.) 。

伯吉斯 , D., Burgess, D. (2008) *Negotiating Value: A Canadian Perspective on the International Film Festival*, Thèse de doctorat, University of British Columbia。

法国电影中心 , CNC (2016) *La production cinématographique et audiovisuelle en région*, Paris: CNC, Les études du CNC。

恰 赫 , L., Czach, L. (2004) "Film Festivals, Programming and the Building of a National Cinema", *The Moving Image*, 4/1: 76–88。

达扬 , D., Dayan, D. (2000) "Looking for Sundance: The Social Construction of a Film Festival", 收入邦德比耶格 , 伊布 (主编), in Bondebjerg, Ib (ed.), *Moving Images, Culture and the Mind*, 43–52, Londres: University of Luton Press。

德巴克 , A., De Baecque, A. (2003) *La cinéphilie-Invention d'un regard, histoire d'une culture, 1944–1968*, Paris: Fayard。

德法尔克 , M. 和哈格纳 , M. (主编), De Valck, M., Hagener, M. (ed.) (2005) *Cinephilia: Movies, Love and Memory*, Amsterdam: Amsterdam University Press。

德法尔克 , M., De Valck. M. (2007) *Film Festivals: From European Geopolitics to Global Cinephilia*, Amsterdam: Amsterdam University Press。

德法尔克 , A.、布伦丹 , K. 和洛伊斯特 , S. (主编), De Valck, M., Brendan, K., Loist, S. (eds) (2016) *Film Festivals, History, Theory, Method, Practice*, Londres: Routledge。

埃尔泽塞尔 , T., Elsaesser, T. (2005) *European Cinema: Face to Face with Hollywood*, Amsterdam: AUP。

埃蒂斯 , E. (主编), Ethis, E. (ed.) (2001) *Aux marches du palais, Le festival de Cannes sous le regard des sciences sociales*, Paris: La Documentation française。

埃蒂斯 , E., Ethis, E. (2007) «Le cinéma,cet art subtil du rendez-vous», *Communication et langages*, L'énonciation éditoriale en question, 154: 11–21。

弗利希 , P., Flichy, P. (2010) *Le sacre de l'amateur: sociologie des passions ordinaires à l'ère numérique*, Paris: Seuil。

盖茨 , D., Getz, D. (2010) "The Nature and Scope of Festival Studies", *International Journal of Event Management Research*, 5/1, http://ijemr.org/wp-content/uploads/2014/10/Getz.pdf。

贡普洛维奇，P., Gumplowicz, P. (1987) *Les travaux d'Orphée. 150 ans de vie musicale amateur en France. Harmonies, chorales, fanfares*, Paris: Aubier。

约尔丹诺瓦，D., Iordanova, D. (2013) *The Film Festival Reader*, St Andrews: St Andrews Film Studies。

雅各布森，W., Jacobsen, W. (1990) *Berlinale: Berlin International Film Festival*, Berlin: Argon。

凯林，R. A. 和克龙，W. L., Kerin R. A., Cron W. L. (1987) "Assessing Trade Show Functions and Performance: An Exploratory Study", *Journal of Marketing* 51/3: 87–94。

拉蒂伊，L., Latil, L. (2005) *Le festival de Cannes sur la scène internationale*, Paris: Nouveau Monde。

穆瓦纳，C., Moine, C. (2013) «La Fédération internationale des associations de producteurs de films: un acteur controversé de la promotion du cinéma après 1945», *Le Mouvement Social* 243: 91–103。

莫伦，B.、斯特兰德加尔特·佩德森，J., Moeran, B., Strandgaard Pedersen, J. (2012) *Negotiating Values in the Creative Industries: Fairs, Festivals and Competitive Events*, Cambridge: Cambridge University Press。

尼科尔斯，B., Nichols, B. (1994) "Global Image Consumption in the Age of Late Capitalism", *East-West Journal*, VIII/1: 68–85。

皮苏，S., Pisù, S. (2013) *Stalin a Venezia: l'URSS alla Mostra del cinema fra diplomazia culturale et scontro ideologico (1932–1953)*, Soveria Mennelli: Rubbettino。

皮苏，S., Pisù, S. (2016) *Il XX secolo sul red carpet. Politica, economia e cultura nei festival internazionali del cinema (1932–1976)*, Milano: Franco Angeli。

罗多洛，E., Roddolo, E. (2003) *La Biennale: Arte, Scandali e Storie in Laguna*, Venezia: Marsilio。

鲁林，C.-C. 和斯特兰德加尔特·佩德森，J., Rüling, C.-C., Strandgaard Pedersen, J. (2010) "Film Festival Research from an Organizational Studies Perspective", *Scandinavian Journal of Management*, 26: 318–323。

史密斯，L., Smith, L. (2001) *Party in a Box: The Story of the Sundance Film Festival*, Sal Lake City: Gibbs-Smith Publisher。

斯特林格，J., Stringer, J. (2003) "Regarding Film Festivals: Introduction", reproduit dans:

Iordanova, D. (ed.) (2003) *The Film Festival Reader*, pp. 59–68, St Andrews: St Andrews Film Studies。

塔伊贝尔, C., Taillibert, C. (2009) *Tribulations festivalières-Les festivals de cinéma et audiovisuel en France*, Paris: L'Harmattan。

透过“声音研究”看音乐传播的文化史：理论反思与领域的回归

让－塞巴斯蒂安·诺埃尔　著
贺慧玲　译

2005年，米歇尔·希尔梅斯发表了关于埃米莉·汤普森和乔纳森·斯特恩著作的书评，题为“有一种称为‘声音研究’的领域且这重要吗？”（希尔梅斯，2005）。必须看到，大约15年之后，“声音研究”领域的生命力（就出版物、大学的公开教学和开展的辩论而言）让人必须对这个问题给出肯定的回答，这个问题并非单纯的修辞手法。同在2012年出版的两部综合性著作对“声音研究”领域进行了限定（平齐、比齐斯瑞费尔德，2012；斯特恩，2012）。该研究领域从内在来说是跨学科的，它同时召集了音乐学家、社会学家、历史学家、科技专家或“文化研究”专家。“声音研究”有时被视为源自北美新音乐学，显示出一种紧紧围绕音乐作品分析及其诠释的学科观，自20世纪90年代以来获得了确确实实的知名度（我们此后称之为“声音转向”）。“声音研究”最初受加拿大作曲家R.默里·谢弗和阿兰·科尔班的著作《地球的钟声：19世纪乡村中的声音景观与感性文化》的启发（谢弗，1977；科尔班，1997），并且受音乐学家乔纳森·斯特恩和历史学家埃米莉·汤普森研究的影响，他们分别研究了技术复制时代的声音现代性（斯特恩，2003）以及19世纪末到20世纪20年代美国大城市中声音测量方法和控制技术的发展（汤普森，2004）。因此，“声音研究”提出的公设之一在于断言，声音属于一种经济的、政治的和文化的构建进程，声音的生产和传播技术传达了一些权力关系和社会层面的等级。如果说一部分研究人员（包括斯特恩本人）受到“文化研究”和“庶民研究”双重批判机制的影响的话，那么社会和文化历史学家也将声音挪用为研究对象。

历史学的“声音转向”和“声音研究”：交叉的动态和历史领域的更新

自20世纪70年代以来，美国历史学家威廉·韦伯的先驱性著作和学术圈对于他的批判性接受（韦伯，1975；米洛，1987）宣告，处于人文社会科学核心的历史学对于音乐制作、音乐社会性和音乐实践的兴趣日益增长。事实上，自20世纪90年代以来，音乐的政治和意识形态维度构成了跨学科碰撞和辩论的领地（埃斯卡尔、安贝蒂，1997）。社会学进路和音乐学进路的接合见于蒂亚·德诺拉和埃斯特班·比什论述贝多芬的奠基性著作（德诺拉，1995；比什，1999）。从关于音乐在国家构建进程中的地位的研究，到关于音乐外交的更为新近的研究，历史学家和音乐学家最为经常地通过保留剧目、演出、巡演、创作者和受众来研究“声音”。因此，杰茜卡·吉诺-赫克特在其著作《声音外交：跨大西洋关系中的音乐和情感（1850—1920）》中分析德国和美国之间的跨大西洋音乐传播，极为重视这种“声音外交”，而较少关注声学问题（吉诺-赫克特，2009）。历史编纂学空间的和全球的转向促使历史学家将音乐和音乐制作及媒介技术条件的变迁视为历史进程研究中的决定性因素。于尔根·奥斯特哈梅尔结合了音乐和其他因素，思考自19世纪60年代到20世纪30年代严肃音乐全球化现象的出现中声音复制技术的作用以及唱片业的勃兴（奥斯特哈梅尔，2012）。此外，在《历史科学与音乐》一文中，奥斯特哈梅尔和斯文·奥利弗·米勒主张对音乐现象进行历史化，将音乐创作条件（行政体制、经费资助形式、作品制作结构、音乐节目传播条件）重新置于其语境中，并将声音环境的主观维度考虑在内。事实上，在他们看来：

> 任何体裁的音乐乃是经过驯化的声音，也即音色、杂音与声音（因此也就是声音感觉）的广阔历史中的一个个例。交流很少发生在中性的声音环境中；语言也是声音。（奥斯特哈梅尔和米勒，2008：19）

“声音感觉”这种核心概念构成了介于历史编纂学和“声音研究”专门领域研究人员的研究成果之间的一种试金石。这个核心概念借用自阿兰·科尔班的开先河之作，他主张将声音分析从单独的音乐领域中解放出来，卢多维克·图尔内斯也持这种观点（图尔内斯，2006）。北美和法国同时开展了技术和美学现代性语境中“声音文化”变迁的研究。在其他领域，尤其是艺术哲学或媒体科学领域，声音在艺术创作和艺术表现中的地位在德国彼得拉·马里亚·迈尔的著作中得到系统探讨，并与文化研究和艺术哲学有所交叉（迈尔，1993，2008）。在法国，玛丽 - 玛德莱娜·梅尔旺 – 鲁奠定了戏剧史中声音档案处理方法论的基础，并强调“规程的需要”（梅尔旺 – 鲁，2013）。

虽然音乐学家、音乐社会学家或历史学家的专长领域有所关联或交叉，但是历史学家认为仍有必要对其划定范围，这让人认为他们对于音乐素材的声音维度极为关注甚至对此谨小慎微。15 年来历史调查中所挖掘的素材说明的却完全是另一种现实。在来源于文字材料（评论、通信、回忆录、总谱）的传统素材之上，录音时代的研究又增加了新的素材，这使我们不仅可以考虑唱片制作的技术的、物质的和经济的条件，也可以考虑跨国传播过程中音乐媒介的方式（弗莱谢，2013）。美国历史学家威廉·豪兰·肯尼关注随着录制音乐的发展留声机在美国家庭行为变迁中的作用（肯尼，1999），步其后尘，法国的卢多维克·图尔内斯和索菲·迈松纳夫研究了声音环境的文化史以及唱片迷的出现。这并不仅仅只是关注技术创新史，也不只是关注技术话语，而是关注录音时代的文化实践和文化消费的一种社会史（迈松纳夫，2001，2007；图尔内斯，2005）。与此同时，关于音乐产业、唱片公司的商标策略以及唱片公司本身的研究也开展起来（格罗诺和绍尼奥，1998；图尔内斯，2002；勒布伦，2006）。这些对声音的社会、经济和文化变迁进行系统分析的研究成果，与专门研究媒介化载体和机制的成果相结合，探究声音制作空间的政治利害，由人类学家兼音乐家乔治娜·博恩完成的对法国声学与音乐调配研究院（IRCAM）的浸入式批判分析就是一个决定性范例。这项划时代的研究处于科技与人文科学的交叉路口，也对“软件研究”开放（博恩，1995）。此外，对于罗伯特·穆格和皮埃尔·沙费人物形象的研究、美国音乐学家弗吉尔·穆尔菲尔德关于流行音乐中制作人（从菲尔·斯佩克特到乔治·马丁）角色变迁的论文，让我们可以从不局限于作曲家和受众这些能动者和行为者的角度重新审视音乐制作史（平奇、特罗科，2004；穆尔菲尔德，2010；勒巴伊、卡尔滕埃克，2012）。

倾听声音档案

当然不能将技术创新作为音乐实践变迁的必要条件，自然需要指出，20世纪对音色、声音和杂音之间的等级做了重大修正。具体音乐之父、工程师和音乐家皮埃尔·沙费的研究大大促进了对“声音对象”的感知的变迁，他主张从内在属性来理解“声音对象”（沙费，1952，1966）。在音乐学家马基斯·索洛莫斯看来，声音在20世纪初以来的音乐创作（无论是严肃曲目还是流行曲目）中占据着核心地位。他甚至提到一种范式性变化，对此他阐述为从一种以音调（音调系统的构成性声音元素）为核心的音乐文化向一种以声音（从无调性的最初体验到电声音乐和具体音乐研究）为核心的音乐文化过渡。除方式方法外，索洛莫斯还主张在声音制作与录制条件发生重大变革的语境下对当代音乐实践进行分析，这些音乐实践包括新的倾听实践（音乐会上纳入电声装置、通过录音载体或无线电载体倾听）（索洛莫斯，2013）。音乐学家马丁·卡尔滕埃克对过去两个世纪感兴趣，在其著作《分裂的耳朵：论18—19世纪的音乐倾听》中，从涵盖广泛领域的书面材料出发，分析了与倾听一首严肃作品相关的话语生产（主要在欧洲的德语区），同时对一种真正的或具体的倾听的痕迹进行追踪，并提出一种18世纪和19世纪特有的或共有的倾听方式类型学（卡尔滕埃克，2011）。事实上，应该从历史化的倾听体制方面来理解声音环境。

“声音研究”领域中的一个争论性问题是耳科学乃至“听觉”（auraliteé，英语外来语，界定由倾听机制所传导的东西）的地位。“听觉文化”被纳入科学与技术领域，类似于感官史（这主要归功于阿兰·科尔班），但它却超越了关于所感知的声音的技术主义进路，而将这种声音重新置于听觉环境和所处时代产生的象征世界中（布尔和巴克，2003）。声音并未被看作简单的振动的“对象”——这会让人构想一种自动的和无历史的倾听——而是被看作一种考虑到声音制作和传播条件、声音媒介以及听众的收听条件（包括文化条件）的综合体。对声音的这种理解彻底将听觉、感觉与倾听连接起来，使历史学家能够从其整个内在的、外在的、环境的与关联的复杂性上来把握声音素材。

声音现代性概念与声波显示法和机械可复制性同时诞生，“声音研究”从这种声音现代性概念出发，主张声音素材的固定、存档、转录和媒介化不是一种贫化，而是原件和复制件之间相互构建的一种动态进程（斯特恩，2015：406）。因此，在制作和复制的声音文件背后，我们努力理解的是制度和经济机构、决策链条和生产过程。法兰克福学派和瓦尔特·本雅明的著作在这方面的影响显而易见。属于这个问题域的还有美国音乐学家蒂莫西·D.泰勒关于市场经济的著作，这部著作重视音乐的新分配和消费方式（泰勒，2016）。

在历史学中，关于“声音遗产”概念以及致力于构建声学的或无线电档案藏品的政策的史料非常丰富，这为研究人员提供了评价事物所需的时空距离和必要的方法论（卡吕、勒穆瓦纳，2005；尚巴-乌永、科昂，2013；格切尔、若斯特和特西库纳，2010）。专属于录音时代的声音档案因而包括众多载体和众多藏品，为重新进行历史提问提供了许多可能性。我们从宣传系统研究（法夫尔，2014）或在非洲后殖民史的更新中（姆博克罗、圣特尼，2001）对无线电档案的重视中可见一斑。在这些无线电素材中，既有政治话语，也有诸如广告之类的综艺节目。此外，应该从声音文件的物质性、专门的格式和历史维度来考察声音文件。音乐学家乔纳森·斯特恩将mp3格式界定为一种“文化制品”——在他之前，乔治娜·博恩曾用同一术语界定法国声学与音乐调配研究院开发的技术和软件——将其描述为“一种物质和社会关系的凝结体”。事实上，在他看来，“这是一种服务于人群、意识形态、技术和其他社会和物质元素并由其塑造的对象”（斯特恩，2006：826）。换言之，mp3格式的音频介质的编码过程——我们可以借此将评论扩大至所有数码转型和变更的举措——应该被历史化和资料化。事实上，研究人员对与“声音研究”相关的研究感兴趣，会思考由数字声音组成的素材的构建和分析方法论。看似语义重复的一种说法并不是不言自明的：在学术著作中，有多少页下注只是一些关于多媒体材料的网址或存储平台的链接？即使学术网址或官方网址（如为数众多的数字化声音档案平台）伴随着灰色文献的在线资源，提供了编码和存档条件信息，但私人网站也不公开，或很少公开能够对搜索进行严格追溯的算法。

历史学家的其他著作提出了一些直接受“声音研究”启发的丰富的方法论更新路径。研究美国伯克利民俗节档案的迈克尔·J. 克雷默，奠定了对他文章（“‘未听过的声音’——数码图像的可听化的历史诠释”）中传达的图像的声音研究的基础。作者对蓝调歌手和吉他手曼斯·利普斯科姆的一张照片进行了思考，探询了历史学家以何种眼光看待这种“数码剪影”，以此提醒人们档案的不完整性和片面性。如何恢复斯特恩在其著作的英文标题中提到的“可听的过去”？克雷默以某种方式采纳了斯特恩的提议，即不是将数字化材料（source）看作原件的一种损失，而是将其看作录制对象及其复制和媒介化的复制品之间的一种动态关系（克雷默，2018）。两位作者均将数字化声音文件视为一种表征，正如文化史所主张的那样。克雷默建议对与同一事件相关的一种可视材料（在这指照片）和一种声音材料进行交叉编码，主张跳出视觉分析帝国，在其上加入一种声音分析，他从“声音转向”的成果中获得启发，将这种声音分析描述为“可听化”。历史学家不仅改变了看法，而且改变了方向。因而要创制一种倾听和分析声谱的方法论并使其适应历史学科。在伴随这种方法论转向的有用资源中，音乐学家米谢勒·卡斯泰伦戈（2015）提供了一种音乐和音响的收听教材，为声波图（即声谱的视觉表征）分析奠定了基础。从这种角度看，“可听化”不仅是对消失的可听过去的神奇显示器：“可听化”可以产生新的假设并且通过另一种方向来参悟事件。

声音“景观”或“环境”？

如果历史学家，或更宽泛地说，“声音研究”领域自愿挪用了声音景观概念的话，那么声音景观概念值得被重新置于其语境中考察。加拿大作曲家R. 默里·谢弗在“世界声音景观工程”（自 20 世纪 60 年代末以来）和其名作《为世界调音》（谢弗，1977，trad.1979）框架中的研究与对工业社会产生的噪音危害的批判以及声音生态学的飞速发展紧密相关，从一种富于战斗性的逻辑入手，特别鼓励其学生与读者揭露城市环境的声音饱和：

> 名副其实的城市美学家应该了解他所研究的环境的一切：他应该具有声学、心理学、社会学、音乐和根据情况在其他方面的知识。没有学校开设类似的教学，但过不了多久这样的学校就会创建，因为声音景观向低保真度（lo-fi）的逐渐变化已经促使背景音乐的倡导者来掌握声学美学——一桩完美交易。（谢弗，1979：282–283）

即便谢弗的提议使得可以构建一种声音景观类型学并且界定描述声音景观的标准（出处同上：23 et sq.），但是他的方法仍是可以被批评的。作曲家和理论家米歇尔·希翁强调了“将我们所听整体化”的困难（希翁，2018：14），也即从一种个人的和主观的倾听（谢弗以此为基础）过渡到一种对“声音景观”体系的分析。同理，除去表述的效力和诗意，相对于声音景观，人们更倾向于声音环境这个表述，假设社会—环境之间具有一种复杂的互动，正如科尔班对感觉和表征的社会史研究以及法国格勒诺布尔的 CRESSON[1] 那样融合了社会学、城市地理学、建筑学和声学的跨学科团队的研究所分析的那样（安富，2003）。城市的声音环境史并不一定在于恢复过去的氛围，而在于分析城市社会与其声音环境之间的所有互动，研究（机械的、动物的和人群的）嘈杂声的杂乱无章的交织、（夜晚、游行队伍和纪念仪式的）静寂以及（社交活动、机构性实践、公共广场、街道的）音乐。[2] 对声音形迹的重视——无论其属于录音技术发明之前的“史前史”（弗里茨，2000；亚历山大 - 比东，2012；阿布罗、维西埃，2016），还是属于声音具有技术可复制性的当代——有助于建立城市社交性的历史。城市的声音环境史还在于研究感觉到的嘈杂声的心理学现实（例如考虑到影响器官或身体的致病阈限）和来自不同社会阶层的个体的文化（宽容阈限）之间的关系。最近几十年的重要特征是塑造了城市生活的声学特征的声音“设计”的发明（奥瓜亚尔，1999），工程师和作曲家的声学实验室（如法国声学与音乐调配研究院）在交通工具（汽车、摩托车）马达声的设置以及公共空间的声音处理方面发挥了主要作用。这种声学特征构建了一种城市空间语法并促进了它的可读性。

研究城市的声音环境史因而促进了对法律框架和公共政策的重视，无论是现当代[3]还是今后时期颁布的规范：路易－塞巴斯蒂安·梅西耶在其《巴黎图画》（1781）一书中曾提到在肉店街区牲畜叫声的危害性（勒特，2013）。城市环境和城市生态的历史编纂学逐渐考虑到问题的声学维度，将声音因素纳入工业污染概念当中（马萨尔－吉尔博，1999；巴拉，2003）。

当代世界声音环境研究的核心问题是，战争，尤其是第一次世界大战的“噪音”和“声音景观”问题得到系统研究（奥杜安－鲁佐、比什、希梅纳、迪罗苏瓦尔，2009）。此外，在关注专门保留节目的进路（法兰克福，2009）之外，某些作者选择了其他参数，并呼吁一种在第一次世界大战的文化史领域开辟新视角的方法论。弗洛伦斯·热特罗关注一种战壕乐器学，从士兵—乐者制作的或为他们制作的乐器的音色来理解战争的各种声音。除了（由两名弦乐器制造者内廷、普利克）为大提琴手莫里斯·马雷夏尔设计了乐器这一例子外，其他的乐器制造过程的例子有史可查，这得益于在佩罗纳历史藏品中保存和再次发现的笔记和计划（热特罗，2009）。埃斯特班·比什研究了各种时间、各种空间以及归于安静的阶段。1918 年 11 月 11 日，停战时刻 11 点的前一分钟和后一分钟在摩泽尔录制的声谱，让人看到（而不是听到）声谱的变化，它记录了大炮持续的轰隆声逐渐消退的过程。如果说比什将此作为停战对前线这个地方的声音环境影响的可观察和可量化的证据，那么他对战时静默的作用进行了更广泛的分析，这些负面的声音标志可能意味着危险或死亡的威胁等短暂的平衡（比什，2014）。同样成为研究领域的还有：实际上的归于平静、贯穿公共的或私人的表达悼念的仪式的仪式化的寂静维度，这些研究领域使我们可以理解在战争时期或在停战阶段声音环境的历史意义。

在集中营、第三帝国的处决中心和贫民区以及波兰总督府辖区这种特定背景下，声音装置具有决定性地位。吉多·法克勒因此表明达豪集中营自 1933 年利用固定扬声器来代替广播或者通过留声机播放音乐，从而达到宣传目的或对被关押的政治敌对者实施再教育。法克勒也分析了在其他集中营（包括马伊达内克死亡营）中设置的类似扩音系统。他为不同集中营环境专有的扩音系统做了分类，扩音系统的使用随每个关押所的时间顺序和特殊性而变化（布劳尔，2009）。集中营系统的扩音设备既是交流手段，也是强制工具，打击囚犯们的精神（在宣告帝国的一项胜利时播放军队进行曲），压制反抗的意志。马伊达内克死亡营移动的高音喇叭在大规模处决时播放狐步曲调，揭露这些喇叭的模棱两可的和多功能的特征的研究对此有所记录（法克勒，2000；吉尔伯特，2006）。声音事件（以极大音量播放的音乐类型）盖住了受害者的叫喊声，干扰了对罪行的理解，同时在事实和事实发生的环境之间产生了一种不和谐的效应（法克勒，2000）。

关于在战争时期过于暴露于声音或者在实施酷刑时对声音的使用所造成的神经学和精神病学后果的专门研究，使得可以在一种新视角下来看待战争的历史编纂学，大大超出了文化史的研究对象和问题域，与如神经心理学或口鼻喉科学等学科领域有所交叉（多曼、凯勒，2010）。皮埃尔·达尔蒙关注军医的探索，他们从第一次世界大战的前几个月开始，不得不面对一整套不为人知和被误诊的病理症状，这些病理症状乃是一种深刻的情感冲击的结果，在光中没有显现出明显的病变。这些精神症状之后很快被统称为“悲观”（达尔蒙，2001；德拉波特，2004），乃是长期粗暴地暴露于噪音的结果。莫拉格·约瑟芬·格兰特和苏珊娜·卡西克的研究乃至神经心理学家纳萨莉·戈瑟兰对于音乐对后创伤障碍的作用的研究，让我们可以更好地理解（决策群体和集中营行政机构）对声音的使用及其对卷入冲突的人群（包括士兵和平民）的机体产生的影响（卡西克，2008；格兰特，2018）。

* * *

“声音研究”与其说是一种同质的学科领域，不如说是一个实验性和互惠启发性辩论空间。即便“声音研究”使得音乐学家和声学家、科技史专家和文化主义史学家、关注所感知的声音或倾听的音符的研究人员之间的相遇成为可能，但是它也未能使学术实践或定位同质化。然而，所有人都接受对声音的“控制论”观念、对一种完全技术主义进路的批评，这种技术主义进路在一种客观的假象下，歪曲了对倾听的社会和文化分析以及声音档案的构建维度。因此，至关重要的是，严格按照字面意义来设想“声音转向”，不将它约简为“音乐转向”，同时不再将听到的与所听的混为一谈。这里，问题关涉音乐的声学维度，关涉这种对对象的再定义向历史学家提出的众多问题。然而，在一些综合性著作让我们看出这个领域的一致性后，15 年来，“声音研究”一直处于限定的范围内，它探询历史实践与对象，鼓励研究人员跳出舒适圈，直面研究对象的波动维度，面对纷繁多样的倾听文化。

Jean-Sébastien NOËL: L'HISTOIRE CULTURELLE DES CIRCULATIONS MUSICALES AU PRISME DES SOUND STUDIES*: RÉFLEXIONS THÉORIQUES ET RETOURS DE TERRAIN*

(*DIOGÈNE*, No. 258–259–260, 2017)

注：

［1］成立于 1979 年的声音空间与城市环境研究中心的缩写。

［2］参见“布勒泰”跨学科项目，该项目融合了历史学、音乐学、地理学和工程学，从布勒泰（1734—1739）计划出发提出了一些重建巴黎并恢复街道和某些街区的声音环境的感觉的设想。

［3］在此我们可以参照 1926 年成立的法国标准化署的关于声音危害的报告，或者 20 世纪 60—70 年代在英国和美国城市中产生的类似报告。

参考文献：

亚历山大－比东，D., Alexandre-Bidon, D. (2012) «À cor et à cri. La communication marchande dans la ville médiévale», in *Communications,* 2012/1, n°90:17–34。

奥杜安－鲁佐，S., Audoin-Rouzeau, S. (1999) «La Grande Guerre: le deuil inter-minable», in *Le Debat*, n°104: 117–130。

奥杜安－鲁佐，S., 比什，E., 希梅纳，M. 和迪罗苏瓦尔，G.（主编）, Audoin-Rouzeau, S., Buch, E., Chimènes, M. et Durosoir, G. (eds.) (2009) *La Grande Guerre Des Musiciens*, Lyon: Symétrie。

奥瓜亚尔，J.-F., Augoyard, J.-F. (1999) Du bruit à l'environnement sonore urbain. évolution de la recherche francaise depuis 1970, 收入马泰，M.-F. 和皮曼，D.（主编）, in Mattei, M.-F. et Pumain, D. (eds) *Données urbaines*, n°3, pp. 397–409, Paris: Anthropos。

巴拉，O., Bala, O. (2003) *L'espace sonore de la ville au XIXe siècle*, Grenoble:À la croisée。

布劳尔，J., Brauer, J. (2009) *Musik im Konzentrationslager Sachsenhausen*, Berlin: Metropol Verlag。

比什，E., Buch, E. (1999) *La Neuvieme de Beethoven. Une Histoire Politique*, Paris: Gallimard。

布尔，M. 和巴克，L.（主编）, Bull, M. et Back, L. (eds.) (2003) *The Auditory Culture Reader*, Oxford: Berg Publishers。

卡吕，A., 勒穆瓦纳，H.（主编）, Callu, A:, Lemoine, H. (eds) (2005) *Le patrimoine sonore et audiovisuel fransais:entre archives et temoignages. Guide de recherche en sciences sociales*, Paris:Belin。

卡斯泰伦戈，M., Castellengo, M. (2015), *Écoute musicale et acoustique*, Paris: Editions Eyrolles。

尚巴－乌永，M.-F., 科昂，E., Chambat-Houillon, M.-F., Cohen, E. (2013) «Archives et patrimoines visuels et sonores», in *Sociétés & Représentations*, 2013/1, 35: 7–14。

希翁，M., Chion, M. (2018) *Le son. Ouïr, écouter, observer*, 3e édition, Paris: Armand Colin。

科尔班，A., Corbin, A. (1994) *Les Cloches de la terre. Paysage sonore et culture sensible dans les campagnes au XIXe siècle*, Paris: Flammarion。

卡西克，S. G., Cusick, S. G. (2008) " 'You Are in a Place That is out of This World"; Music in the Detention Camps of the 'Global War on Terror' ", in *Journal of the Society for American Music*, 2/1, 2008: 1–26。

达尔蒙，P., Darmon, P. (2001) «Des suppliciееs oubliés de la Grande Guerre: les pithiatiques», in *Histoire, économie et société*, année 2001, 20–1: 49–64。

多曼 , N. 和凯勒 , P.-H., Dauman, N. et Keller, P.-H. (2010), «Épistémonologie de l'acouphène: histoire d'une controverse scientifique», in *Cliniques méditerranéennes,* 2010/2, 82: 317–330。

德诺拉 , T., De Nora, T. (1995) *Beethoven and the Construction of Genius. Musical Politics in Vienna, 1792–1803*, Berkeley, Los Angeles: University of California Press。

德拉波特 , S., Delaporte, S. (2004) «Névroses de guerre», 收入奥杜安 – 鲁佐 , S., 贝克尔 , J.-J. (主编), in Audoin-Rouzeau, S., Becker, J.-J. (eds), *Encyclopédie de la Grande Guerre*, pp. 357–367, Paris: Bayard。

埃斯卡尔 , F., 安贝蒂 , M. (主编), Escal, F., Imberty, M. (eds) (1997) *La musique au regard des sciences humaines et des sciences sociales*, Paris: L'Harmattan。

法克勒, G., Fackler, G. (2000) *Des Lagers Stimme: Musik Im KZ. Alltag Und Häftlingskultur in Den Konzentrationslagern 1933 Bis 1936: Mit Einer Darstellung Der Weiteren Éntwicklung Bis 1945 Und Einer Biblio-/Mediographie*, DIZ-Schriften, Bd. 11, Bremen: Temmen。

法夫尔 , M., Favre, M. (2014) *La propagande radiophonique nazie*, Paris: INA Editions.。

弗莱谢 , A., Fléchet, A. (2013) *Si tu vas a Rio··· La musique populaire en France au XX*[e] *siècle*, Paris: Armand Colin。

弗莱谢, A., 诺埃尔 , I.-S., Fléchet, A., Noël, I.-S. (2018) «Chéreau soundscapes. Musiques, silences et sons dans les longs métrages de Patrice Chéreau», 收入莱维 , M.-F., 格切尔 , P., 特西库纳 , M. (主编), in Lévy, M.-F., Goetschel, P., Tsikounas, M. (eds), *Chéreau en son temps*, pp. 271–292, Paris: Éditions de la Sorbonne。

法兰克福 , D., Francfort, D. (2009) «La meilleure façon de marcher: musiques militaires, violence et mobilisation dans la Première Guerre mondiale», 收入奥杜安 – 鲁佐 , S., 比什 , E., 希梅纳 , M. 和迪罗苏瓦尔 , G. (主编), in Audoin-Rouzeau, S., Buch, E., Chimènes, M. et Durosoir, G. (eds.) *La Grande Guerre Des Musiciens*, pp. 17–27, Lyon: Symétrie。

弗里茨, J.-M., Fritz, J.-M. (2000) *Paysages sonores du Moyen Âge. Le versant épistémologique*, Paris: Champion。

热特罗 , F. (主编), Gétreau, F. (ed.) (2014) *Entendre la guerre:sons, musiques et silence en 14–18*, Paris: Gallimard, Historial de la Grande Guerre。

吉诺 – 赫克特 , J., Gienow-Hecht, J. (2009) *Sound Diplomacy. Music and Emotions in Transatlantic Relations, 1850–1920*, Chicago: The University of Chicago Press。

吉尔伯特 , S., Gilbert, S. (2006) *Music in the Holocaust: Confronting Life in the Nazi Ghettos and Camps,* Oxford: Oxford University Press。

格切尔 , P., 若斯特 , F., 特西库纳 , M.（主编）, Goetschel, P., Jost, F., Tsikounas, M. (eds) (2010) *Lire, voir, entendre. La réception des objets médiatiques*, Paris: Publications de la Sorbonne。

格兰特 , M. J., Grant, M. J. (2014) “Pathways to Music Torture”, in *Transposition* [en ligne], 4 | 2014。

格罗诺 , P. 和绍尼奥 , I., Gronow, P. et Saunio, I. (1998) *An International History of the Recording Industry*, Londres & New York: Cassel。

阿布罗 , L., 维西埃 , L.（主编）, Hablot, L., Vissiere, L. (eds) (2016) *Les paysages sonores du Moyen-Âge à la Renaissance*, Rennes: P.U.R.。

希尔梅斯 , M., Hilmes, M. (2005) “Is There a Field Called Sound Culture Studies? And Does It Matter?”, in *American Quarterly*, Vol. 57, n°1: 249–259。

卡尔滕埃克 , M., Kaltenecker, M. (2011) *L'Oreille divisée: discours sur I'écoute musicale aux XVIIIe et XIXe siècles*, Paris: Éditions MF。

肯尼 , W. H., Kenney, W. H. (1999) *Recorded Music in American Life. The Phonograph and Popular Memory, 1890–1945*, New York & Oxford: Oxford University Press。

克雷默 , M. J., Kramer, M.J. (2018) “ ‘A Foreign Sound to Your Ear’-Digital Image Sonification for Historical Interpretation”, 收入林戈尔德 , M. C., 米勒 , D. 和特雷蒂恩 , W. A.（主编）, in Lingold, M. C., Mueller, D. et Trettien, W. A. (eds), *Digital Sound Studies*, Durham: Duke University Press。

勒巴伊 , K., 卡尔滕埃克 , M.（主编）, Le Bail, K., Kaltenecker, M. (eds) (2012) *Pierre Schaeffer. Les constructions impatientes*, Paris: CNRS Éditions。

勒布伦 , B., Lebrun, B. (2006) «Majors et labels indépendants.France, Grande Bretagne, 1960–2000», in *Vingtième siècle. Revue d'histoire*, octobre-décembre 2006: 33–46。

勒特 , S., Leteux, S. (2013) «Les nuisances dans la ville: le cas des abattoirs parisiens (du XVIIIe au début du XXe siècles)», in *Bulletin de la societé de l'Histoire de Paris et de l'Île-de-France*, 2013, 140e année。

姆博克罗 , E., 圣特尼 , P., M'Bokolo, E., Sainteny, P. (2001), *Afrique: une histoire sonore (1960–2000)*, RFI/INA。

迈松纳夫 , S., Maisonneuve, S. (2007) *De la «machine parlante» au disque: genèse de l'usage des médias musicaux contemporains*, Paris: Éditions des Archives Contemporaines。

马萨尔 – 吉尔博 , G., Massard-Guilbaud, G. (1999) «La régulation des nuisances industrielles urbaines (1800–1940)», in *Vingtième siècle. Revue d'histoire*, 64, octobre-décembre 1999: 53–65。

梅尔旺 – 鲁 , M.-M., Mervant-Roux, M.-M. (2013) «Peut-on entendre Sarah Bernhardt? Le piège des archives audio et le besoin de protocoles», *Sociétés & Représentations*, 2013/1 (n°35): 165–182。

梅尔旺 – 鲁 , M.-M., 拉鲁 , J.-M., Mervant-Roux, M.-M., Larrue, J.-M. (2016) *Le son du théâtre (XIXe–XXIe siècle). Histoire intermédiale d'un lieu d'écoute moderne*, Paris: CNRS éditions。

迈尔 , P. M., Meyer, P. M. (1993) *Die Stimme und ihre Schrift: Die Graphophonie der akustischen Kunst*,Vienne: Passagen Verlag。

迈尔 , P. M. (主编), Meyer, P. M. (ed.) (2008) *Acoustic Turn*, Munich: Wilhelm Fink Verlag。

穆尔菲尔德 , V., Moorefiled, V. (2010) *The Producer as a Composer. Shaping the Sound of Popular Music*, Cambridge: M.I.T. Press。

诺埃尔 , J.-S., Noël, J.-S. (2016) *«Le silence s'essouffle». Mort, deuil et mémoire chez les compositeurs ashkénazes: Europe centrale et orientale-États-Unis (1880–1980)*, Nancy: PUN Éditions Universitaires de Lorraine。

奥斯特哈梅尔 , J., Osterhammel, J. (2012) "Globale Horizonte europäischer Kunstmusik, 1860–1930", in *Geschichte und Gesellschaft*, 38, 1: 86–132。

奥斯特哈梅尔 , J., 米勒 , S. O., Osterhammel, J., Miller, S. O. (2012) "Geschichtswissenschaft und Musik", in *Geschichte und Gesellschaft*, 38, 1: 5–20。

平奇 , T., 比耶斯特维尔德 , K. (主编), Pinch, T., Bijsterveld, K. (eds) (2012) *The Oxford Handbook of Sound Studies*, Oxford & New York: Oxford University Press。

平奇 , T., 特罗科 , F., Pinch, T., Trocco, F. (2004) *Analog Days: The Invention and Impact of the Moog Synthesizer*, Boston: Harvard University Press。

谢弗 , R. M., Schafer, R. M. (1977) *The Tuning of the World*, New York:Knopf。

谢弗 , R. M., Schafer, R. M. (1979) *Le paysage sonore*, traduit en français par Sylvette Gleize, Paris: J.-Cl. Lattès。

索洛莫斯 , M., Solomos, M. (2013) *De la musique au son. L'émergence du son dans la musique des XXe et XXIe siècles*, Rennes: P.U.R.。

斯特恩 , J., Sterne, J. (2003) *The Audible Past: Cultural Origins of Sound Reproduction*, Durham: Duke University。

斯特恩 , J., Sterne, J. (2006) "The mp3 as Cultural Artifact", in *New Media & Society*, vol.8 (5), 2006: 825–842。

斯特恩, J., Sterne, J. (2015) *Une histoire de la modernité sonore*, traduit en français par

Maxime Boidy, Paris: La Découverte。

斯特恩 , J. (主编), Sterne, J. (ed.) (2012) *The Sound Studies Reader*, New York: Routledge。

泰勒 , T. D., Taylor, T. D. (2016) *Music and Capitalism. A History of The Present*, Chicago: Chicago University Press。

图尔内斯 , L., Tournès, L. (2002) «Jalons pour une histoire internationale de l'industrie du disque: expansion, déclin et absorption de la branche phonographique de Pathé (1898–1936)», 收入马赛 , J. 和埃弗诺 , P. (主编), in Marseille, J. et Eveno, P. (eds), *Histoire des industries culturelles en France, XIX*[e]*–XX*[e] *siècles*, pp. 465–477, Paris: ADHE Éditions。

图尔内斯 , L., Tournes, L. (2005) «L'électrification des sensibiliteés: le disque, I'enregistrement électrique et la mutation du paysage sonore en France (1925–1939)», in *French Cultural Studies*, 16 (2), juin 2005: 135–149。

图尔内斯 , L., Tournes, L. (2006) «Le temps maîtrisé. L'enregistrement sonore et les mutations de la sensibilité musicale», in *Vingtième siècle. Revue d'histoire*, 2006/4, 92: 5–15。

韦伯 , W., Weber, W. (1975) *Music and The Middle Class. The Social Structure of Concert Life in London, Paris and Vienna Between 1830 and 1848*, New York: Holmes & Meyer。

从遗产到遗产化：批判视角

安妮－克洛德·安布鲁瓦兹－朗迪　斯特凡纳·奥利韦西　著
龙　希　译

遗产概念涉及传统、历史的丰富性以及保存和维护过去的痕迹并使其增值，它长期以来覆盖了千差万别的现实。质性的飞跃促使遗产概念的适用领域进一步扩大，非物质文化遗产得到承认，随后联合国教科文组织通过了2003年《保护非物质文化遗产公约》。现在，遗产和遗产化覆盖像技艺这样的艺术（安德里厄，1992），涵盖范围从建筑到美食（布托，2015）、从文化到自然（维维安，2005）、从物质的到非物质的（森，2015）。新的专家勇敢地去征服这些文化领域（勒尼奥，2013），一些旨在使越来越多的物品增值并为其做标记和使其神圣化的举措和创业形式不断增多。这种增多反映了一种趋势，即通过各种手段唤起回忆，以一种传统或一种存在物的名义使越来越多的物品和实践神圣化。

这一观察让我们将目光转移到遗产的现实问题上，扩大关注范围来了解以各种方式享有知名度的物品的多样性。自20世纪90年代末以来，“遗产研究”得到发展，与博物馆研究、“文化研究”和文化史，以及地理和发展经济学形成交叉，证明了上述必要性（阿尔贝等，2013）。然而，仅仅增加专题性研究并试图掌握不同于更早被认可的遗产的多样表现是不够的。挑战在于揭示承认进程的活力，因为越来越多的物品被确立为遗产现象。换句话说，重要的是超越仅仅对过去有价值的痕迹的研究，而探查在何种条件和目的下，这些物质的和非物质的痕迹是如何构成遗产物品的。直到最近，遗产物品的历史和文化利益似乎不言而喻——遗址、教堂、宫殿、作品，这些新的遗产物品似乎并未得到很好的确立，从其特征及遗产价值而言均是如此。联合国教科文组织确认的“非物质文化遗产”概念认可将遗产的定义扩大至多样的社会实践（手工业、仪式活动、传统、表演、口头文化等），这些社会实践具有稀有性、单一性并在人类层面具有价值，因而理应得到保存（博尔托洛托，2011）。因此，系谱学（福柯，1971）的必要性要求研究纪念和社会价值、象征和物质价值、文化和经济价值是通过哪种策略交替或同时作用在物品上的。

在掌握着足够资源进入遗产博弈的其他私营竞争集团的竞争压力下，对新的遗产物品的承认和管理似乎越来越脱离国家及隶属于国家的专业集团和机构。艺术世界以几乎讽刺的方式体现了这种渗透性和从属关系，比如历史遗产的杰出象征凡尔赛宫被资本遗产化所运作和操纵，将作品暴露于这种神圣化框架中，从而认可作品的生产者并使作品的持有者更加富有。我们看到，在城市、农村地区和各个活动部门中，参与者的动员活动蓬勃发展，他们采用越来越重要的手段来为遗产发声和行动，为自己带来好处。

这些多样的遗产化过程是象征性商品经济的一部分，其特征一方面在于将文化的、社会的和政治的价值赋予新的物品，另一方面在于寻求象征性的利益，但经常是寻求对物品价值的认可可能带来的经济或政治利益。产品和土地的开发工程清楚地表明，经济发展的条件往往在于动员象征性资本，即作为声望、力量和合法性的代名词的遗产，因为它能够联合并产生投资、协同效应、活动和利润。

遗产领域的延伸和遗产斗争

在这种背景下，随着物品自身具有活力以及那些本来远离博物馆和档案馆世界的行为者占据领地和公开竞争，遗产行业（奥廷，2016）也发生着演变。传播负责人、开发人员、项目经理、公民组织或业余团体、地方回忆和传统的捍卫者抓住这种增值工具来维护、保护或使推广对象象征性地存在。他们的行动遵循文化的、有时甚至是伦理的动机，但也有功利主义的动机，目的有时并不是对过去痕迹的“纯粹的”认识和无私的保存。

同样，研究的批判维度变得至关重要：不再是建立一个既定遗产清单，而是探讨新的遗产化物品的遗产价值，而不依赖于对其质量和价值的任何判断。因此，调查针对的是那些为了享有遗产价值而被重新审视、重新设计，甚至发明的遗产物品。遗产化进程的加速和其领地的延伸并非不会引发与社会、经济和政治挑战相关的紧张关系。

对非物质遗产的承认首先引发了一个准本体论层面的问题：如何延续、保存、维持不以物质形式存在的东西（利韦，2018）？如何保存它而不使它僵化，如何使它增值而不扭曲它？最重要的是，对非物质遗产的承认引起了一些动荡，因为动员起来的团体和社群致力于使它们的遗产得到承认，并通过它，使它们的身份，甚至它们的存在得到承认。在某些情况下，对非物质遗产的承认甚至引起与其他对其拒不承认的群体的紧张关系，这使得遗产成为一个明显的政治冲突问题。

在欧洲和其他地方，许多争取各民族身份承认的斗争既采用真正的武器，也采用语言、文化、习俗遗产的象征性武器；它们的敌对者对这种遗产的承认构成了这些斗争的主要挑战，同时使它们的斗争合法化。最近在方言实践的统一化中形成的苏格兰盖尔语，它的本源语言和邻近语言爱尔兰盖尔语，离我们更近的科西嘉语，与某些社会团体的身份承认相互关联，这些社会团体只有通过集体动员、有效的抗争甚至有时是暴力的抗争才能使其身份获得承认，从而使这些社会团体本身获得承认……一种语言遗产的认同如果不被在政治上受到动员、即在社会空间中活跃的讲某种语言的群体承载的话，那么对语言遗产的承认无异于一种对语言的博物馆化或埋葬。但相反，如果它描绘一种将这种遗产作为该群体社会、文化和政治发展工具的未来的话，它就会得到复兴。

遗产声明可以作为保护现有的手段，并可在被视为威胁的东西面前作为抗议的手段。“教会和贵族财产清单”的遗产于1794年2月诞生，菲力克斯·维克·达吉尔1973年为当代艺术委员会制定原则，该委员会由公约创设，负责对具有美学、科学或教育价值的物品进行盘点和保护（勒埃加拉，2015）。城市史反映了在面对一个或另一个时刻被视为威胁或危险的情况下捍卫和保护存在物的意愿，从而在现代化和保护之间产生持久的紧张关系，这是城市规划法典的起源。在这方面，遗产动员的第一种形式诞生了，回应了巴黎奥斯曼现代化以及1885年“巴黎古迹友协”的创立，“巴黎古迹友协”将文化活动（出版、组织参观……）和保护遗址和古迹的抗议斗争相结合。

这种具有保护性目标的遗产化逻辑可以在对自然场所的保护过程中找见。无论是被利用还是被保护，自然都确立为经济资源、文化资源、社会资源和生物资源的总和，并且作为需要遏制的、可能存在掠夺或退化的对象。历史为我们提供了保护自然场所的动员实例。从第二帝国时期开始，艺术家们动员起来保护枫丹白露森林，后来发展为创设“艺术森林系列”，目的是打破该森林开采的传统规则，更好地保护该景点的审美品质（格朗热，1933）。自20世纪60年代以来，作为对工业或旅游项目的回应，对不太重视环境的项目的反对者动员有时是大规模的，超过了当地框架，在全国产生共振。

但是，遗产化的防御方面与遗产化的攻击方面是相对应的。自然能够转化为可以增值的资本。对农村或自然界进行的遗产标注，诸如从1982年创设的“法国更美丽的村庄”标签（杜克罗斯，2017）到“最高环境价值”认证，作为质量指标发挥着作用。它们保证遗产的所有者——群体或个人——通过它们的影响获得一些象征性的、同时也是商业的利润。

遗产与资本

遗产可是私有的，[1]也可是公有的，可指称个体，也可指称集体，有时还可同时指称二者，这时个体掌握着一种对其所属的团体而言具有价值和利益的财产。遗产确立为一种既可变、又不可剥夺，既具象征性又具真实性的历史资本，表现出具有普遍使命的、强烈的保持地方特色的愿望。被遗产化物品的独特之处和魅力存在于这种二元性、而非双重性中。日常物品表现的是事物的秩序，表现为一种公共利益财产，它在从这个秩序中脱颖而出的同时也会获得象征价值（巴雷尔等，2004和2005）。

遗产化对象在其象征性增值的影响下，压制着其使用价值及商业价值。遗产化往往与私有物品向公有物品的最初转型相关，表现为私有财产的某种国营化。遗产化净化了遗产化物品的起源，通过使物品与其未来脱钩从而使当前成为永恒……遗产化将实践、物品或地点纳入珍贵的集体财产的框架中，因为如果它们仍然属于一个唯一拥有控制权或占有权的明确的群体的成员，它们必须使每个人受益，并且作为回报，它们可以因其非同寻常的价值几乎被普遍认可。

这种“经济”层面的视角改变让我们联想到，遗产不是一种既定资本，而是一种象征性构建，我们需要研究其构件，包括只有在动员以及争取承认的斗争影响下才能体现出价值的自然遗产。遗产化具有隐藏的意图和负面影响。在遗产化之初，交织着一些由发起人实施的策略，这些发起人是真正的关于象征体系的策动者，他们动员了集体利益和/或更高层次利益的概念，甚至普遍利益概念，使物品合法化并公开地给其标明价值。记忆价值、沟通价值、使用价值、文化价值、审美价值、社会价值等在遗产化物品上相交、合并，有时也相互对立（格雷夫，1999）。

要把握遗产的新形式，就要从遗产化进程出发，与资本形成、形成原则、延期方式等老问题联系起来（达尔马斯、热罗尼米，2015）。所动员的手段、投入到遗产认可的资源确实使有关价值构建的机制更加明了，这些机制并非存在于经济法则中，而是存在于被动员和动员其资源来确认物品价值的人所策划的斗争中。他们往往将这些物品强行确立为必需的、特殊的，甚至是神圣的，赋予物品的持有者更多的资源，这些资源与最初的资源不可同日而语。

关于水的“遗产化”的论战说明了对这种攸关生命的稀缺资源进行投机的行为者的策略、保护逻辑，甚或对一种俗物进行神圣化（珀蒂，2009）。那些似乎只能通过发挥认证作用的标签的棱镜来评价和商品化的各类食品说明了什么呢？因为这种认证将食品与某种传统、地点和技艺挂钩，这些食品被比喻为这些传统、地点和技艺的保管者（巴迪，2014）。物品和实践的商业化叙事使历史成为其价值的杠杆。在这种情况下，遗产化进程表现为历史资本的构建，这些历史资本受到以传统和价值观的名义对这些对象进行定值的制约。

在这方面，正如吕克·博尔坦斯基和阿诺·埃斯克雷（2017）指出的那样，遗产化部分地属于奢华经济。遗产化不是指商品和财富的直接生产，而是指现有物品、商品和服务的（过度）估价。遗产化与商业和非商业的交流形式挂钩，主要为社会和经济资源的持有者谋利，这依据的是一种资本集约逻辑，这种逻辑不是金融性的，而是象征性和历史性的，自然就使得在缺乏纠正工具和监管的情况下，资本注入资本，从而导致那些没有遗产的人陷入遗产贫困。借助于这种相对于财产和商品经济而言并非边缘的、外在的和外围的遗产经济，动员过去来作为认证某些产品的价值创造机制的重要性显而易见，尤其因为这涉及的是单一经济（卡尔皮克，2007）。更为重要的是，许多产品的商业价值并非来自所谓的供需法则，也不能从生产成本中进行机械推断，葡萄酒行业经济就是这样（奥利韦西，2018），但某些行为者和行为者群体会设法从产品、生产者和生产机构的象征性增值力量中获利。

遗产化进程的演变

遗产化的历史进程是可以确定主要阶段的，即便它比词汇的发明和传播还早。如果说最初它在很大程度上属于国家公共政策（普洛，2006），那么它现在更多地渗透到地方决策，无论是从制度方面说，还是从地理方面说均是如此（普瓦里耶和瓦德洛尔热，2003；卢瓦尔—蒙加宗，2015）。它依赖于集体动员的形式，将有时目标相距甚远的利益集团和行动者联合起来。面对来自遗忘、淹没、破坏（这些真实存在与否）的威胁，作为一种保护、维护、增值的举动，它满足或声称满足社会深层的需要以及其中某些群体的需要（韦尚布尔，2008）。它表现为衡量集体利益的标准，将自身确立为反对私人利益的公共财产的表达。

自然的遗产化（或遗产化尝试）似乎是对工业革命、人口扩张、城市化和旅游业发展所产生的变革的回应。在法国，这一动态导致 1906 年 4 月 21 日夏尔·博基耶（杜省议员和法国保护景观学会的第二任会长）促成第一个旨在“保护有艺术特点的自然遗址和古迹”的法律。人们第一次认识到源自大革命的“神圣不可侵犯”的所有权可能会因保护自然之美、保护所有特殊及优美风光而受到制约。这就需要在人类活动的发展与保护自然之间找到平衡，自然是冥想和生活的源泉。从历史上看，这部法律也被纳入由 1887 年 3 月 30 日古迹和具有历史和艺术特征的艺术品保护法系列，并通过 1913 年 12 月 1 日有关“历史古迹”法案而有所加强（巴迪等，2013）。

然而，当前遗产化正在向其他逻辑倾斜，目的是成为一种机制，推动身份的构建，甚至通过一种合法化过去的介入去制造身份，同时通过传送，为其开辟一个未来。它也是当代遗产热潮以及需要探索过去、（重新）发现它或发明它以使得记忆和自我认同之间的关系得到演变的主要解释之一（洛温塔尔，1985）。遗产被工具化，被总结为历史合法化的运作者，这对于任何沟通策略都是必不可少的。它构成联合神话的一部分，焊接断裂的身份，融合短暂的信念。

遗产化几乎不可避免地成为必要，来保全应该成为遗产的东西并使其神圣化，比如我们可以从联合国教科文组织的标签化中看到这一点。我们还可以看到，近来在地方层面，在市镇和许多区域出现的中小型农村遗产的激增。这些市镇和区域是农村遗产发展中最关键的，这直接地归因于它们所促进的旅游活动（帕坦，2012；埃格伯特和阿尔瓦雷斯，2018），间接地归因于扩大知名度和增强社会经济吸引力。任何历史资本的展示都是对未来的真实承诺，因为它决定了一个地方的经济发展。正因如此，我们往往将其理解为一种原始的符号资本，带有马克思讲的原始积累的含义，同时也意味着这种符号资本制约着发展的资金投资，并最终制约着资本的形成。

遗产所把握的文化：从神话到遮蔽

从遗产物品的推动者的话语来看，遗产物品必然会与国家的或地方的“大写的历史”挂钩，这种历史是光荣的，但有时是痛苦的，是集体的或个体的，它是“上层人”的历史，上层人经由他们享有的继承权荣耀，锻造了“下层人”的一种传统或历史，由于下层人人数众多，因而他们确定着习俗。此外，我们从这看到，神话化的风险总是威胁着遗产化……

无论如何，遗产国家都有遗产……但是，在文化全球化和遗产化竞赛的时代（博物馆与遗产研究团体，2008），我们不能忽视强加于西方边界之外、内在于遗产范畴及其应用的民族中心主义（科拉利、乌埃努代，2013；列布隆，2016）。在“其他地方”情况如何呢（吉格，2015）？“其他地方”既指致力于领土增值的企业家不直接干预的地方，也指一些文化，在其中，向脱离了其使用价值的做法和习俗赋予象征性价值，并非具有同样的含义或同样的重要性。

双重风险浮现出来：没有进行这种增值的文化有被遮蔽的风险；文化改变的风险只有在它们反过来进行遗产化的情况下才会发生，也就是说，这些文化屈服于一种具有历史化目标的、民族中心主义的、突出的视角，有可能将它们从自己的世界中剥离、破坏它们（阿穆古，2004）或改变意义（富尼耶，2011）。民俗化的危险一直都并不遥远，包括在合作机构框架内。这些合作机构试图将有关社会群体联系起来，为其文化活动提供“有活力的”框架，而不是使遗产化成为抽象的或民族中心主义的神圣化（戈尔丁、莫德斯特，2013）。遗产化的物品往往只有具有异国情调才有价值，只有被看中才有价值，这种对遗产化物品的承认视角是以对其最初意义的无知为代价的。

因为争取对文化的承认而本可以成为承载者的社会团体被边缘化、降级、贬值，那么所有这些注定要被抹去的文化形式的情况是怎样的呢？比如“工人文化”（瓦雷，1983）或“农民文化”。那么就有必要探讨和理解分类、选择、标记、排除或列入进程，这些进程在文化、艺术、传统和习俗方面主导着遗产的动态。调查不能脱离对社会群体及其演变的分析，也不能脱离通过这些遗产化过程它们被确认为群体的方式。历史资本是确认群体认同的基础，这些群体通过这些象征性资源来互相定义、互相认知和被认知，这些象征性资源受到批评者和反对者的质疑，当反对者开始回忆的时候，就更加意味着这些文化形式在世界上被抹去。

这也是移民带来的记忆和文化的悖论。这些记忆和文化的遗产化主要是国家的责任，而不是没有实质制度性存在的社会群体的责任，其成员首先努力消除他们的原籍身份，而更加认同他们的接收国的国籍身份。索菲・瓦尼什（2017）认为问题在于博物馆和国家机构难以突出和强调他们经受的负面经历、个人和集体的往往是痛苦的历史，他们宁愿用忘记和掩饰来作为他们融合的证据。

如果一切都变成遗产

对于那些随着时间流逝采用多样方式投入到遗产化的社会而言，遗产化需求意味着什么呢？遗产化的领地延伸对遗产本身没有影响，而且对遗产化物品的价值也没有影响？由于地点、物品、习俗、传统等不断确立为遗产，我们是否会遇到“过度遗产化”的风险？我们是否会冒险观察到历史资本的波动，这种波动会导致根据非当前的偶然情况对物品进行分类、降级和重新分类，正如我们在俄罗斯看到的苏联时期的遗产那样（德谢佩，2018）？为了应对这种过度遗产化，审慎的去遗产化形式没有可能确立吗？这是因为去遗产化是遗产化过程中逆向的和必要的形象？

如果一切都变成了遗产，那么我们的世界就有可能变成一个类似于博尔赫斯的著名主人公弗内斯的地狱，遗忘的可能性都被拒绝，没有遗忘，记忆就会归结为没有等级和秩序的符号的无限积累。因此，需要探究遗产膨胀产生的影响，诸如遗忘、抹除或无知。

这种向记忆和历史的不断求助作为物品、实践和习俗增值与合法化的方式，可以被理解为社会和平化的表达，在统治关系的建立中排斥任何形式的暴力和除象征性斗争之外的斗争。将自身和将其身份、文化和财产强行确立为有价值的对象，经由的是象征性斗争，这同与之竞争的其他文化形式、财产和物品形式的贬值相对应。遗忘、抹除、无知和被迫无知参与了遗产化进程，因为通过强调某些物品，遗产化进程会给那些未从中受益的人蒙上阴影。这些进程并没有脱离现存的竞争或统治关系，随着行为者之间斗争的深入，这些竞争和统治关系存在着并不断增多。

符号秩序中的这种冲突说明了遗产领域的延伸。公共竞技场内象征性斗争的激化动员了越来越多的参与者，使自己的财产增值并构建合法性。这种象征性斗争的激化以偶然情况因素为基础，这个偶然情况因素对过去痕迹的增长和保存产生着影响。数字技术减少了我们在痕迹保护方面投入的资源，这种丰富性有时等同于对日常生活和非能指的分类存储，那么这种丰富性难道不会反而导致历史资本的贬值吗？更糟糕的是，难道不会剥夺我们的记忆，也就是说，剥夺我们在值得记忆和值得遗忘之间所做的必要选择？例如，如何管理数字数据的激增，其中某些数据不仅是现在的信息来源，在未来也会有价值（加姆、乌里，2010）？如何收集、选择信息，对信息进行分类、分等级，使它们成为能指的，但同时如何抹除和遗忘信息？在不区分这些昙花一现的符号及其不间断的流动的情况下，我们是否冒着失去对现在的记忆的风险（从本体论意义和历史意义双重意义上说）？这提出了这种分类的条件问题：谁有能力和权力做出这样的选择，同时又根据什么标准？相反，我们如何获得并保证遗忘的权利，即清除某些痕迹的可能性，没有这种可能性就没有个人自由？如何摆脱在分类存储和遗产化之间始终悬而未决的混淆？

遗产化或非遗产化

因此，挑战在于通过质疑从制造公共产品到资源的象征性掠夺之间的关系和 / 或紧张关系，来探索看待和划分遗产化含义的原则。对遗产化的批判在探查促使事物获得符号价值或物质价值的东西的同时，依据对遗产物品的历史分析，追踪可能占据遗产化进程的专制迹象。

对遗产化实践的分析提出了许多关于进入遗产领域的新物品的比例问题。视角的改变是必需的，更重要的是对物品的看法会将物品转化为遗产，或相反地，使物品的价值相对化。被赋予遗产价值的景观证明了，关于现实的看法参与到现实的构建中：如果没有这种本身受历史和文化变量影响的行祝圣礼的眼光，对象将不会存在。并且，声音和气味是遗产的定义的一部分，它们也是被这样认为的（西莫诺、西雷，2014），这就又重新提出了阿兰·科尔班的感官史问题（1982 年），但对于那些既不像石块和建筑物那样是完全物质的、也不像精神层面的东西那样是完全非物质的现实的认可是存在问题的，它们更加难以被理解为遗产物品。

在某些情况下，遗产化甚至会超出官方史的预料。在不复存在的工厂中曾进行的罢工留下了什么呢？这种罢工是由一个班子领导的，但这个班子很久以来已经在漠不关心中解体了。在工厂还在的时候，对罢工物品的遗产化（莱里，2007）会让我们联想到，在那些时刻，男性和女性从他们往往是手工的劳动出发，生产出了一些精神层面的东西，通过动员专业知识和才干，提供了一种具有讽刺意味的抗争信息。这种通过各种方式适应和再适应的历史视角具有不稳定性，遗产化在让·迪比费（1986）所定义的原生艺术中找到了另一个示例性例证。艺术世界的这些沉默的、不可见的和被忽视的各种边缘，通过行祝圣礼的目光的魔力，变得比想象更重要，通过被艺术界机构投资和再利用，变成一个从商品价值角度看更加有潜力的遗产，虽然初始估值可能是非常小的（布耶，2015）。反过来，遗产化揭示出对“文化艺术”作品看法的专断，它们的分类和增值以及艺术史具有艺术商品史的特点。

因此，任何遗产化都类似于一种历史合法化进程。然而，它与历史合法化进程在两个方面有所不同：在经济维度方面不同，因为遗产化公开地提出了遗产化物品的社会、文化和环境价值的问题；在制度机制方面不同，这种制度机制一直伴随着遗产化，它们使遗产物品增值（如果不说圣化的话），使其脱离世俗世界。我们可以看到，除了新的遗产物品及其分析方法的更新之外，我们通过研究动态和意图、结果和有害影响以及述行的德性来分析遗产化进程。我们不禁产生疑问，这种启动记忆的遗产化对实行这种遗产化的社会会倾诉什么，在重新审视该社会的过去的同时会带给社会什么。

Anne-Claude AMBROISE-RENDU et Stéphane OLIVESI: DU PATRIMOINE À LA PATRIMONIALISATION. PERSPECTIVES CRITIQUES

(*DIOGÈNE*, No. 258–259–260, 2017)

注：

［1］值得一提的是，在民法中，与个人相关的私有概念，从传统上说指称对具有商品特征的财产有享有权的个体的权利和义务。

参考文献：

阿尔贝，M.-T.、贝内克，R.、鲁道夫，B., Albert, M.-T., Bernecker, R., Rudolff, B. (2013) *Understanding Heritage. Perspectives in Heritage Studies*, Göttingen: De Gruyter。

阿穆古，E., Amougou, E. (2004) «La question patrimoniale. Repères critiques, critique des repères», *in La question patrimoniale. De la «patrimonialisation» à l'examen des situations concrètes*, Paris: L'Harmattan。

安德里厄，J.-Y., Andrieux, J.-Y. (1992) *Le patrimoine industriel*, Paris: Puf。

巴迪，M., Badii, M. (2014) «Quand le patrimoine fait la ‹différence›, Processus d'authentification d'un produit local en Toscane», *Ethnologie française*, 44, 2: 331–339。

巴迪，J.-P.、科尔努，M.、弗罗马若，J.、勒尼奥，J.-M.、内格里，V., Bady, J.-P., Cornu, M., Fromageau, J., Leniaud, J.-M., Négri, V. (2013) *1913. Genèse d'une loi sur les monuments historiques*, Paris: La Documentation française。

巴雷尔, C. 等人, Barrère, C. et al. (2004) «(Re) penser la catégorie économique de patrimoine?», in *Géographie, économie, société*, Paris, Vol. 6, 3: 237–242。

巴雷尔，C. 等人，Barrère, C. et al. (2005) «Au-delà du capital,le patrimoine?», in *Réinventer le patrimoine. De la culture à l'économie,une nouvelle pensée du patrimoine*, 收入 C. 巴雷尔等人（主编）, C. Barrère et al. (dir.), Paris: L'Harmattan。

博尔坦斯基，L.、埃斯凯雷，A., Boltanski, L., Esquerre, A. (2017) *Enrichissement. Une critique de la marchandise*, Paris: Gallimard。

博尔托洛托，C., Bortolotto, C. (2011) «Le trouble du patrimoine culturel immatériel», in *Le patrimoine culturel immatériel. Enjeux d'une nouvelle catégorie*, 收入基娅拉・博尔托洛托（主编）, Chiara Bortolotto (dir.), Paris: Éditions de la Maison des sciences de l'homme。

布耶，A., Bouillet, A. (2015) *De l'humaine condition: les rencontres d'un amateur d'art brut*, Montpellier: Méridianes。

布托, J.-J., Boutaud, J.-J. (2015) «L'invention de la cité. Label Unesco et identités gastronomiques», *Politiques de communication*, Grenoble: PUG, 5: 65–82。

科拉利，M.、乌埃努代，D., Coralli, M., Houénoudé, D. (2013) «La patrimonialisation à l'occidentale et ses conséquences sur un territoire africain. Porto-Novo au Bénin», *Espaces et sociétés*, 152–153: 85–101。

科尔班，A., Corbin, A. (1982) *Le Miasme et la Jonquille. L'odorat et l'imaginaire social (XVIIIe – XIXe siècles)*, Paris: Aubier-Montaigne。

达尔马斯 , L.、热罗尼米 , V., Dalmas, L., Géronimi, V. (2015) «Transmettre un patrimoine: seuils et soutenabilité», *Techniques Financières et Développement*, Épargne sans frontière, 118: 51–64。

德谢佩, J., Deschepper, J. (2018) «Le "patrimoine soviétique" de l'URSS à la Russie contemporaine. Généalogie d'un concept», *Vingtième siècle. Revue d'histoire*, 137: 77–98。

德日戈 , A., Djigo, A. (2015) *Histoire des politiques du patrimoine culturel au Sénégal (1816–2000)*, Paris: L'Harmattan。

迪比费 , J., Dubuffet, J. (1968) *Asphyxiante culture*, Paris: Minuit。

杜克罗斯 , H., Ducros, H. (2017) «Un label patrimonial pour des valeurs environnementales en France rurale: vers un capital environnemental?», *Norois. Environnement, aménagement, société*, 243: 17–40。

埃格伯特 , L.、阿尔瓦雷斯 , M. D., Egberts, L., Alvarez, M. D. (2018) *Heritage and Tourism. Places, Imageries and the Digital Age*, Amsterdam: Amsterdam UP。

福蒂内, F., Fortunet, F. (2005), «Patrimoine et identité: approches juridiques», dans *Réinventer le patrimoine. De la culture à l'économie,une nouvelle pensée du patrimoine*, 收入克里斯蒂亚・巴雷尔等人 (主编), Christian Barrère et al. (dir.), Paris: L'Harmattan。

福柯 , M., Foucault, M. (1994) «Nietzsche, la généalogie, l'histoire» (1971), *Dits et écrits 1954–1988*, Tome II, Paris: Gallimard。

富尼耶 , L.-S., Fournier, L.-S. (2011) «La Tarasque métamorphosée», dans *Le patrimoine culturel immatériel. Enjeux d'une nouvelle catégorie*, 收入基娅拉・博尔托洛托 (主编), sous la dir. de Chiara Bortolotto, Paris: Éditions de la Maison des sciences de l'homme。

加姆 , V.、乌里 , C., Game, V., Oury, C. (2010) «Le dépôt légal de l'Internet à la BnF: adapter une mission patrimoniale à l'économie de l'immatériel», in *Le patrimoine culturel au risque de l'immatériel*, 收入弗朗索瓦丝・邦阿穆和玛丽・科尔尼 (主编), Françoise Benhamou & Marie Cornu (dir.), Paris: L'Harmattan。

戈尔丁 , V.、莫德斯特 , W., Golding, V., Modest, W. (2013) *Museums ans Communities. Curators, Collections and Collaboration*, Londres: Bloomsburry Academic。

格朗热 , A., Granger, A. (1933) *Les séries forestières artistiques*, Paris: Société nationale de protection de la nature et d'acclimatation de France。

格雷夫 , X., Greffe, X. (1999) *La gestion du patrimoine culturel*, Paris: Anthropos。

博物馆与遗产研究团体 , GRMP, Groupe de recherches sur les Musées et le Patrimoine (2008) *Patrimoine et mondialisation*, Paris: L'Harmattan。

奥廷，C., Hottin, C. (2016) «Métiers du patrimoine et écritures patrimoniales», in *Le tournant patrimonial. Mutations contemporaines des métiers du patrimoine*, 收入 C. 奥廷和 C. 瓦塞纳（主编）, C. Hottin et C. Voisenat (dir.), pp. 59–85, Paris: Éditions de la Maison des Sciences de l'homme。

卡尔皮克，L., Karpik, L. (2007) *L'économie des singularités*, Paris: Gallimard。

列布隆，A., Leblon, A. (2016) *Dynamiques patrimoniales et enjeux pastoraux en milieu peul. Les fêtes de transhumance yaaral et degal au Mali*, Paris: L'Harmattan。

勒埃加拉，T., Le Hégarat, T. (2015) *Un historique de la notion de patrimoine*, HAL, URL: https://halshs.archives-ouvertes.fr/halshs-01232019。

勒尼奥，J.-M., Leniaud, J.-M. (2013) *Droit de cité pour le patrimoine*, Québec: Presses de l'Université du Québec, coll. Patrimoine urbain。

莱里斯，J.-C., Leyris, J.-C. (2007) «Objets de grève,un patrimoine militant», *In Situ. Revue des patrimoines* [En ligne], n° 8。

利韦，P., Livet, P. (2018) «Patrimoine culturel immatériel et processus sociaux», *Nouvelle revue d'esthétique*, 21: 61–72。

卢瓦尔－蒙加宗，E., Loir-Mongazon, E. (2015) «Associations et collectivités territoriales dans la valorisation patrimoniales», dans *Mutations de la culture patrimoniale*, 收入 J.-R. 莫里斯、J.-R. 索潘和 N. 维维耶（主编）, J.-R. Morice, G. Saupin et N. Vivier (dir.), Rennes: PUR。

洛温塔尔，D., Lowenthal, D.(1985) *The Past is a Foreign Country*, Cambridge: Cambridge UP。

奥利韦西，S., Olivesi, S. (2018) *Des vins et des hommes. Une économie symbolique du goût*, Grenoble: PUG。

帕坦，V., Patin, V. (2012) *Tourisme et patrimoine*, Paris: La Documentation française。

珀蒂，O., Petit, O. (2009) «Introduction. La "mise en patrimoine" de l'eau: quelques liens utiles», *Mondes en développement*, 145: 7–16。

普瓦里耶，P.、瓦德洛尔热，L., Poirrier, P., Vadelorge, L. (2003) *Pour une histoire des politiques du patrimoine*, Paris: Comité d'histoire du ministère de la culture-La Documentation française。

普洛, D., Poulot, D. (2006) «De la raison patrimoniale aux mondes du patrimoine», *Socio-anthropologie*, 19 [en ligne]。

森，E.-M., Seng, E.-M. (2015) «Patrimoine culturel immatériel: plaidoyer pour une vision du patrimoine culturel», in *Mutations de la culture patrimoniale*, 收入 J.-R. 莫里斯、J.-R. 索潘和 N.

维维耶 (主编), J.-R. Morice, G. Saupin et N. Vivier (dir.), Rennes: PUR。

西莫诺 , N., 西雷 , D., Simonnot, N., Siret D. (2014) «Héritage industriel et mémoire sensible: observations sur la constitution d'un patrimoine sensoriel», in *L'Homme et la société*, Paris: L'Harmattan, 192: 127–142。

瓦雷 , M., Verret, M. (1984) «Mémoire ouvrière, mémoire communiste», *Revue française de science politique*, 3: 413–427。

韦尚布尔 , V., Veschambre, V. (2008) *Traces et mémoires urbaines. Enjeux de la patrimonialisation et de la démolition*, Rennes: PUR。

维维安 , F.-D., Vivien, F.-D. (2005) «Et la nature devient patrimoine...», in *Réinventer le patrimoine. De la culture à l'économie, une nouvelle pensée du patrimoine*, 收入 C. 巴雷尔等人 (主编), C. Barrère et al. (dir.), Paris: L'Harmattan。

瓦尼什 , S., Wahnich, S. (2017) «L'immigration produit du patrimoine négatif. Le rôle du Musée », *Communications*, 100: 119–135。

下篇
语言、文学与艺术

语言学：关于语言能力及其功能的研究

伊丽莎白·克洛斯·特劳戈特 著
萧俊明 译

引 言

几千年来，语言能力一直被视为对文化发展至为重要的人类的限制性属性。在犹太—基督教神话中，神力是通过语言（“太初有道”）和言说行为（“要有光”）被授予的。亚当造出之后，又造出走兽和飞鸟陪伴他；神“将走兽和飞鸟都带到那人面前，看他叫什么。那人怎样叫各样的活物，那就是它的名字”（分别引自詹姆斯国王钦定版《圣经》《约翰福音》1.1、《创世记》1.3 和 2.19）。命名行为给予了亚当权力，并使他区别于大地上的走兽。同样，在玛雅圣书《波波尔·乌》中，语言与人类有着特殊的关联。人类的始祖被用玉米造出来时，“他们交谈并造词。他们看，他们听”（《波波尔·乌》，可在如下网址获取：http: //www.fiu.edu/ ~ northupl/populvuh.html）。更近一些，迈克尔·霍尔奎斯特在就任现代语言协会主席的致辞中说，“语言——以及不可能没有语言的智慧和共同体——是获取人的地位的一个先决条件，无疑是唯一的先决条件”（霍尔奎斯特，2008：570）。

也许绝大多数人不大思考语言的成分，也即构成语言的分子，如果可以这样说的话。他们可能深切关注作为一种政治身份象征的语言或“正确性”，或者痴迷于词源学，但是绝大多数人会把语言能力视为理所当然的，就如我们把我们的血液或我们的消化能力视为理所当然的。语言学这门学科着重探讨语言能力（包括手语）的性质、语言的构成方式以及语言在社会中的各种功能等问题。语言学的目的首先是在各种语言之内和之间的看似异质的并且最终变乱的现象中发现规律性和模式。对于语言中异质性的理解反映在多种多样关于语言不通的神话中，比如巴别塔的故事。然而，实际上世界诸语言之间有很多相同之处。

语言学由可检验的假说驱动，并且被概念化为一门科学。研究诸语言和通用语言在很大程度上如同生物学研究活物种。语言学关注的是“所是”，而不是“应是”，也就是说，它是描述性的而不是“规定性的”，或者说并不关注正确性。这个领域的历史是很久远的，至少可以追溯到帕尼尼（大约公元前 4 世纪的一位梵语语法学家），但是这门学科的当代形式成形于 19 世纪。在自 19 世纪以来的发展中，值得注意的是四个悬在空中的理念被综合的“关键时刻”。第一个关键时刻是根据谱系树概念——近似于达尔文的生命树概念——将印欧诸语言之间的系统关系图示化和模型化（语言之间的系统关系概念是由威廉·琼斯爵士［1786］通过观察梵语与欧洲语言如英语和希腊语之间的相似性而原创的。关于这一问题的若干想法由施莱赫尔在 1861—1862 年出版的《印度日耳曼语言比较语法纲要》一书中加以系统化。施莱赫尔承认达尔文的工作，同样，达尔文在 1871 年出版的《人类的起源和性选择》一书中也承认施莱赫尔的工作）。

施莱赫尔的著作得出的结论是一个假说，即声音有规律地，也就是毫无例外地（除非在借用进行干扰时）发生变化。语言学家开始将其领域视为一门自然科学。另一个关键时刻是 20 世纪初结构主义理论的创制，例如索绪尔的语言（langue）“体系”与言语（parole）“言说”（惯用法）之间的对比，他特别重视研究前者，着重研究符号的任意性（例如猫一词不能产生于猫科动物或我们对它们的理解所固有的任何东西）。第三个关键时刻出现在 20 世纪中叶，当时乔姆斯基将语言学理解为心脑研究。这里所认定的第四个“关键时刻”是 20 世纪后期大型电子数据库或“语料库”的发展，内容从古代历史文本到当代会话录音，应有尽有。

语言学根植于关于语法、语文学、哲学、人类学、心理学以及教育学的研究。从 20 世纪中叶以来，它一直与认知科学关联紧密。随着计算机的问世，语言学扩展到人工智能领域。医学应用包含了言语和听力病理学。最近，神经科学、神经生物学及遗传学的进步促进了关于语言进化以及语言的不同方面在什么程度上在大脑中占有位置的讨论。因此，语言学是一个多学科领域（阿罗诺夫和里斯－米勒2000年主编出版的著作对该领域在20世纪末的若干方面做了一个有用的综述）。

然而，核心问题是，无论语言是否为人类所独有，它都坚实地扎根于人文科学，并且在许多大学，语言学在体制上被划定为人文科学的一个科目。

我将在下文概述的某些问题以及对问题的回答对过去半个世纪的语言学讨论至关重要，我将尤其关注“语言学的存在理由”、其当前状况以及其内部与人文科学相关的新发展。20世纪早期的主要特征是行为主义，乔姆斯基在脱离行为主义的过程中，在以1957年的《句法结构》为开端的出版物中，将关注点集中于语言能力是由遗传决定的，也即语言能力是天生的，是我们遗传基因的一部分这一假说。他提出了三个“基本问题”（乔姆斯基，1986：3）：

（1）什么构成语言知识？

（2）语言知识是怎样习得的？

（3）语言知识是怎样运用的？

近几十年来，语言学的大部分工作都致力于或明确或暗含地回答这些问题，要么是接受问题背后的假定，要么是质疑这些假定。我首先概述一下所谓的形式生成进路，这一进路接受这些假定，并试图回答前两个问题。然后我接着论述所谓的功能进路，这一进路质疑这些假定，尤其寻求解决第三个问题。我将特别关注如何理解隐性意义与显性形式（口头发音、书写拼法或手语中的手势）之间的关联问题。关于这一问题的各种观点深深地嵌入关于语言不同功能的相对重要性的各种观点。由于篇幅所限，我只得有选择地列举最大化对立的观点。事实上，近来在许多形式生成进路和功能进路的实践者当中出现了很大程度的趋同，尽管所提出的假定不尽相同。

形式生成进路

问题（1）至（3）背后的假定是，“语言知识”或“语法”是某种相对固定和可定义的“能力”，即一种通过先天结构和输入的相互作用而习得的

“能力”（平克 1994 年的著作介绍了基本上从生成进路进行的语言研究，可读性很高。彭克和罗森巴赫 2007 年主编出版的著作讨论了不同理论进路视为天赋性的证据的东西）。在个体语言使用者中，能力先于使用、“交流以及其他特定的语言使用”（乔姆斯基，1986：4）而存在。对“语法”这个相当复杂的体系做出明确的（“生成的”）说明是可能的。这个体系被认为至少包含着对语句结构（句法）、发音体系（音系学）以及意义体系（语义学）的抽象组合限制，同时还具备一套明确表达抽象结构的单位（词汇）。“语法”从这个意义上讲不是规定性的，不规定什么是“好的”或“正确的”语言，而是说明说母语者在没有明确的指导下掌握的东西。

认为交流和语言使用产生于知识体系的理解，是试图认定语言是唯独人类特有的直接结果。交流不是人类特有的，这一点无可置疑。交流在其他灵长类动物中，以及蜜蜂和鸟类当中（仅列举几个物种）是相当发达的。同样，根据语境理解意义也不是人类特有的。按照乔姆斯基及其同事的观点，人类所特有的是用有限的资源制造无穷数量的语句的能力，识别似乎类似的词串之间的隐性差异的能力，以及认识到某些结构操纵是可能的能力，所有这些都不求助于语境。此外，人类语言的功能被视为“一个自由表达思想的体系，从本质上独立于……工具目的”（乔姆斯基，1980：239）。语言能力不是文化的产物，而是生物学的产物。按照这一观点，交流相对于语言能力而言是第二位的。

那么，在研究语言的形式生成进路中，具有根本重要意义的是我们不带有原则性目的生产语句的能力，而不是说话人继续谈话的能力，就如在（1）中：

（1）I knew that she knew that he knew how...

（我知道她知道他知道如何……）

（1）例示了“递归”，即允许一个句子嵌入（或“从属于”）另一个句子的属性。由此可以推断，在理论上没有可能最长的句子，也没有可能最大的一组句子。递归是使我们能够进行“元表达”的东西，换言之，是使我们能够对思维和评论进行思维和评论的东西。这些能力被称为语言中的“创造力”。这种创造力与可能被视为文学创造力的东西（比如创造新隐喻的能力）没有多大关系，而与我们基于数码 0—9 创造一个无穷数集和进行少量像加法或乘法这样的运算如出一辙。

识别似乎类似的词串之间的隐性差异的能力可以诸如此类的例句来例示：

（2）a. John expects Mary to like the dress.

（约翰期望玛丽喜欢这件衣服。）

b. John wants Mary to like the dress.

（约翰希望玛丽喜欢这件衣服。）

说英语母语的人（不用指导）就知道（2a）可以有像（3a）而不是像（3b）那样的被动形式（标有星号的句义在英语为母语的人看来是“不符合语法的”，或者说不是体系的一部分）。

（3）a. Mary is expected to like the dress.

（玛丽被期望喜欢这件衣服。）

b. Mary is wanted to like the dress.

（玛丽被希望喜欢这件衣服。）

同样，（4a，4b）这样的疑问句形式是可能的，（4c，4d）这样的疑问句形式是不可能的：

（4）a. Who is expected to like the dress ?

（谁被期望喜欢这件衣服？）

b. What is Mary expected to like ?

（玛丽被期望喜欢什么？）

c.* Who is wanted to like the dress ?

（谁被希望喜欢这件衣服？）

d.* What is Mary wanted to like ?

（玛丽被希望喜欢什么？）

这说明说话人对动词 expect 和 want 有着不同的“底层表达形式”，所以（2a）和（2b）分别大致表达的是（5a）和（5b）：

（5）a. X expect ［Y like Z］
（X 期望［Y 喜欢 Z］）
b. X want ［Y like Z］
（X 希望［Y 喜欢 Z］）

这还说明，如何构建一个疑问句的知识并不取决于从一串名词短语中抽出任何一个并构成疑问句的能力，而取决于无意识地关注抽象结构、关注嵌入在某一特定语言中可能采取的不同形式的能力。

按照乔姆斯基的观点，正是这种类型的能力限定了我们的物种特有的语言能力。因此，在语言的三种主要结构属性——句法、语义和音系——当中，句法被视为语言能力的核心；意义衍生于句法，语音是意义的表达。在《句法结构》中，乔姆斯基举了一个著名的例句来证明句法和语义是分离的模块：

（6）Colorless green ideas sleep furiously.
（无色绿思狂怒睡。）

这个句子在句法上是完全正确的，但在语义上就不知所云了。不仅句法、语义和音系是分离的模块（并且按照假说，它们在大脑中的存取是分离的），而且它们独立于一般认知。所以，隐性意义与显性表达之间的关系可以大致定位如下：

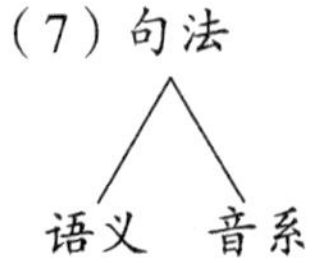

尽管各种形式生成理论绝非是同质的，并且随着时间的推移有了彻底的发展，但是它们共有着一个特征，即关于一个说明理论所推导的东西的假定。说明必须是简单的（经济原则），而且必须对超出它们所阐述的那些东西范围的现象做出预测。直到最近，第三个假定一直是：说明应该是理论内部的，换言之，句法应根据句法来说明，语义应根据语义来说明，音系应根据音系来说明。然而，近来关于所有这三个成分之间的接口的研究将关注点转移到作为一个整体的语言体系。例如：

（8）It was the fox that stole the chicken.

（是狐狸偷了鸡。）

a. The thing （we saw） was the fox that stole the chicken.

（［我们看到的］东西是偷了鸡的狐狸。）

b. The fox （and not the dog） stole the chicken.

（狐狸［而不是狗］偷了鸡。）

要充分说明关于（8）的两种可能的解释即（8a）和（8b），就必须证明双子句句法如何与语义接口（it 是像在［8a］中指狐狸，还是像在［8b］中无所指？），以及如何与音系接口（只有对比朗读［8b］把重音放在狐狸上）。

在20世纪六七十年代，关于体系模式、"表层串"与"底层结构"之间如（2）和（8）所例示的差异以及作为递归的"创造性"概念的研究，带来了语体学研究的广泛展开（例如，弗里曼，1970，1981）。基帕斯基在1973年提出了这样的问题：

（1）什么模式在诗歌中相关？

（2）什么语言同项在诗歌中相关（基帕斯基，1973：234）？

基帕斯基认为诗歌语言从本质上讲派生于语言形式，并且质疑了这一假说，即关于诗歌语言或韵律的理论独立于关于被使用语言的结构的理论。例如，头韵和尾韵模式取决于语言的发音模式。古英语的头韵（词首韵）与日耳曼诸语言特有的词首重音有关联。当大量引入法语词后重音开始朝词尾移位时，尾韵则更受青睐。应该按照诗行中的强音和弱音位置而不是音步来理解韵律。例如抑扬格五步音诗行是由五对强弱音位置组成；重要的重音单位是日常言语中可以有主重音的重音单位。这一点可以诸如（9）这样的标准抑扬格诗行来例示：

（9）The cur /few tolls /the knell /of par /ting day （Gray）
（晚钟 / 响起来 / 一阵阵 / 给白昼 / 报丧——格雷）

与句法和构词的复杂相互作用说明了这样一个事实，即虽然像 first-born 这样的双音节复合词往往先出现在偶数音节（10a）上，但是它们也可以出现在奇数位置，如（10b）中的 daylight。然而，像（10c）这样的诗行不会出现，因为 pallet 不是一个复合词，不具有适当的重音模式（基帕斯基，1975：587）。

（10）a. When Ap/ril's first-/born flowers, /and all/things rare (Shakespeare)
（四月的鲜花，以及一切奇珍异物——莎士比亚）
b. Yond light/is not/daylight, /I know/it, I (Shakespeare)
（那边的光亮不是黎明，我是知道的——莎士比亚）
c. *As the/pallet/on which/we must/expire
（正像我们必然躺在上面离世的草垫子）

一般而言，语言学中的这种类型的研究不仅力求说明已出现的模式，而且试图预测尚未出现的模式，并且找到跨语言的、类型学的概括。

在 20 世纪后期，生成句法的着眼点开始越来越落于提炼被定义为普遍语法的先天结构的抽象属性（按照假说，普遍语法在遗传基因上是“与生俱来”的）。假说之一认为，存在着一个所有语言共有的不变核（先天语言体系的“原则”），例如，所有语言都有名词、动词、短语、嵌入可能性，以及一组选择或“参数”。参数说明语言之间的差异。例如，一个动词短语可能是宾动短语或动宾短语，语言学习者依靠输入习得这个或那个参数设置。每一参数都与一组属性相关联。在宾动结构语言中，限定助动词是在从句尾，而在动宾结构语言中，限定助动词是在从句中间，就如（11a）的古英语例句和（11b）的现代英语例句所分别例示的那样。

（11）a. aefter taem te hie tiss gesprecen haefdon (late 9th century, *Orosius*)
after that they this said had
（在他们言及此后）
（9世纪后期，《奥罗修斯》）
b. after they had said this
（在他们说完这之后）

当前进行的一个重要工程叫作“句法结构制图”。这一工程的目标是勾勒和厘清“通过掌握人类语言能力（的句法成分）去掌握每一种人类语言而被发现的属性”（凯恩，2005：3），以及对语言能够产生差异的方式的限制，例如，一种语言中的可能“限定词”（如that、the、every这样的成分）是什么？如果一种语言具有限定词（拉丁语和当代立陶宛语没有冠词），那么它具有哪些限定词，与存在或不存在这些可选择的限制词有什么相关？

总的来讲，第一节中对这三个基本问题的回答概括如下。语言知识作为一种抽象的跨语言能力是由遗传赋予的语言潜力（普遍语法）的基本句法结构构成的。从这个意义上讲，语言知识是任意性的。当儿童接触语言使用时便习得一种特定语言的知识。习得是普遍语法与输入的互动结果。语言的主要功能是表达思想和表述命题。

注重研究普遍语法的性质致使生成语法与认知科学、人工智能以及神经科学的结盟日益加强，不过由于开始编写关于世界诸语言的比较语法，生成语法仍然保持着与人文科学的深层关联。

功能进路

形式生成进路从一开始就受到一种注重意义、语境和多样功能的不同语言概念的质疑（参见小范瓦林，2001）。尤其是，语言体系被认为是由其服务功能形成并受其限制的。它不仅使思想、命题表述以及事态（“知道那个事实”）得以可能，而且在根本上是工具的（“知道如何做”）——它使我们能够进行推理，能够通过运用提问、许诺、指令以及所有称为“言语行为”的语言行动做事情（关于言语行为的研究发端于哲学，见奥斯丁，1962；塞尔，1969）。言语行为采取一定的形式——通常主语是第一人称，时态是现在时。如果某人说（12a），那么这不仅是关于将来的一个陈述，而且就他而言是一个要做某事（交税）的承诺，不实现这个承诺可能具有重大的后果。然而，如果某人说（12b）——用过去时，那么这个句子便不具有作为承诺的功能，而只是作为关于一个事实的陈述：

（12）a. I promise to pay all my taxes.
（我承诺缴纳我全部税款。）
b. I promised to pay all my taxes.
（我承诺过缴纳我全部税款。）

言语行为是由说话人实施的，是说话人调节社会互动的方式。因此，在许多这一范式的研究者看来，交流能力同思考能力一样重要。

从这个视角来看，说明理论阐明了语言的不同方面（语义、句法、音系）是如何相互接口的，并且除了考虑理论内部因素之外，还考虑诸如推理、范畴化及知觉这些“外部”因素。具体而言，在关于句法的研究中援引语义和“语用”（蕴含）意义作为支持。没有模块被视为自主的（在某些情况中，没有模块被公设）。对于语言的功能属性是从趋势、连续体或原型的意义来理解的。实际上，上文提到的词序参数原本被概念化为使用趋势（格林伯格，1966），而不是遗传基因方面的与生俱来的开关选择。

这类进路被称为“功能的”，近些年来有了长足的发展。这里将讨论功能语言学的两个支脉。一个与所谓的“认知语言学”以及近来的“构式语法”有关。另一个与语言使用——包括语篇——中的结构化变异，也即在比句子更长的语流中的结构化变异有关。

认知语言学

认知语言学的基本假说是，语言能力不是独立自主和不依赖于认知的。相反，语言能力是象征性的。语言能力在本质上是“语义结构与音系结构之间的配对结合，所以彼此之间能够相互唤起”（兰艾克，2008：5）。意义被理解为概念化。不仅对指称世界中的物体的词如 desk 而言是如此，而且对诸如名词或主语这样的语法概念而言也是如此。

认知语言学的大部分研究的核心是这样一种观察，即语言从根本上讲是隐喻的。抽象概念通过诸如“语言是一个容器”“论证是一座建筑”这样的定型命题被映射到具体表达，举证如下：

（13）a. Try to *pack more thoughts* into fewer words.

（力求把更多的思想装进更少的语词——雷迪，1993：167。）

b. With the *groundwork* you've got, you can *construct* a pretty *strong* argument.

（既然你已打下了基础，你可以构筑一个非常有力的论证——莱柯夫和约翰逊，1980：98。）

更为广泛接受的一个假说是，大部分语言表达都基于身体和身体体验。关于“具身化”的一个绝好例子是我们将时间概念化的方式，我们要么把时间概念化为一个朝我们走来的实体（in the coming weeks，在即将到来的几周），要么概念化为我们朝它移动的某种东西（I am going to give a talk tomorrow，我将在明天做个讲话）。我们在语言史中一再发现，表示身体部位的词被用作介词(例如，表示“肚子”[belly]的词被用来表达抽象方位“in”)，或者，我们根据身体来概念化心理能力(例如，一个人可以在心理上在事物“之后”［behind］，或“之上”［on top of］；参见海涅、克劳迪和许内迈尔，

1991）。隐喻在概念上包含所感知的相似性的局部匹配；其中所包含的思维是类比的。近些年来，联想思维或转喻的作用也受到注重，例如，（14a）中的因果转喻和（14b）中被控制者代表控制者转喻（克韦切什，2006：第7章）：

（14）a. She's my *pride and joy.*

（她是我的骄傲和快乐——代表情感原因的情感）

b. marry *money*

（和有钱人结婚——被领属者代表领属者）

隐喻和转喻取向引来了对语言在文化中的作用的广泛讨论，于是有提议认为，语言既依赖于思想又受思想所影响。当下的一个例子是近几年出现了像 the greening of the environment（环境绿化）或 human resources（人力资源）这样的短语，这两个表达式和概念直到最近才在意识形态建构中发挥作用。维尔茨比卡考虑了一个更古老的例子，他提出假说认为，关于什么是理智的（reasonable）概念是随着启蒙的到来而变化的。在16世纪，一个"理智的"人被理解为一个具有理性的人，但是在18世纪及以后，则被理解为一个有节制和重证据的人（参见哲学家洛克对于经验证据的强调；维尔茨比卡，2006：第4章）。

这类工作起到了一种提示作用，告诉我们当下意义不能不经过缜密考虑就被投射于来自更早时代的文本，在意识形态上是中性的语言学理论是不可能的（关于用于解释历史文本的方法论的讨论，见菲茨莫里茨和塔维察因恩，2007）。

从这个视角来看，"关于论式（topoi，常规化类型的［语言］内容）的文学研究"被理解为认知研究的组成部分。"认知诗学"力图理解，例如为什么华莱士·史蒂文斯的诗行 Death is the mother of beauty（死亡是美之母）有效果，而 Death is the father /parent of beauty（死亡是美之父 / 父母）不会有效果，因为后者并不以理想化的或原型的亲属关系认知模式为基础（法布，2001）。

同样，正如在上文讨论的关于韵律的研究中，基本的见解认为文学语言不是一个脱离日常语言的独立领域。既然不是独立的，那么它就要遭受同样的伦理质问，无论问题是女性主义的解读还是犯罪的概念化。例如，弗拉德尼克（2005）讨论了空间、身体和隐喻如何渗透于对监狱和罪犯在不同时期的文学文本中如何被概念化的理解。

认知语言学的一个尤其充满活力的发展，是戈尔德贝格综合的“构式语法”。构式语法将语言在本质上是象征性的这一假说与这样一种观察结合起来，即语言中所发现的模式中许多是似乎零星的而不是以原子论的方式学会的“语块”（戈尔德贝格，2006）。语言能力并不局限于产生和理解作为生成进路之焦点的“核心”结构，而是还包含各种预制的惯用语和套语，从诸如 by and large（大体上）这种习语，到相对边缘的形式—意义配对如 Him a trapeze artist？！（他是个空中飞人？！）所例示的质疑构式，再到（15）中的相当普通的构式：

（15）a. He sliced the bread.
（他切面包。）
b. Pat sliced the carrots into the salad.
（帕特把胡萝卜切成做沙拉的形状。）
c. Pat sliced Chris a piece of pie.
（帕特给克里斯切了一块派。）
d. Pat sliced the box open.
（帕特切开了盒子。）

在（15）中，动词 slice 的意思是“用利器切”，但是对这一动作的解释取决于使用利器所处的“框架”：（15a）为及物构式（施动者对面包施以动作），（15b）为使动构式（施动者致使胡萝卜运动），（15c）为双及物构式（施动者意图让某人接受某种东西），（15d）为动结构式（施动者致使状态改变）（戈尔德贝格，2006：7）。

在构式语法中，句法不受到特别重视。对于意义是根据字面意义的属性（语义）、蕴含意义（语用）以及语篇功能（例如，信息结构）来思考的，对于形式则是根据语句结构的属性（句法）、语法要素——如 she talks 中表示主谓一致的 -s（形态），以及语音模式（音系）来思考的。（16）中给出了一个意义与形式关系的模型（根据克罗夫特，2001：18），可与（7）加以对比。

（16）

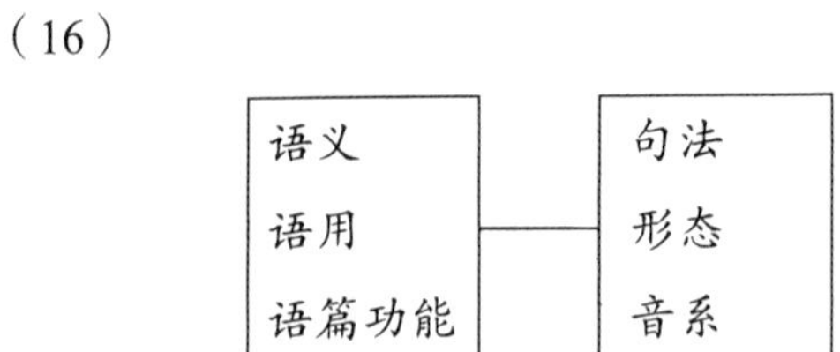

语言被理解为是在一生中依靠输入和普遍认知机制习得的。语言能力即使有先天的成分，也是极少的。因此，语言知识不是先天存在的。它是由模式存储构筑的，其中有些是事项特定的，其他则是相当普遍化和可泛化的。

总之，在构式语法中，以及总的来讲在认知语法中，语言被视为一种认知体系。思想的命题表述只是我们每天进行的言语行为之一。尽管语言的某些方面是任意的，但是许多方面不是任意的，是与身体体验和其他体验相关联的。创造性源自构式（或“语块”）的自由组合。

关于结构化变异的研究

不同于索绪尔开启的研究传统——在这种研究传统中几乎是专注于一个（理性化的）同质语言使用者，功能语言学的另一个分支关注的是作为一种异质能力的语言。在这种能力中，结构化变异对于母语式掌握一种语言是本质性的。在许多情况中，多方言社区和语言接触的性质占据着中心位置。在这种研究中，自然发生的言语和书写是主要语料，与构建的、去语境化的例句——基于至此列举的大部分研究中所运用的内省——形成了对照。

变异的相关项最初被理解为社会的（与阶级成分有关）和语体的（与多少是形式的语体有关）。关于变异的研究强调变异性产生于语言变化并作为其基础的方式（魏因赖希、拉波夫、赫尔索格，1968）。关于语言的社会语言方面的研究开始包含叙事和互动语篇（有关这方面的综述，见梅斯里等，

2000）。拉波夫关于非洲裔美国青年的叙事结构的研究（拉波夫，1972）为日后关于叙事及其在日常会话、身份构建、医患会话、法律审判以及包括文学作品在内的多种多样语类中的作用的研究播下了种子。同样，坦嫩关于朋友间会话的研究（坦嫩，1984）为日后大部分关于会话参与者商讨进而“共同构建”语篇中的意义的方式的研究设定了日程。坦嫩提出，会话是一个普遍的顺序对句体系，类似于雅各布森（1966）所注意到的诗歌中的对句。（17）是一次会话的节选，4 个参与者就舒曼为了弹钢琴做了一个奇妙的装置来拉伸手指而把手指毁了一事所进行的会话，例示了进行中的谈话的共同构建和部分重置（坦嫩，1987：591）：

（17）D: I read something in the newspaper. I won’t tell you.

（我在报纸上看到了某种东西。我不会告诉你们。）

N: What contraption ?

（什么新奇玩意儿？）

S: I don’t want to hear about it.

（我不想听。）

D: You don’t want to hear about it.

（你们不想听。）

L: Tell it, tell it.

（说一说，说一说。）

N: We want to hear about it.

（我们想听。）

（17）还例示了若干言语行为，以及能够间接使用它们的方式。D 的“我不会告诉你们”似乎是一个关于意图的直接陈述，但紧随着一条新闻的宣布，它意味着有新闻价值的事项过于惊悚难以开口，所以也起到了一种对内容的警示作用。同时，它毕竟起到了一种引诱的作用，诱使听者要求讲故事。以“你们不想听”为形式的修改重复加强了这一点，并且起到了进一步引发紧随其后的 L 的要求——“说一说，说一说”——的作用。这里要论证的是，会话的、互动的口头语言就像书面语言一样有结构和有“语法”，各个体系是连续的，没有根本的不同。其实，“口头”与“书面”不是一个很有用的两分。毕竟，讲课不被阅读（尽管从词源学上讲 lect——派生于拉丁词“阅读”），而抄本是口头语言的书面版。最好是把从“口头”（基本上是言说的）语体如非正式会话到作为训练和读写的成果的正式“文字”语体视为一个连续体。发给朋友的邮件和博客虽然是书面的，但通常被认为是倾向于连续体的口头一端。然而，由于线上世界以多种方式改变了书写的理由，所以传统范畴需要重新思考，至少是因为这种语境（巴伦，2008）。

接踵而来的是关注言语行为和语用学的哲学家的兴趣与语篇分析家的兴趣的一拍即合（见希夫林、坦嫩和汉密尔顿，2001），这促进了关于说者和听者建立共同基础和连贯语篇的方式的广泛研究（克拉克，1996）。这类研究通常求助于集合或量级。“信息打包”和“焦点标记词”就是求助这种集合或量级的两种表达式。关于信息打包的研究包括使用（18）例示的构式是可能的时候的限制识别：

（18）a. It was the sardines that Bill ate.

（比尔吃的正是沙丁鱼。）

b. Tennis I enjoy.

（我喜欢网球。）

两个话段都不容易在会话初发生。二者都需要或借助于一个其中有一个偏序集合的语境。就（18a）而言，集合是比尔吃的食品，“It was”（分裂）结构意味着沙丁鱼是唯一属于所吃的食品集合的食品。就（18b）而言，集合是说话者喜欢的种种体育运动。需要与一个先在的语篇“锚”相关联这一必要条件——当出现一个介词短语前置时，“锚”包含一个集合——说明了为什么（19a）中 on the counter（台子上）是连贯的，而（19b）中 on the jacket（夹克上）是不连贯的，除非厨房里的夹克一直是讨论的话题（伯纳和沃德，1998：20）：

（19）a. I walked into the kitchen. On the counter was a large book.
（我走进厨房。台子上放着一本大书。）
b. I walked into the kitchen. On the jacket was a large book.
（我走进厨房。夹克上放着一本大书。）

锚（厨房）从刻板印象上被假定包括了诸如台子这类事物。另一方面，夹克不是厨房典型场景的一部分。关于焦点标记词的研究力图识别诸如 only 和 even 这类小词的意义和功能。当说话人使用它们时，他们求助于一个量级，并在量级上表示出来（only 低，even 高）。比较一下（20b，20c）与（20a）：

（20）a. Jane will come to the party.
（简将来参加聚会。）
b. Only Jane will come to the party.
（只有简将来参加聚会。）
c. Even Jane will come to the party.
（甚至简都将来参加聚会。）

虽然（20a）并不蕴含对简与其他任何将来参加聚会的人的期望或评价，但（20b）意味着说话人排除了相关集合中的所有其他人，而（20c）意味着并不期望简成为将来参加聚会的集合中的一个成员。从其表达了说话人的态度这个意义上讲，only 以及尤其是 even 是主观的。二者都衍生于非主观用法，并且说明了一个广泛证实的趋势，即一个特定表达的意义随着时间而变得更加主观，并且发挥语篇管理标记词的功能（参见特劳戈特，2006）。历史地讲，焦点标记词 even 与 even（ly）（平坦地）有关联；only 的原义是“独一的”。如果一个词具有多重意义，那么更加主观的意义通常是后面的意义。

磁带录音和电子数据库使得获取海量自然发生的语料成为可能，这导致从 20 世纪 90 年代后期开始出现了一个关注新旧英语（英国英语、美国英语及其他变体）中的语言使用的高潮。关于 21 世纪初可利用的部分最重要的语料库的有用清单可在麦克内里和加布里拉托斯的著作（2006：57–60）中找见。

正如在人文科学其他已经广泛利用数字化数据库的领域，人们担心所使用的版本可能使原文细节模糊不清。对于当今印刷的文本，特别是对古英语时期的文本（那时的文本中标点用法是很不同的）来说尤其如此。现代的编辑往往强加标点，因而模糊了对于特定语句的复杂性、说话人的识别等的微妙质疑。

自 20 世纪 50 年代以来分别在不同时期汇编的语料库，使得对语言变异和变化——包括 20 世纪的新近变化——进行细密的统计工作成为可能。这些变异和变化揭示出，普遍感知其实并不是由经验证据证实的，其中有些是由记者和其他对某类感知的变化大加指责的人支持或诱发的。例如，通常认为“简单”情态动词如 must、may、can 的使用频率正在下降，并且正在被“复杂”半情态动词 be going to、have to 所取代。确实，某些相当深远的变化一直在发生着（而且自大约公元 1000 年左右出现了第一个情态动词以来一直在发生着变化）。在 20 世纪，在 may 和 might 的使用频率下降的同时，shall、need 和 ought 的使用也直线下降，但是 will、can 和 would 的使用仍然非常频繁。Need to、want to 和 be going to 的使用频率在 20 世纪增加了，但是，令人惊奇的发现是，所有的复杂半情态动词总共出现的频率尚不及情态动词 will 一个词的出现频率。因此，复杂情态动词作为一个群显然不是正在取代简单情态动词（利奇、洪特、梅尔和史密斯，2009）。比伯等人（1999）合著了一部大部头的关于当代英语语法的著作。这部语法书依据一个收录了 4000 万单词的语料库，试图说明英国英语与美国英语（无论是口头的还是书面的）之间跨越会话、新闻、小说以及学术文章等语类的差异。

词频研究揭示了语言中的惯用法模式。这些惯用法模式证实了像构式语法这样的理论的假说，即语言大多是惯用语和套语，但是在使用中也是互动的和动态的。例如，拜比和霍珀探索了如下假说：

1. 语言单位的分布和频率是受人们的互动内容支配的，人们的互动包含着一种主观、评价陈述的优势，而这些陈述是受代词、系动词（即“是”动词）和不及物动词从句的使用支配的。

2. 某些事项的……使用频率对语言在记忆存储中分裂成语块的方式，对这类语块与其他存储材料的关联方式以及获取它们的容易程度，具有

深刻的影响。（拜比和霍珀，2001：3）

从这个角度来看，语言知识包含关于词频概率的知识。语言知识并不先于使用而存在，而是产生于使用，产生于输入的经验。也就是说，语言是由使用（无论使用是生产还是分解）形成的，使用不断地形成语言，或者说不断地使语言“结构化”。

研究语言进化的各种进路

本文将要触及的最后一个研究领域是进化。在19世纪后期，这个论题是严肃研究所禁止的，因为只可能进行猜测。然而，在近几十年，这一论题势头强劲。但是，除了进行猜测仍然做不了别的。我们知道，智人已经存在了15万到20万年，而且据我们所知可能15000年前就有了语言，从生物进化来说这两个时段都是非常短暂的。从记载上讲，他们有5000多年的历史。已经提出了两个主要假说，它们与关于语言能力在多大程度上可能是先天的以及它的主要功能是什么的观点有关联。一个假说是，语言能力是突然出现的，或许是某种其他能力的副作用；另一个假说是，语言能力是逐渐进化的（关于语言进化的各种观点可在雷2002年主编出版的著作中找见）。

乔姆斯基认为语言能力是物种特有的，它的功能是表达思想而不是交流，所以他认为语言能力的出现不先于智人也就不足为奇了。他把语言能力与脑复杂性的发展，以及更近的递归的发展联系起来（豪泽、乔姆斯基和菲奇，2002）。他们的假说是，“狭义”（即普遍语法意义上）的语言能力过于复杂，以至于不能作为一个部分体系产生并适应地发展。反驳的论点则强调作为交流的语言，并提出语言通过生物选择逐渐地、适应地进化（见平克和杰肯多夫［2005］对豪泽、乔姆斯基和菲奇［2002］的回应）。然而，其他论点认为，鉴于假设的语言发展所包含的时间跨度较短，所以生物自然选择论似乎并不是一个立得住的假说；反之，不妨假设存在着包含互动反馈的文化适应过程。其结果是语言更容易学习，并且随着时间的推移而更加结构化（参见柯比、史密斯和科尼什，2008。然而，柯比［1999］提出了一个生物和历史时间表中的自然选择理论）。一个站得住的提法是，“我们为了实现操纵性互动而使用的整体处理策略，可能早于单一指示词以及将它们合并起来的语法的出现”（雷，2002）。

当20世纪90年代在一个家族的几代人中发现了一个叫作叉头框P2基因的突变时，人们燃起了一个直接获取关于语言遗传性的证据的希望。带有这种突变的个体具有严重的言语困难。但是，他们还有许多其他的运动困难，所以这个基因会支持关于语言能力的独特性甚至先天性的假说的可能性是非常之低的（麦克安德鲁，未注明出版日期）。有人提出了一个更有希望的与原钙粘蛋白XY（一个大脑不对称的基因）相连的遗传连锁（克罗，2002）。只有智人具有这种不对称——左脑支配非整体的、原子的语言使用。

关于语言进化的研究在很大程度上仍处在婴儿期。尽管语言进化研究主要是在计算机、数学和神经科学研究中进行，但是它显然对人文科学具有广泛的意义，因为它力图提供证据来证明语言能力是否是人类所独有的，以及语言能力是如何在历史和文化时间中发展的。

结　论

笔者所能触及的只是语言学核心问题的一小部分。无论研究者的视角如何，都是在探寻模式和规律性，以及探寻说明语言中微观变异与我们的语言能力赖以为基础的更大宏观结构之间关系的方法。理解我们如何习得语言，如何解释和生产语言，会给我们一些洞见，使我们对语言这个“获取人的地位的先决条件”是由什么构成的，它现在是怎样使用的，它在过去是怎样使用的，以及它在形式和功能上是怎样变化的有所了解。

Elizabeth Closs TRAUGOTT:
LINGUISTICS: THE STUDY OF THE
LANGUAGE CAPACITY AND ITS FUNCTIONS
(*DIOGENES*, No. 229–230, 2011)

参考文献：

阿尔茨，B. 和麦克马洪，A.（主编），Aarts, B. and McMahon, A. (eds) (2006) *The Handbook of English Linguistics*, Oxford: Blackwell。

阿罗诺夫，M. 和里斯－米勒，J.（主编），Aronoff, M. and Rees-Miller, J. (eds) (2001) *The Handbook of Linguistics*, Oxford: Blackwell。

奥斯丁，J. L., Austin, J. L. (1962) *How to Do Things with Words*, Oxford: Oxford UP。

巴伦，N. S., Baron, N. S. (2008) *Always On: Language in an Online and Mobile World*, Oxford: Oxford UP。

比伯，D.、约翰松，S.、利奇，G.、康拉德，S. 和法恩根，E., Biber, D., Johansson, S., Leech, G., Conrad, S. and Finegan, E. (1999) *Longman Grammar of Spoken and Written English*, Harlow, Essex: Pearson Education。

伯纳，B. J. 和沃德，G., Birner, B. J. and Ward, G. (1998) *Information Status and Noncanonical Word Order in English*, Amsterdam: Benjamins。

拜比，J. 和霍珀，P., Bybee, J. and Hopper, P. (2001) "Introduction to Frequency and the Emergence of Linguistic Structure", 收入拜比，J. 和霍珀，P.（主编），in Bybee, J. and Hopper, P. (eds) *Frequency and the Emergence of Linguistic Structure*, pp. 1–24, Amsterdam: Benjamins。

乔姆斯基，N., Chomsky, N. (1957) *Syntactic Structures*, La Haye: Mouton。

乔姆斯基，N., Chomsky, N. (1980) *Rules and Representations*, New York: Columbia UP。

乔姆斯基，N., Chomsky, N. (1986) *Knowledge of Language: Its Nature,Origin, and Use*, New York: Praeger。

克拉克，H. H., Clark, H. H. (1996) *Using Language*, Cambridge: Cambridge UP。

克罗夫特，W., Croft, W. (2001) *Radical Construction Grammar: Syntactic Theory in Typological Perspective*, Oxford: Oxford UP。

克罗，T. J., Crow, T. J. (2002) "Protocadheriaxy: A Candidate Gene for Cerebral Asymmetry in Language", 收入雷，A.（主编），in Wray, A. (ed.) *The Transition to Language*, pp. 93–112, Oxford: Oxford UP。

达尔文，C., Darwin, C. (1871) *The Descent of Man, and Selection in Relation to Sex*, London: J. Murray。

法布，N., Fabb, N. (2001) "Linguistics and Literature", 收入阿罗诺夫，M 和里斯－米勒，J.（主编），in Aronoff, M. and Rees-Miller, J. (eds) *The Handbook of Linguistics*, pp. 446–465, Oxford: Blackwell。

菲茨莫里茨，S. M. 和塔维察因恩，I.（主编），Fitzmaurice, S. M. and Taavitsainen, I. (eds) (2007) *Methods in Historical Pragmatics*, Berlin: Mouton de Gruyter。

弗拉德尼克，M., Fludernik, M. (2005) "Metaphoric (Im) Prison (ment) and the Constitution of a Carceral Imaginary", *Anglia* 123(1): 1–25。

弗里曼，D. C., Freeman, D. C. (ed.) (1970) *Linguistics and Literary Style*, New York: Holt, Rinehart and Winston。

弗里曼，D. C., Freeman, D. C. (ed.) (1981) *Essays in Modern Stylistics*, London/New York: Methuen。

戈尔德贝格，A. E., Goldberg, A. E. (2006) *Constructions at Work: The Nature of Generalization in Language*, Oxford: Oxford UP。

格林伯格，J. H., Greenberg, J. H. (1966) "Some Universals of Language with Particular Reference to the Order of Meaningful Elements", 收入格林伯格，J. H.（主编）, in Greenberg, J. H. (ed.) *Language Universals, with Special Reference to Feature Hierarchies*, pp. 73–113, The Hague: Mouton。

豪泽，M. D.、乔姆斯基，N. 和菲奇，W. T., Hauser, M. D. Chomsky, N. and Fitch, W. T. (2002) "The Faculty of Language: What Is It, Who Has It, and How Did It Evolve?" *Science* 292(5598): 1569–1579。

海涅，B.、克劳迪，U. 和许内迈尔，F., Heine, B. Claudi, U. and Hünnemeyer, F. (1991) *Grammaticalization: A Conceptual Framework*, Chicago: University of Chicago Press。

霍尔奎斯特，M., Holquist, M. (2008) "Presidential Address 2007: The Scandal of Literacy", *Proceedings of the Modern Language Association* 123(3): 568–579。

雅各布森，R., Jakobson, R. (1966) "Closing Statement: Linguistics and Poetics", 收入谢拜欧克，T. A.（主编）, in Sebeok, T. A. (ed.) *Style in Language*, pp.35–377, Cambridge, MA: MIT Press。

琼斯，W., Jones, W. (1786) "Third Anniversary Discourse: On the Hindus", *Asiatick Researches* 1: 415–431。

凯恩，R. S., Kayne, R. S. (2005) "Some Notes on Comparative Syntax, with Special Reference to English and French", 收入辛奎，G. 和凯恩，R. S.（主编）, in Cinque, G. and Kayne, R. S. (eds) *The Oxford Handbook of Comparative Syntax*, pp. 3–69, New York: Oxford UP。

基帕斯基，P., Kiparsky, P. (1973) "The Role of Linguistics in a Theory of Poetry", *Daedalus* 102(3): 231–247。

基帕斯基，P., Kiparsky, P. (1975) "Stress, Syntax, and Meter", *Language* 51 (3): 576–616。

柯比，S., Kirby, S. (1999) *Function, Selection, and Innateness: The Emergence of Language Universals*, Oxford: Oxford UP。

柯比，S.、史密斯，K. 和科尼什，H., Kirby, S. Smith, K. and Cornish, H. (2008) "Language, Learning and Cultural Evolution: How Linguistic Transmission Leads to Cumulative Adaptation", 收入库珀，R. 和肯普森，R.（主编）, in Cooper, R. and Kempson, R. (eds) *Language in Flux: Dialogue Coordination,Language Variation, Change and Evolution*, pp. 81–119, London: University of London。

克韦切什，Z., Kövekses, Z. (2006) *Language, Mind, and Culture: A Practical Introduction*, Oxford: Oxford UP。

拉波夫，W., Labov, W. (1972) "The Transformation of Experience in Narrative Syntax", 收入拉波夫，in Labov's *Language in the Inner City*, pp. 354–396, Philadelphia: University of Pennsylvania Press。

莱柯夫，G. 和约翰逊，M., Lakoff, G. and Johnson, M. (1980) *Metaphors We Live By*, Chicago: University of Chicago Press。

兰艾克，R. W., Langacker, R. W. (2008) *Cognitive Grammar: A Basic Introduction*, Oxford: Oxford UP。

利奇，G.、洪特，M.、梅尔，C. 和史密斯，N., Leech, G. Hundt, M. Mair, C. and Smith, N. (2009) *Change in Contemporary English: A Grammatical Study*, Cambridge: Cambridge University Press。

麦克安德鲁，A., McAndrew, A. (n. d.) "FOXP2 and the Evolution of Language", *Molecular Biology*, www. evolutionpages. com/FOXP2_language. htm。

麦克内里，T. 和加布里拉托斯，C., McEnery, T. and Gabrielatos, C. (2006) "English Corpus Linguistics", 收入阿尔茨，B. 和麦克马洪，A.（主编）, in Aarts, B. and McMahon, A. (eds) *The Handbook of English Linguistics*, pp. 33–71, Oxford: Blackwell。

梅斯里，R.、斯旺，J.、多伊默特，A. 和利普，W. L.（主编）, W. L. Mesthrie, R. Swann, J. Deumert, A. and Leap, W. L. (eds) (2000) *Introducing Sociolinguistics*, Philadelphia: Benjamins。

彭克，M. 和罗森巴赫，A., Penke, M. and Rosenbach, A. (eds) (2007) *What Counts as Evidence in Linguistics: The Case of Innateness*, Amsterdam: Benjamins。

平克，S., Pinker, S. (1994) *The Language Instinct: How the Mind Creates Language*, New York: William Morrow。

平克，S. 和杰肯多夫，R., Pinker, S. and Jackendoff, R. (2005) "The Faculty of Language: What's Special About It?" *Cognition* 95(2): 201–236。

雷迪, M. J., Reddy, M. J. (1993) "The Conduit Metaphor: A Case of Frame Conflict in Our Language about Language", 收入奥尔托尼 , A. (主编), in Ortony, A. (ed.) *Metaphor and Thought*, pp. 284–384, Cambridge: Cambridge UP。

索绪尔 , F. de, Saussure, F. de (1971) *Course in General Linguistics*, trans. Roy Harris, Chicago: Open Court。

希夫林 , D.、坦嫩 , D. 和汉密尔顿 , H. E., Schiffrin, D. Tannen, D. and Hamilton, H. E. (eds) (2001) *The Handbook of Discourse Analysis*, Oxford: Blackwell。

施莱赫尔 , A., Schleicher, A. (1861–1862) *Compendium der vergleichenden Grammatik der Indogermanischen Sprachen*, Weimar: Hermann Böhlau。

塞尔 , J. R., Searle, J. R. (1969) *Speech Acts: An Essay in the Philosophy of Language*, Cambridge: Cambridge UP。

坦嫩 , D., Tannen, D. (1984) *Conversational Style: Analyzing Talk Among Friends*, Oxford: Oxford UP。

坦嫩 , D., Tannen, D. (1987) "Repetition and Variation as Spontaneous Formulaicity in Conversation", *Language* 63(3): 574–605。

特劳戈特 , E. C., Traugott, E. C. (2006) "The Semantic Development of Scalar Focus Modifiers", 收入范凯默纳德 , A. 和洛斯 , B. (主编), in van Kemenade, A. and Los, B. (eds) *The Handbook of the History of English*, pp. 335–359, Oxford: Blackwell。

特纳 , M., Turner, M. (1987) *Death is the Mother of Beauty: Mind, Metaphor, Criticism*, Chicago: University of Chicago Press。

小范瓦林 , R. D., Van Valin, R. D. Jr (2001) "Functional Linguistics", 收入阿罗诺夫 , M. 和里斯 – 米勒 , J. (主编), in Aronoff, M. and Rees-Miller, J. (eds) *The Handbook of Linguistics*, pp. 319–336, Oxford: Blackwell。

魏因赖希 , U.、 拉波夫 , W. 和赫尔索格 , M., Weinreich, U., Labov, W. and Herzog, M. (1968) "Empirical Foundations for a Theory of Language Change", 收入莱曼 , W. P. 和马尔基尔 , Y. (主编), in Lehmann, W. P. and Malkiel, Y. (eds) *Directions for Historical Linguistics: A Symposium*, pp. 97–195, Austin: University of Texas Press。

维尔茨比卡 , A., Wierzbicka, A. (2006) *English: Meaning and Culture*, Oxford: Oxford UP。

雷 , A., Wray, A. (2002) "Dual Processing in Proto-Language: Performance without Competence", 收入雷 , A. (主编), in Id. (ed.) *The Transition to Language*, pp. 113–137, Oxford: Oxford UP。

隐性与显性语言学

多梅尼科·西尔维斯特　著
萧俊明　译

列维－斯特劳斯对于语言学的发现，更具体地讲，对于尼古拉·特鲁别茨科伊的布拉格学派音位学的发现——他是在美国通过罗曼·雅各布森与之相遇的——代表着其全部学术著作中的一个里程碑。即便他此后的学术生涯沿着非常特殊的路线自行发展，取得了我们如今所知的非凡成果，也不能否认语言学对其思想的贡献。我将使用“显性语言学”这一术语来指列维－斯特劳斯全部著作中的以《亲属关系的基本结构》为开端和以《结构人类学》为顶峰的这一部分，他在这些著作中承认他的人类学受惠于结构语言学（尽管有一些人否认这一点）。反之，我将使用“隐性语言学”这一术语来指他探讨名称问题，特别是亲属称谓问题的论述（列维－斯特劳斯，1969：XXIII-XXIV），他在这些论述中密切关注词汇材料，但却未将其列为一种文化证明形式，只是给予它一种有说服力但最终是没有结论的证据的地位。我还将使用“隐性语言学”（在我看来是这位杰出的学者对语言问题的长期关注中更为有趣的一面）来指其著作中所有这些地方，即语言材料（特别是词汇材料及其必然的词源学意蕴）可能会更加普遍地为人类学开辟一条潜在的、新的研究途径。

就“显性”（此处也可称为“纲领性”）语言学而言，列维－斯特劳斯正是在这部以其书名描述了其认识论维度的著作中坚持强调了结构方法对于人类学的重要性。他在“社会学方法的比较性质”（列维－斯特劳斯，1963：1）与“历史方法的文献和功能特性”（列维－斯特劳斯，1963：1）之间做了明确的区分；按照前者，人类学家被定位为比较社会学家；而在后者那里，“历史方法”被理解为意味着着眼于事件的方法，而不是以年鉴学派为代表的长时段方法（在 20 世纪后半叶，大多数精致的历史语言学都转入这个方向）。从这种区分中可以看到一种与语言学的“隐性”比较。民族志的描述性愤怒在面对“被视为个别实体的人类群体”（列维 – 斯特劳斯，1963：2）时很快通过社会和文化人类学的认识论立场被克服和化解。在社会和文化人类学中，人类制度显示为特定的“表象系统”（列维 – 斯特劳斯，1963：3–4；列维 – 斯特劳斯并不是随便选择这一字眼，他反复地使用这一短语）。这条路径引领他与舶来的欧洲结构主义的“最硬”方面，即雅各布森的功能和目的论音位学实现了“美国”相遇。

但是，列维 – 斯特劳斯首先是对人类学和语言学的伟大人物之一弗朗茨・博厄斯表示了敬意（列维 – 斯特劳斯，1963：4–6），后者始终关注就如在比较语文学——先是英国，后是美国给予印欧比较重建法的名称——中可“以间接的方法”识别的民族学转变。当列维 – 斯特劳斯注意到“历史学是根据与社会生活的有意识表达的关联来组织其材料，而人类学则通过考察它们的无意识基础来开展研究”（列维 – 斯特劳斯，1963：18）时，他又探讨了结构语言学（随后将历史维度悬置起来）。现在我们来谈及语言学及其功绩，即“语言学方法运用于民族学研究的巨大价值”（列维 – 斯特劳斯，1963：19）。列维 – 斯特劳斯在这里直接引用了博厄斯的话，这使我有机会看到博厄斯如何“帮助”他达及这个关键的发现：

> 语言学在这方面的巨大优势在于这一事实，即所形成的范畴总的来说始终是无意识的，并且由于这个原因，导致其形成的过程可以在没有二次解释的误导和干扰因素的情况下来进行。这种二次解释在民族学中是如此地普遍，以至于它们通常完全掩盖了观念发展的真实历史。（列维 – 斯特劳斯，1963：19–20；参见博厄斯，1911：70–71）

对语言（以及尤其是语音）能力的无意识维度的参照，则成为列维 – 斯特劳斯的人类学中的结构方法的认识论基础。[1]

比较语言学——这里必须从严格的共时意义上和“显性语言学”的意义

上来理解——的正当性来自“某种并非单纯碎片化的东西，即一种真正的分析。语言学家从语词中抽取音位的语音实在；又从音位抽出具有鲜明特征的逻辑实在”（列维－斯特劳斯，1963：20）。如此，它将自己定位为适合于任何希望超越主观知觉限度的人文科学的“硬”认识论模式。从这个观点出发，列维－斯特劳斯试图以一种微妙的但是决定性的方式重申，在借助语言学论证理解人文科学的过程中，“从有意识向无意识的转化伴随着由特殊到一般的发展”（列维－斯特劳斯，1963：20–21）。在《结构人类学》的第一版中，他简明地指出，“语言学在社会科学中占有特殊地位，它无疑属于这个行列”（列维－斯特劳斯，1963：31）。从显性语言学即从共时的和结构的视角来看，这是作为一种方法论视角提出来的。但是，从其他即从隐性语言学的视角来看，还有另一种重要的观察：

> 语言学家为人类学家提供了词源学，使他得以在某些亲属称谓之间确立并不是即刻显现的关系。另一方面，人类学家可以让语言学家关注习俗、规定和禁忌，从而帮助他理解语言的某些特征的持久性或者一些或几组称谓的稳定性。（列维－斯特劳斯，1963：32）

我们将更加详细地看到，这对亲属称谓及其演化而言是有效的，亲属称谓及其演化有时只有通过人类学和语言学的和解才能解释得通。

宣言性强调的时刻到来了。用列维－斯特劳斯和“他的”显性语言学的话讲：“但是，人类学和社会学关注语言学毕竟只是为了获得一些见解；没有任何预示一种**新发现**的东西”（列维－斯特劳斯，1963：33）。[2]然后，他又说道：“结构语言学的出现彻底改变了这种境况……结构语言学肯定对社会科学起到一种革新作用，就如同比如核物理学对自然科学所起到的作用。”（列维－斯特劳斯，1963：33）这条路径引领列维－斯特劳斯做出一些有趣的观察，比如他在回顾特鲁别茨科伊反对旧历史语言学的“原子论”的论战时，以及在指责某些类型的亲属关系民族志将被理解为结果和遗迹的用法和称谓掺杂在一起，从而陷入一种“非连续性的混乱”时（列维－斯特劳斯，1963：35），反之结构语言学教授人们根据共时系统和历时目的论看待事物。

无论如何，他正确地告诫我们不要在亲属称谓（因而是在隐性语言学层面上运作的，而受环境制约和历时的隐性语言学不可能逃避基于价值的视角！）与音位体系之间进行任何表面类比，他宣称："例如，在我们自己的亲属制度中，父亲这个称谓在性别、相对年龄和辈分方面都有正面的隐含意义，但是在旁系亲属方面则毫无价值，它不能表达姻亲关系。"（列维－斯特劳斯，1963：35）就本文的目的而言，指出这一点就足够了：在古拉丁语——它让一个特定的欧印语遗产得以永久流传——中，pater（父亲）的基本含义蕴含着一种与有性别标志的权力相关联的正面的基本隐含意义；一个进入家长（pater familias）范围的妇女通过婚姻确立了"一个获得的亲属关系"，尽管这种关系被嫁出的女儿（filiae loco）这个有说服力的词组所修改。诸如好家长（bonus pater familias）这样的表达具有三重人类学的隐含意义，因为它是指一个从胜任的意义上而言的"好"（bonus）人，他被赋予凌驾于所有下属（妻子、子女、奴仆、家畜，等等）的完全权威（父亲 pater），他事实上构成了家族（被理解为一个奴仆集体）。这个语言组合成为了关于特定人类学秩序的有效示意图，它的正确译法应该是"胜任的一家之主"，而不是"好家父"，后者只是人类学长时段演化的结果。

于是，列维－斯特劳斯推出了一个区分来超越纯词汇材料的局限：

> 因此，除了我们建议称为称谓体系（严格地讲，它构成词汇体系）的东西，还存在另一个体系，它在性质上既是心理学的又是社会的，我们将称之为态度体系。虽然（如我们上文已表明的）关于称谓体系的研究确实将我们置于一种与我们处理语音体系时相似但又是相反的境况，但是这个困难在我们考察态度体系时似乎被"倒过来"了。（列维－斯特劳斯，1963：37）

这是一个具有根本性重要意义的要点。它使我们一望而知列维—斯特劳斯的结构主义不带有任何方法论"基要主义"的特征。相反，它容许开放和整合的体系，沿循一个我会毫不犹豫地称为"完美"的公式："毋宁说态度体系构成了称谓体系的**动态整合**"（列维－斯特劳斯，1963：39）。[3]随后对一种关于态度——对被巧妙地界定为“**亲属关系的原子**”（列维－斯特劳斯，1963：48）[4]的舅甥关系的态度——的特定理论的详细阐述，作为对这种重大认识论转向的明确证实，字字掷地有声。

就我而言，我想强调的是，拉丁语单词 avunculus（舅父）在意大利语中已经消失，取而代之的是新希腊语单词 zio，而在法语中它却顽强甚至典范式地持久存在着——以致达到被借用到德语和英语的程度，对于这一事实，应该按照列维－斯特劳斯的指点根据态度体系与称谓体系之间的动态整合加以正确的研究，首先从拉丁世界，然后从新拉丁和日耳曼世界。拉丁语中的四分体系使 avunculus（舅父）与 matertera（姨母）相配，与之对比的是 patruus（叔伯父）与 amita（姑母），这个四分体系通过核心和各种派生后缀与一个特定的态度体系相遇。人类学材料不能说明这个态度体系，而语言学材料就这种情况而言可能会提供多少令人信服的证据。我指的是这样一个事实，即从其形态学轮廓来看，avunculus 似乎是“小祖父”的意思，但是，虽然 avus 可以指 paternus（祖父）或 maternus（外祖父），但是 avuncuclus 只指母亲的兄弟，带有一个在评价后缀出现之前由 *-en-/on-（在凯尔特语族中经常出现）提供的“加宽”。至于 matertera（姨母），则不可能谈及称谓体系中的平行对比，因为核心 mater 并不指前辈，而且后缀 -tera 并不像前面的例子那样具有一种评价功能，但是如果有什么对比标识的话，那么也不是一个直接对比（它是一个“旁系的”［a latere］母亲——母亲的姐妹）。舅权似乎暗示着一种正面的特质，不过——按照列维－斯特劳斯不无启发的指点，我们不应过于简单化地处理“母亲”亲属关系——它没有威望和权威，因为它缺少一个对父亲的指称。叔伯父或 patruus 的确承载一个凭借只指核心的后缀而减少父辈威望的任何意蕴的称谓；姑母 amita 甚至不是从这个核心派生的，而似乎是 amma——婴儿用来指称母亲形象的词——的一个模糊派生词。总之，从称谓体系产生了一个态度体系，它带有一个根本不明确的、可能的体系间指称：如果我可以使用一个隐喻的话，那么关于这个特定的亲属关系形式的拉丁语称谓体系可以被视为从不同的背景、用四种不同的“循环利用的材料”建造而成的一座别具一格的语言建筑。

在列维－斯特劳斯看来，在诸如此类的情况中，人类学家会转向语言学家以求帮助——但是，我要补充的是，语言学家并不一定会接受。其实，语言学家也是陷入困境，进退两难：一方面他掣肘于符号的任意性和约定性，另一方面，当他不是为了寻找语词本身而是为了寻找它们在其沟通灵活性的复杂游戏中的长长剪影而搜寻文本时，难免受制于把影子当成实物的风险。我要强调的是这一事实，即除了有几处审慎地但不完全令人信服地宣称无能为力之外，列维－斯特劳斯充分地意识到语词所遭受的长途跋涉和奇特变形之苦，尤其是当它们变成特定的心理－语言知觉的可见而怪异的高峰时。我发现下面这段自传式阐述饶有趣味：

> 我本人在某段时期只说英语，却未成为说双语的人，在我看来，fromage 和 cheese 意指同样的东西，但有一些细微的差别。fromage 唤起某种厚重、油而不碎、味道浓的感觉。这个词特别适用于指称（法国）牛奶工称作 pates grasses（含高牛脂）的东西，而 cheese 则更清淡、更新鲜、有一点酸、入口即碎（与口型相比），让我们即刻想起法语中的 fromage blanc（一种农家奶酪）。因此，“原型奶酪”对我来说并不总是指同一样东西，要看我是用法语还是用英语来思考。（列维－斯特劳斯，1963：93）

如果说就隐性语言学而言（出于对特鲁别茨科伊的音位学应有的尊重，当然不会忘记雅各布森的“诗歌语法”！），一个称谓体系和一个态度体系确实必须按照一种我称之为“语用语言学”的视角加以整合的话，那么这就是一个这一过程完美展开的案例。如此，列维－斯特劳斯，这位热衷于功能主义的结构主义行家里手，超越了他自己的认识论选择——就像所有具有天赋的人那样，同时凭借其对事实的真正深刻的感知，提供了极具新意的证明。

最后，为了表示对他的敬意，我愿提供两个有关“语词”与“态度”相纠结的案例，从而适度地说明一种没有修饰语的语言学与一种被类似地去掉修饰语的人类学如何能够进行对话。我说一说荷马诗篇中对 ánthropos 一词的极具启发意义的用法，[5] 这种用法形成了对毫无意外地在古代近东最伟大的语言和文明中反复出现的人的特定态度；我再说一说希腊语表示女人的称呼

gyné，以及它出人意料地和无法解释地重新出现在现代黑话中的某些情况。就第一个案例而言，我只限于指出，在荷马那里，ánthropos 指称的是最低层的人，是无名的和复数的人；位于中间层的是 anèr，是有名字并且有地位（公民或军人）的人；在最高层的是 pnōs，即荷马笔下的英雄，其称呼——具有同样的形态派生，只需稍微改变一下重音——几乎与表示“光”的希腊语单词 phôs（即拉丁传统的 clarissimus vir［贵人］）表示的是同样的意思。在这个称谓体系中，ánthropos 通过非重读后缀 -opos——指“外在方面”——和重读音节 anthr-——表示“黑暗的东西（如同碳）”，并按照无名的和无差别的分类——其作用是作为有名的和个别化的辉煌人物的对照——展示其最古老和最具表达力的含义。可能令人意外（当然不是很意外）的是指出，类似地，在苏美尔语中一群不起眼的无名的人被称作一群黑头（或黑脸）的人（$u\hat{g}_3$ saĝ gi_6.g），阿卡德语的 salmat qaqqadi（m）（“黑头”，字面意思是“头是黑色的”）是对它的响应和证实。在远古埃及语的表达式 harér eresh（黑头）中可以找见额外的证明，这个表达泛指“人”而没有任何表示肤色的意思（同样，在古埃及语中 hr. w 是指无差别的“人”，即无名的和不起眼的一群人）。

从表示“女人”的称呼[6]——正如我们将看到的，它是不是真正的原型指称仍不清楚——重构的印欧语词形可书写为 *gwenā，而且随着词尾元音的重大变化，还可书写为 *gewnə 和 *gwenī-（然而，指出这一点很重要，即第一个和第三个词形用词尾元音明确而实质性地表示女性性别，而在第二个词形中，不清晰的词尾元音允许它可能在音质上与非重读音阶［e］拉平）。除此之外，有些重要的印欧语言（梵语、希腊语）允许以缩减的元音变换等级构建一个词形（即梵语单词 gnā 或希腊语单词 gyné，来自 *gwnā），于是问题马上就产生了，即这个称呼是否属于一个原初由一个仍然有待查明的动词表达的概念。无论如何，在古希腊，通过 gyné（《伊利亚特》，6，390）表示性别的指称很快转变成一个表示在性上与男人结合的女人的指称，她不仅是妾（《伊利亚特》，24，497），而且还是合法（化）的妻子，后来在后荷马时代变成了“已婚妇女的常用称呼”（尚特莱纳，1990，s.v.），处于一个显然高出很多的语域（在吠陀时代的印度，gnā 还表示“女神”，而在康沃尔语——一种属于凯尔特次语系的印欧语言——中，ben-en 同样也表示“妻子”）。带有缩减等级的词形除了古爱尔兰语复合词中的 ban- 还包括皮奥夏语单词 bana（根据女诗人科琳娜的记录），而以［e］元音化的动词词根的“中间”等级的最重要的响应是高特语单词 qino（鼻音中缀）和古斯拉夫语单词 žena（更不用说现代英语单词 Queen，它将古代的性别指称提升到王室等级）。然而，从这个称呼本身背后的理据来看，在这个极其重要而普及的表示“女人”——或更确切地说，在一个特定的语境（见上文）中理解的女人——的印欧语称呼下面的动词是什么？

被认为最适合于回溯“女人”（*gwen-/gwn-）的元音变换的（并因而来自动词的！）称呼的印欧语动词是表达“运动”概念的动词，无论是从接近和到达的意义上讲，还是从远离和分开的意义上讲。这种变异是自己呈现的，它的呈现依照于词根变异形式 *gwen-（可由希腊语单词 βαίνω 和拉丁语单词 ueniō，但还有欧斯干语单词 kúmbened——与拉丁语完成式动词 conuēnit 对应——来确认），尤其是依照第一词根形式 *gwem-（除其他之外，可通过哥特语单词 qiman 和古英语单词 cuman 来确认，而立陶宛语单词 gemù［“出生”，字面意思是“来到世上”］由于其附加的语义意蕴而似乎相当有趣）。在这个节点上，（第二）词根变体 *gwen- 呈现的形式不同于 *gwem- 所呈现的第一词根变异形式（从“圆唇软腭音［gw］- 双唇音［m］”到“圆唇软腭音［gw］- 齿音［n］”），或许在印欧语的层面上已经有了希腊语单词 βαίνω（见拉丁语单词 ueniō 或古英语单词 Kúmbened）与 gyné，皮奥夏语的 bana（来自印欧语的 *gwnā）之间的完全对应。从语义学的视角来看，这个想法相当可信，它与史前异族婚的制度背景吻合。按照异族婚，女人“到达”或“进入”（即 *gwem/n-）丈夫家的氏族，准确地讲，进入到列维－斯特劳斯的《亲属关系的基本结构》所例示的普遍乱伦禁异框架之内。

这个最古老的表示“女人”的称呼似乎将其原型语义支点设在“青年时期”这个概念和“流动性”这个指称。从这个视角来看，它似乎通过无法识别的语言路径和相关化以某些黑话形式而重现，比如像意大利的下流社会/街头称呼 guagnastra（带有一个非常明显的评价后缀）或（粗野的）米兰话 guanguana（同样明显的叠字），二者都是“妓女”的意思，我们可能即刻会加上那不勒斯话词形 guanguona——带有“情妇”的隐含意义（在西西里岛也听得到）。我的资料来源于安杰利科·普拉蒂，他将这一称呼的扩展中心定位于那不勒斯："guagnastra 的文字证据和各种派生形式证明其出生地是那不勒斯，它的基本含义是'年轻女孩，身材好的年轻女孩'：1632 年 guagnastra，1729 年 guagnasta，1633 年 guagnastrella（年轻女孩）；大约在 1783 年，甚至还有 guagnastro（'恋人'或'丈夫'）；no bello guagnastrone（约 1621 年）'一个漂亮的女人'……自 1633 年表示与 guagnastra 相同的意思。"在普拉蒂看来，"guagnastro，-a 是带有另一个后缀的 guagnone'年轻男孩，青年男子'（约 1635 年）"（1978：85），但是，在我看来，guagnone（当今的 guaglione，带有一个不同的逆异化）不可能是基本含义，如果我们考虑到关于上文所研究的女性性别化词形的简化（或复杂）记录。

最后，我想再补充一个新的资料点，它可能会证实这个词汇系列的久远和自主：这就是法语单词 gouine，这是维克多·雨果从黑话中拾来的一个称呼（例如，见《惩罚集》中的诗行"但愿老忒弥斯不是妓女 / 在蒙吉说不清的洞穴亲吻芒德兰"），其隐含意义，如我们所看到的，是"坏女人"或"妓女"。自然地，这个词形的元音化不同于上文提到的其他用语的元音化，但是——尽管有推断的印欧语词源形式的元音交换变异（见上文）——这并不表现为一个障碍；相反，它最终证实这个称呼属于这一词汇系列，它的好处是把完全元音交换等级的第一形式（没有后缀和重叠）交还于我们。

一个语词在长时段中的历史以如此之多标志性的方式增添了来自那不勒斯中心，也即来自古代地中海世界的一部分的一丝新的和意想不到的迷思（还有来自法国方向同样意想不到的帮助）。古代地中海世界的每个历史时代都是难以置信地丰富，并且在每个历史时代都充满着至今仍不理解或不充分理解的片段（包括语言事件）。因此，在我看来，得益于那位我们所有人都爱戴的杰出人物，人类学和语言学又重新走到一起，这个人就是列维－斯特劳斯。

Domenico SILVESTRI:

IMPLICIT AND EXPLICIT LINGUISTICS

(*DIOGENES*, 238, 2013)

注：

[1] 见列维－斯特劳斯（1969：492–493）对特鲁别茨科伊语言音位学的超前参照。

[2] 我有意将这个相当强烈、激昂的词标为黑体。

[3] 此处我同样特别关注这个标为黑体的词。

[4] 此处黑体是列维－斯特劳斯本人标的。

[5] 关于更深入的讨论，请见西尔维斯特（1997）。

[6] 关于苏美尔语单词 geme“（女性）奴隶”可能是一个印欧语借词的假说，请见西尔维斯特（2010）。

参考文献：

博厄斯，F., Boas, F. (1911) *Handbook of American Indian Languages*, Pt I. Washington DC: US Government Printing Office。

尚特莱纳，P., Chantraine, P. (1990) *Dictionnaire etymologique de la langue grecque: histoire des mots*, Paris: Klincksieck。

列维－斯特劳斯，C., Levi-Strauss, C. (1963) *Structural Anthropology*, transl. C. Jacobson and B. Grundfest Schoepf, New York: Basic Books。

列维－斯特劳斯，C., Levi-Strauss, C. (1969) *The Elementary Structures of Kinship*, transl. J. H. Bell, J. R. von Sturmer and R. Needham, Boston: Beacon Press。

普拉蒂，A., Prati, A. (1978) *Voci di gerganti, vagabondi e malviventi studiate nell'origine e nella storia*, Pise: Giardini。

西尔维斯特，D., Silvestri, D. (1997) Anthropos: un'etimologia (im) possibile? 收入 R. 安布罗西尼、M. P. 博洛尼亚、F. 莫塔和 C. 奥兰迪（主编）, in R. Ambrosini, M. P. Bologna, F. Motta and C. Orlandi (eds) *Scribthair a ainm n-ogaim. Scritti in memoria di Enrico Campanile*, Pisa: Pacini, pp. 929–986。

西尔维斯特，D., Silvestri, D. (2010) Etimologie sumeriche (ovvero come rendersi la vita impossibile), 收入 F. 马泽伊和 P. 卡廖蒂（主编）, in F. Mazzei and P. Carioti (eds) *Oriente, Occidente e dintorni... Scritti in onore di Adolfo Tamburello*, vol. V, Naples: Universita degli Studi di Napoli 'L'Orientale' and Istituto Italiano per l'Africa e l'Oriente, pp. 2327–2339。

语言，人类命运之源

——纪念古斯塔夫·纪尧姆（1889—1960）

安德烈·雅各布 著
马胜利 译

人类思想显得如此不同于自然，以至于人们会将其归于神的恩赐。它归纳出一种笛卡尔式的二元论，斯宾诺莎则对此进行了反驳。而从费希特到莱昂·布伦施威克的其他哲学家则严格地将可感实在从属于人类思想：从唯灵论到绝对唯心论。自第二次世界大战和不断加剧的历史悲剧以来，无论人们是否参照由各种科学进步精练而成的唯物主义，语言的重要性都改变了原有布局。它为抵制教条式的形而上学与神经决定论之间的二律背反提供了必要手段。前者把思想或精神孤立起来；后者则完全依赖对大脑的研究。面对可感世界，从查尔斯·桑德斯·皮尔斯（1839—1904）的大量开拓工作到西格蒙德·弗洛伊德（1856—1939）和费尔迪南·德·索绪尔（1857—1923）引发的革命，一种顽强的符号和象征维度开始建立起来。

实际上，早在威廉·冯·洪堡（1835年去世）最后的研究中便出现了相对于笛卡尔主义及其技术至上承诺的第二次现代性灵感。在精神分析法的众多进展之外，从洪堡到莫里斯·梅洛－庞蒂（1908—1961）对“身体”所做的尼采式的平反极大地改变了人们对“思维人”的成见。埃米尔·本维尼斯特（1902—1975）在大量文章中仔细分析了“语言是人类所固有的”这句老话。这些文章被收入1966年和1974年出版的《普通语言学问题》（两卷本）。他从人类学角度（克服了在心理学和社会学之间的摇摆）解释了这句话。在这方面，古斯塔夫·纪尧姆的语言学理论也做出了巨大贡献。在纪念他逝世50周年之际（1960年2月3日），我们有必要阐明和揭示其敏锐假说的重要性。

为了抓住重点，本文将力图说明以下几个问题。

第一，试图表达的思想在寻求“意义”时的“动态”意蕴：不仅“思想”依赖语言“系统”，语言系统也依赖能指“机制”；

第二，构成语言的动力学具有操作性和时间特征：操作时间不可衡量但有顺序，而与其相对应的“瞬间”却是恒定的。

由此便产生出语言独有的能力。无论与大脑活动有何关联，这种能力可随时和在瞬间展开话语；它与“我思”同源，与会思考和表达的人类共存，是人类命运之源。

从系统到“机制”

我们的语言学家总爱强调说，人们要讲话时无须先了解其语言的历史（语言发展的历时性）。然而重要的是德·索绪尔所认可的共时性（构成系统的“同时性”）：它在完成语言“行为”时不仅要描述语言“状态”（初步的结构语言学，因为它是静态的），还要掌握他所称的“语言机制”。在日内瓦大师的继承人中，只有纪尧姆努力对“语言的心理机制”展开理论研究。该机制以动力方式将他以前所称的“语言的心理系统”激进化了。由于他把语言看作名词或动词的“系统之系统（集成）”（《语言是不是一种系统？》1952），与使用者建构系统的操作相关的运动便可证实“机制”的用途：这是阐明的有效条件（语言即“清晰”表达，它克服了“动物的混乱”），全然不是人们时常认为的盲目。相反，主要在法语中意思含混的“心理”根源会因让位于“能指”机制（完全没有“心智主义”的参与）而更显重要。

关于法语冠词系统和印欧语动词时态系统的两项重大记录说明了日后成为理论的假设。尽管经历了路易·阿韦阶段，法语冠词系统在 1919 年时并未受到彻底研究。1929 年出版的《时态和动词》清楚地解释了这两项记录。关于法语冠词系统，正如语言活动所要求的，要理解和掌握真实，便不能回避从宽到窄或反向的运动。它让人们在法语冠词“un”（一个）中看到一种从普遍［事先在“一个人总会死的”（un homme est mortel）这句话中所捕获］到近似特殊［“一个人进来了”（un homme entra）这句话在倒装之前］的运动。源于拉丁文“ille”的冠词“le”出现在“那个人进来了”（l’homme entra）

这句话中，然后才出现“人总会死的”（l'homme est mortel）这句话中的一般性。动力学的解释超越了定冠词和不定冠词的通常叫法：捕获的方式不同，它们的贴切性也不尽相同。而动词系统则受到“时序发生”进程的控制。在这一进程中，直陈式（“实在”时间）所特有的图像—时间建构（三相的）接替了虚拟式（“进行”时间）和近乎名词的方式，即不定式和分词（“潜在”时间）。在动词变位中，人们会发现法语中未完成过去时的复数“含义效果”，如“过了一会儿，火车出轨了”（un moment après，le train déraillait）这句话。它表明语言通过细微的“掂量”来暗示我们的思想。

如果说没有方向和运动便不会有含义，那么这种建构主义的阐述，即假定重建的语言操作（语言的构成动力学即时和无意识的反复）无疑在解释上超越了有关结构或系统惯常的运作方式。

在比心理学这一行为科学更加“微观的”层面，基于动力的语言学一旦表现为能指机制，其创立者便会被人们视为“精神世界的牛顿”，因为他们把洪堡的“发生的”和索绪尔的“变音符”（差别）结合起来了。在伟大的天体力学理论家去世后不久，大卫·休谟曾试图成为这种人物。由于当时的语言学和心理学一样没有实际地位，所以如今的心理学家在研究思维活动时便更不应当忽视语言学。在这方面，可操作性在人类身上引发了革命性的瞬时性，并促进了我们意识不到的、但幸而支撑我们思维能力的动力学。它的出现要早于保罗·维希留在技术方面所哀叹的瞬间性。

从“我思”到“我讲”的瞬间

动力对于静止具有优先性，它导致了后果重大的瞬间化进程，并可借助思想的直觉特征，在可操作性生成和凝聚之处揭示对时间的脱离或对永恒的依赖。瞬间既是过去与未来的“分离器”，也能在话语中将语言“现实化”。奇怪的是，这种起始性瞬间在“下游”进行“更新”，却在上游保持“稳定”。这是因为，同样的语言虚拟性在任何瞬间都允许较长的话语（或书写）链。一般思想与短暂瞬间的对立使它获得了一个“大写字母”（被理论家所忽视）：就像能掌握语言和创作话语的讲话主体（Sujet parlant）一样。同样，口头表达法的生成不同于任何统治对社会政治主体的强制。在保持系统和语句创新之间形成的“陈述体”与非语言学的“制度”形成对照。

因此，人的时间性是不能与上述组织分开的。在这方面，乔治·斯坦纳的《巴别塔消失后》（1978：132）和保罗·利科的《时间与叙述》（III，1982：10）参考了我在纪尧姆的启发下写的《时间与语言，论讲话主体的结构》（1967）。而且，该组织的稳定性还暗示着与我们生命同在的笛卡尔式的“我思”。此外，它还在基因方面发生改变并化作了某种表达方式。在这方面，洪堡写作《人类语言的比较人类学》的计划是关键性的起步。因此，如果说思维方法的思考性能力对讲话主体的命运是至关重要的，那么“我思”中的我便会为了“我讲”而坚持不懈（《时间与语言》：284）。当话语活动出现时，词形被动而词义主动的性质适当限制了获取和传达的内容。

此后，与本维尼斯特的“言谈陈述体”相近的语言瞬间归纳出以下结论：语言制度不同于其他制度，无论社会环境对它施加怎样的影响（皮埃尔·布迪厄经常强调这种影响）。因为它远离国家、教会、工厂或医院的外在性，“个别地”进入我们“每个人”之中。它使话语在各种不同背景下得以表露。目前的空间越来越都市化，各种话语和声音不断增多。面对这种情况，语言制度引进了人类原有的“陈述体”维度，这是保证生存性和时间化的必要条件。无论语言对人类命运的影响如何，它的共时操作性总处于所有意识之外。它以严格的系统组织和定义动力取代了含混的教条式断言，从而为思维的奇迹表现提供了论据。

结　论

纪尧姆的语言学受到了一个学派的重视。自大师去世后，该学派的成员增加了十倍，他们对全球五大洲的大部分语言进行了研究。他们还通过本文所阐述的要点影响了不少哲学家。加斯东·费萨尔神父、保罗·利科、吉勒·加斯东·格朗热、亨利·马尔迪内、让-马克·费里和乔治·阿甘本都认为发现了精灵，并主张发挥它的作用，以重新照亮“思维”和“时间”的渊源，即人类命运的关键。具有创新性的能指机制难道不值得特别关注吗？这种能指机制能够支持思想和讲话主体的瞬间，而这些主体使用的语言能够使他们展开话语（无论其文化程度高低）。

文学艺术能够促进道德教育吗？

斯特凡·库尔图瓦 著
马胜利 译

“艺术伦理批判”是英美世界逐渐形成的一种说法，它是指 20 世纪 90 年代开始的对伦理与美学关系的反思。我们可以两种方式看待这种关系。第一种方式涉及伦理对美学的贡献。能否从伦理角度评价文学艺术？假如文学艺术作品能够显示道德方面，那么伦理价值会对其美学层面产生影响吗？或者，伦理层面和美学层面是相互独立和自主的吗？看待伦理和美学关系的第二种方式是探索美学能否促进伦理。能否认为，文学艺术能够在培养人类道德方面发挥作用？它们能否使人类变得更加优秀？它们能否带来用于公民教育计划的道德启蒙？

我们将在下文中探讨这场最新的讨论，并对文学艺术有助于道德教育的论点予以评价。实际上，强调这些论点主要为了反驳对上述假设的众多批评，并揭示其中的问题。最突出的是三种批评意见，我们称之为归结主义批评、认识论批评和规范性批评。读者会看到，我们对有关讨论的总结比较谨慎。因为我们想表明，只有对认识论批评的反驳确实有说服力，而对文学艺术是否有助于道德教育的问题，我们最终只能持怀疑态度。本文将依次分析上述三种批评意见，此前还要简要回顾一下伦理与美学关系讨论的两方面表现。

伦理与美学关系概览[1]

正如笔者在前言中所说，我们可以两种方式看待伦理与美学的关系：或是关注伦理可能对文学艺术界的贡献；或是相反，关注文学艺术作品可能对伦理的贡献。这两种情况体现了道德主义传统与美学传统之间的对立。

根据道德主义传统，艺术的价值应当用道德标尺加以衡量。柏拉图的思想理论是道德主义的原型。它认为，事物的价值属于本质世界，而善的理念则属于终极本质。实际上，这一理论把艺术当作从属、依赖和受制于认知和道德价值的一类价值，而不是对未来和外观世界的简单模仿，以及对仿制的简单模仿。除柏拉图主义外，西方文化中还有道德传统的其他表现，例如史诗风格、希腊悲剧、文艺复兴时期的人文主义、维多利亚时代的道德观念。这些思潮或文风的共同之处在于，它们构思和评价文学艺术作品的标准首先不是美学的，而是道德的。

美学传统的历史可追溯到18世纪末，其主要代表人物是鲍姆加登和康德。该传统对事物持不同的看法：艺术属于独立的价值范围，它拥有自身的评价标准，不同于认知和道德的评价标准。邦雅曼·贡斯当提出“为艺术而艺术”。该传统深受这一著名口号的吸引，它主要体现为德国的浪漫主义和法国的象征主义，并受到维克多·库赞和奥斯卡·王尔德等作家的大力捍卫。唯美主义在当代的表现之一是形式主义思潮，克莱夫·贝尔（1924）的著作对此有详细陈述。他主张，艺术评价应当注重作品本身并只依据其美学和形式品质。该思潮认为“永远”不应当对艺术进行伦理评价。一部作品的伦理缺陷是否会影响其美学层面？文学艺术作品是否具有纯美学之外的功能（如认知和道德功能）？该思潮认为，提出此类问题是完全没有理由的。

形式主义思潮主张捍卫彻底的自主。毫无疑问，是它提出的问题引发了最近的争论。对于形式主义的辩解，我们当然可以说，某些艺术作品（抽象的雕塑或绘画、音乐作品）完全不涉及道德层面。某些艺术属性，尤其是形式上的（色彩、形态、结构、节奏、和声），只能从美学角度来评价。但是，形式主义却忽视了，叙事作品（文学、戏剧、电影）和某些绘画作品“浸透着伦理”：它们不是一面超然的镜子，对世间的辉煌与苦难无动于衷；它们会从某种角度反映世界，以含蓄或明确的方式赞同某些人物、行动和事件，同时指责另一些人物、行动和事件。因此，我们怎能主张文学艺术通常采用的这种道德态度应当排斥伦理评价？

形式主义或彻底自主论展开的问题把讨论推向两个方向。一个方向是探讨当作品具有伦理属性时，该属性是否会影响其美学层面；另一个方向是探讨叙事作品的道德层面能否促进道德和公民教育。

一，关于第一个关键问题存在多种立场，我在此仅做一概述。第一种立场是“温和自主论”。该进路是诺埃尔·卡罗尔（1996：231–232）最早提出的，并在几年后由詹姆斯·安德森和杰夫·迪恩（1998）加以捍卫和发展。与彻底自主论者不同，温和自主论者承认对艺术（尤其是对叙事作品）做伦理评价有时是应当的。但他们认为，一部叙事作品如包含道德层面，该层面是完全独立于其美学层面的，并与其无关。换言之，无论一部作品的道德方面是强是弱，这丝毫不应影响对它的美学评价：一部作品的道德高尚不会使它在美学方面更胜一筹，其道德缺陷也不会使它在美学方面受到贬低。例如，温和自主论者认为，瓦格纳的《尼伯龙根的指环》的反犹太主义色彩丝毫不影响该作品的美学性质。

诺埃尔·卡罗尔（1996；1998a）对上述立场持反对意见，并捍卫一种其实差别不大的、被他称作“温和道德论”的理论。该理论反对温和自主论的核心论点，认为一部作品的道德缺陷有时会影响其美学性质。卡罗尔的论据是：一部叙事作品要在美学上获得成功，就应当激起受众（读者、听众、观众）适当的情感反应（喜剧应让人发笑，悲剧应引发忧虑和怜悯）。可以说，叙事作品若不能激起应有的情感反应，它在美学上便是失败的。但卡罗尔认为，人们的情感反应往往依赖于他们对人物及其应对处境方式的“道德评价”。温和道德论的核心论点是：叙事作品在道德上的失败会导致美学上的失败（不能激发应有的情感），因为它令读者或观众难以接受作品的道德观点。例如，一部试图把希特勒描绘成悲剧英雄的小说“在道德上”必定失败，因为悲剧英雄一般都被描绘成命运和激情的牺牲品并博得同情，而希特勒这样的暴君则与此风马牛不相及。这同样也导致了该小说“在美学上”的失败。因为它不能激发同情感，不能使读者产生应有的情感反应。

最后一种重要立场是贝里斯·高特的“伦理主义”（1998；2007）。与卡罗尔的温和道德论相似，该理论认为对艺术的伦理评价是美学评价的一个方面。但伦理主义与温和道德论的区别在于，它把伦理价值“纳入”美学价值，将其作为其中的一部分。换言之，高特认为文学艺术作品包含多种美学价值（美感、统一性、表现力、深刻性，等等），伦理价值也是其中之一。伦理价值和美学价值的关系具有关联性，而非因果性。这即是说，单凭作品在伦理上的强弱并不能表明其美学上的强弱。前者甚至也不是后者的必要条件。要知道作品在美学上的强弱与好坏，还应有一种“总体性”评判，即对所有美学价值（其中包括伦理价值）进行均衡考虑。[2]

二，讨论的另一个方向是研究文学艺术能否促进道德和公民教育。笔者将在下文中主要探讨这个方面。主张伦理主义传统的哲学家和文学批评家，如玛莎·努斯鲍姆（1990；1998）和韦恩·布斯（1988；1998）等人提出，融入伟大经典文学能使读者成为优秀人物和好公民。而美学传统的捍卫者，如理查德·波斯纳（1988：486–496；1997；1998）等人则相反，他们却声称美学层面与道德层面完全无关。波斯纳提出，文学艺术是一种自我发现的工具，而不是道德教育的工具。经常接触文学艺术无疑会为我们的生活增添意义，有助于打造我们的身份，加深我们对自身的了解。但所有这些都不会使我们必然成为道德高尚之人。

正如我们在前文所述，美学进路的捍卫者对道德论的立场发表了多种批评意见。我们举出了其中三种较为重要的，即归结主义批评、认识论批评和规范性批评。下面就对其分别加以分析。

归结主义批评

我们可以把归结主义批评总结如下：认为文学艺术有助于伦理教育，这意味着可以评价它们对人们生活和行为的影响。然而这是不可能的。主要原因在于，没有任何可信的经验方法能够准确预测阅读文学著作和欣赏艺术作品会产生哪些行为后果。实际上，阅读文学经典或经常光顾博物馆、歌剧院和戏院，即沉浸在高雅文化之中，这些活动丝毫不能保证促进我们的道德人格，也未必能改善我们当前或将来的行为。在这方面，波斯纳的观点尤为明确。他以 20 世纪初的德国为例。当时的德国有资格为拥有世界最著名的文化之一感到自豪，但这并未阻止其一些知识文化精英堕入纳粹体制和反犹宣传。正如他所指出的（波斯纳，1997：5）：“无须扰动瓦格纳、塞利娜、庞德、海德格尔和曼恩等人的幽灵，就可以对所有高雅文化，尤其是文学的建树效用持怀疑态度。”

不仅置身于精英文化未必能使我们更为他人着想和改善道德特征，反之，甚至可以认为，没有任何确凿证据表明，沉迷于道德堕落的文学或宣扬暴力的电影是造成社会暴力的主要原因。仍然如波斯纳所说（1997：5），文学“经典”中充斥着道德暴行：强奸、乱伦、抢劫、谋杀、酷刑、鄙视妇女、反犹、反同性恋、色情，等等。但读者会把想象的状况与现实中不能容忍的状况区别开来。而且，他们大都承认，过去的文学作品中有不少如今广受非议和过时的道德价值，这是不可避免的事实。正因为如此，他们并非一定会受这些文学的影响。暴力电影也是如此。迄今为止，经验研究从未得出结论说这类电影会影响人们的行为。

总之，由于很难，甚至不可能确切预测经常接触文学艺术会对人类行为产生何种后果，所以最好还是不要从这个角度评判这些作品。一件艺术作品，一部叙事著作不会因其对受众、读者、听众和观众的影响而变得更好或更坏，无论其影响是正面的还是负面的。我们认为这种看法很难反驳。但我们的确切观点是什么？文学艺术对道德教育毫无促进吗？并非如此。努斯鲍姆（1998：353–354）和布斯（1998：367–368，371）大力强调了文学影响某些人生活历程的证据。[3]然而这种答复只是规避了问题。实际上，我们的讨论所提出的观点是，除了以传闻方式外，不可能确切知晓文学艺术对人类行为的影响。所以，如果它们对道德真有促进作用，这种作用也应基于行为效应之外的基础。

而这种基础到底是什么？努斯鲍姆、布斯和诺埃尔·卡罗尔的答案大致相同。在评估文学艺术对道德教育的贡献时，不应当看其行为效果，而应当看“人们对艺术作品的道德投入性质”。因此，这种贡献基于人们融入文学艺术作品的过程，而不是该过程对人们行为的影响。上述作者们对道德投入做了不同描述。努斯鲍姆（1990：第五章；1998：355）称之为在阅读文学著作时产生的激动和想象活动，这种活动不只是促进未来道德行为的工具，更是具有内在价值和有助于道德教育的行为典范。布特也持类似的看法（1988：41；1998：371–372），他把道德投入说成一种“生活品质”，它是在阅读当中和与其他读者交流中，而不是在阅读之后所体验的。通过与读者交流对文学著作的伦理反映，我们可学会纯化自身的判断，在道德方面将其优化。最后，卡罗尔（1998b：149–153；2000：370）认为道德投入是一种“道德经验品质”，该品质是在接触叙事作品的过程中和作品在扩展、深化和纯化读者、听众和观众对世界的道德理解及其道德情感中获得的。总之，上述作者都倾向于认为，文学艺术对道德教育的贡献是基于人们投入艺术作品的过程，而不是基于该过程对人们行为的影响。

应当如何评判这种答案呢？我们认为该答案纯属语义重复。说文学艺术对道德教育的贡献应根据人们对作品的道德投入品质来衡量，这等于说，要使文学艺术促进道德教育，人们需事先受过道德教育，即有意在道德上融入作品，寻求能回答所有道德问题的著作。例如，在情感和想象上投入文学作品（努斯鲍姆）之所以能成为一种道德行为典范，只是由于这种投入本身是道德方面的。与其他读者交流对文学著作的看法（布斯）之所以能促进道德教育，只是因为这种交流本身具有道德色彩，因为我们和读者均注重该著作的伦理层面。一部叙事作品之所以能纯化和深化人们的道德领悟（卡罗尔），只是由于人们早已重视并接受叙述著作的伦理层面，并因此选择了它们。

上述答案的问题在于，并非所有读者或观众都想在道德上投入他们阅读的小说或观看的电影。并非所有人都寻求可解答所有伦理问题的小说或电影。并非所有人都相互交流对所读小说或所看电影的伦理层面的看法。我们只需想想那些爱好侦探、冒险、战争、科幻、恐怖等小说和电影的人们。这些作品也许不属于正经文学和第七艺术经典，但它们无疑也具有伦理层面。我们完全有理由相信，这类文学或电影爱好者总是把伦理层面放在次要地位。我们应如何看待那些从暴力、色情小说或电影中寻求极端刺激的人呢？

总之，道德论者对归结主义批评的答复像是建立在语义重复之上。它只适用于那些有意在道德上投入叙事著作的人们，这些人大都已受过道德教育。该答复不能解释的是，那些不注重伦理问题的文学艺术一般消费者如何受到道德教育。他们只是出于乐趣和消遣才选择逛博物馆，去剧院、电影院和读小说的。所以，该答复显示出精英主义的苦涩感觉，我们在下文还会谈到这一点。

认识论批评

如果说对归结主义批评的反驳还不能令人满意，至少目前是如此，那么对认识论批评的反驳又是怎样呢（波斯纳，1997：8–10；拉马克和奥尔森，

1994：289–321）？我们首先应当阐明这种批评的内容，并将其归纳如下：即便为了论证而把文学艺术对道德教育的贡献理解为对作品的道德投入，我们能从中汲取的也大体是不言而喻和老生常谈的道德启示。实际上，我们从电影、戏剧或小说中获得的道德启示大都是“善有善报，恶有恶报”“多行不义必自毙”“宽恕他人就是宽恕自己”等东西。我们称之为关于平庸或认知乏味的论据。[4]该论据直接强调，上述道德箴言没有增添任何新的命题知识，而只是表达了寻常观念，重复了属于常理的共识。即便文学艺术是道德教育的源泉，它们也是一种贫瘠的源泉，因为人们很难声称从已知的事物中学到了什么。但有些人认为，文学艺术展现的人物和处境可被看作了解人性的知识资源，它们向人们提供了在生活中应效仿或避免的范例。即便承认上述观点，持乏味说的人们也会指出，这虽然也算一种知识资源，但远比不上哲学、史学和社会科学提供的知识资源，因为后者能使人获得更为丰富、直接和可靠的有关人性和人类行为的知识。文学艺术则往往只会假设和利用这些知识，而不能以新发现和独特思想来丰富之。

迄今为止，回应这种批评的主要是卡罗尔和努斯鲍姆。我们认为，如果说他们对归结主义批评的反驳有很大缺陷，他们在这方面的论据还是有说服力的。尤其是，卡罗尔提出了三个反驳路径。第一个是“熟悉进路”（卡罗尔，2000：361–364；雅各布森，1996）。该进路依据赖尔的区分（赖尔，1949），把“知道什么”与“知道如何”两种知识对应起来。根据这种区分，我们可以说哲学和社会科学一般使人们“知道什么”，例如“知道”奴隶制是一种恶行。相反，文学艺术能使人们“知道如何”，例如知道美国独立战争前的奴隶“是何等处境”或“类似什么”。哈里特·斯托的小说《汤姆叔叔的小屋》[5]对此便有真实体现，它对暴力、残酷和非人事件及其背景进行了详细描述。因此，我们可以根据努斯鲍姆的观点（1998：347–348）认为，叙事作品对道德教育的特殊贡献在于使读者、听众或观众接触到丰富和复杂的人生经历。我们在承认哲学和社会科学对人类知识贡献很大的同时，完全不必贬低文学艺术可能的贡献。它们只是源泉不同却相辅相成的知识。实际上，对哲学和社会科学知识而言，文学艺术提供了另一种选择，一种背景知识，一种“何为相似物”的知识，一种“熟悉的”知识，并提升和丰富了传统研究途径过于简化和压缩的视角。

颠覆进路（卡罗尔，2000：364–366）是对认知乏味说的另一种回应。该进路认为，文学艺术的非激进性有时能改造意识，改变看法，颠覆传统道德。因为该道德有意制定刻板的行为模式，时常纵容非正义、侮辱性和奴役性状况。布莱希特的《三文钱的歌剧》和爱森斯坦的《波将金号战舰》等作品是改变观念和道德价值的好典型。颠覆进路可以同熟悉进路结合起来。实际上，通过详细描绘妇女在男人世界的生活、她们朝不保夕的贫困、因严酷的习俗而遭受性侮辱，文学艺术能够揭露大男子主义和歧视行为、不公正的社会政策和性别压迫习俗，从而颠覆占主导地位的心态。文学艺术完成了这种心态改造工作，便是对道德教育做出了切实贡献。因此人们不宜指责它们只会传播世人皆知的道德格言。

关于对认知乏味说的最后一种反驳，卡罗尔该进路提出了多个定语："和解的""纯化的""教育的"进路。除卡罗尔（1998b：142–149；2000：366–369）外，这种立场的主要代表还有布斯（1988）、努斯鲍姆（1990；1998：348–349）和基兰（1996）。该立场的特点是指明认知乏味说所依据的学习观念过于狭隘。学习可分为两种方式：一是掌握知识内容或有价值的新命题知识；二是将已懂的知识，尤其是道德知识运用于个别情况，以使我们充分发挥判断和分辨能力，从而将这些知识加以深化和纯化。第一种情况可使我们认识普遍和抽象的原则，如"歧视是非正义的""公民享有受到平等待遇和尊重的基本权利"。第二种情况使我们通过了解歧视的具体和特殊状况，如妇女、美国非洲裔和少数移民族裔的经历，更深刻地理解了上述抽象概念的真正含义。而电影、戏剧和文学最能生动描述和表现他们的处境，同时促进我们的想象和情感投入。这使我们不仅明白了歧视是恶行并应受到道德谴责，还知晓了妇女、美国非洲裔和少数移民族裔遭受歧视的确切含义。叙事作品对道德教育的贡献并不体现在传授新的道德原则上，因为"歧视是恶行"已为众所周知，而是体现在促使我们在时常复杂的具体情况下实践这些原则，让我们设身处地体会受歧视者的处境，从而充分发挥我们的道德力量，即判断、分辨、同情、激动和想象的能力。

认知乏味说只是认识论批评的一种说法，另外还有别的说法，其中一种可称为证据缺失说。以熟悉进路为例，怀疑它的人会强调说，该方法声称的知识并不可靠，不是真正的知识。的确，小说叙述的不是人物的真实经历，而是作家想象的经历。如何知道这是否符合真实的经历？如何辨别小说中的真实与虚构？例如，我们如何证明描写美国非洲裔在南部种植园生活的历史小说是符合实情的？即使小说只包含对过去、现在或可能事件的解释性假设，这些假设也从不会像科学假设那样受到证实或质疑。认识论批评的另一种说法是论据缺乏说。它强调，即便叙事作品有时会包含或暗示普遍真理，其作者，乃至文艺批评家也不会像哲学界那样聚在一起，以批判的观点，用支持或质疑的论证来审查这些真理。总之，评价命题的真伪不是文学艺术团体的特性。无论是作者还是艺术批评家都不关心这类问题。[6]

诺埃尔·卡罗尔（2002）承担了回应这种批评的任务。他反驳的重点在于表明，哲学界阐述论题的某些技术很像文学中常见的技术，即“思想实验”。实际上，该技术在文学中经常体现为“叙事”方式，但同时也起到“论据”作用。著名的例子包括柏拉图的“洞穴寓言”、笛卡尔的“邪恶精灵”、普特南的“孪生地球”和罗尔斯的“原始状态”。思想实验也可体现为澄清的进路：它不旨在创新有关世界的立论知识，而只求在观念上阐明我们已掌握的知识，无论是通过验证我们处理问题的方法，对我们的思维习惯提出疑问，对普遍接受的真理提出反证，还是通过揭示某些概念令人意外的内涵。

由于思想实验是一种“先验”的想象和虚构实验，因此真实境况并不是生产知识所必需的。所以，证据缺失说便显得无的放矢了，因为思想实验和文学叙事一样，并不旨在发现经验真理，但它们仍属于知识和学习的源泉。对论证缺失说又当如何呢？的确，叙事著作中的虚构一般都旨在供人消遣，而不像哲学那样表明论点。但我们也可指出，小说、电影和戏剧同样在追求思想实验的许多目标，尽管有时是无意识的，例如对毋庸置疑的真理提出反证，或者改变人们对某些处境的看法。叙事著作尤其能澄清运用某些观念，特别是道德观念的条件。它们展现的一系列人物体现了不同程度的美德或邪恶，从而有助于培养人们的道德识别能力。叙事作品促使读者、听众和观众思考并知晓哪种行为或人物如实体现了博爱、勇敢、正直、贪婪、自私，等等。实际上，这是要求他们思考实践抽象善恶概念的具体条件，而道德哲学的教材却永远做不到这些。从这个意义上讲，这些著作对道德教育具有重要贡献。

规范性批评

文学艺术能否促进道德教育？如果从能否潜在地产生知识和成为学习源泉来理解这个问题，那我们已经表明答案是肯定的。但我们也看到，即便文学艺术有道德教育能力，它们并不是“一下子”就完成这项功能的。只读一本小说或看一场电影还不能说受到了道德启蒙。正如道德主义传统代表人物所指出的，文学艺术对道德教育的贡献取决于人们对文学艺术作品的道德投入“品质”。正如我们所说的，很可惜，一般的读者或观众并不想一下子就在道德上投入他们观赏的小说或电影，他们并非一开始就寻求可解答伦理问题的小说或电影。根据这一观察，应当提出的问题不是文学艺术是否能进行道德教育，而是我们是否“应当”赋予它们这种作用。

规范性批评也由此而产生，波斯纳对此表达得特别清楚（1997：8）：把道德教育、培养最佳公民和促进道德和政治崇高理想的职责赋予文学艺术，这只会把文学艺术工具化，使它们效力于公共职能和灌输公民美德。波斯纳还认为，相反，由于文学艺术作品可能包含受争议的道德或政治主张而对其进行贬损，这也是排斥异己和清教主义的表现。总之，让文学艺术承担道德教育的职责，这违背了国家与文化应当分开的思想，就像政教分离一样。文学艺术不是，也不应当是为国家效力的工具。

道德主义者对这种批评的反驳众所周知。他们认为，叙事作品的首要功能当然不是促进道德教育，而是吸引读者、听众或观众并供其消遣。但是，在履行首要职能的同时，它们也能促进某些形式的道德培养（卡罗尔，1998b：154）。这种反驳存在的问题是让文学艺术对道德教育的贡献完全取决于偶然，使其可能对大多数读者、听众或观众毫无效果，因为他们知道这种贡献取决于他们是否愿意在道德上投入这些作品。所以，道德主义传统的其他代表人物，如努斯鲍姆（1995）才力图把教育当选者和国民这一真正公共职能赋予文学。而波斯纳的批评也正是针对这种进路。我们最后要指出的是，努斯鲍姆的立场确实存在严重的问题，但波斯纳的立场也远非无懈可击。我们要看看是否能找到第三条道路。

首先，波斯纳似乎主张国家与文化分离，这会使文学艺术和一般文化受制于市场法则和慈善机构。换言之，不让国家把艺术和文化工具化，这种想法也可能产生不良后果，即使文学、艺术和一般文化失去任何公共资助。所以，波斯纳所主张的立场似乎涉及德沃金（1985：221）所称的艺术文化经济主义观念。这种观念认为，市场是决定人们想要哪种文学艺术和文化环境并为此付出怎样代价的最佳办法。根据这种观念，要想知道人们在多大程度上有意进入公共博物馆和图书馆，或投入大中学校的文学艺术项目，只需让他们缴纳的费用刚好等于维持博物馆和图书馆、获得文学艺术作品和管理文艺项目的开支。如果以这种方式让文学艺术和文化受制于市场规则，公民便只会得到他们愿意支付的艺术和文化。这也意味着，数量极少甚至一无所有。

相反的立场被德沃金（1985：222）称为高贵或高尚文化艺术观念，其捍卫者是努斯鲍姆。该立场认为，公共当局有道德责任在财政上支持文化艺术，这不应基于消费者的偏好或他们准备为文化艺术花费多少，而应基于“值得”支持的文化艺术。这样，评价文学艺术和一般文化就必须以杰出为标准，看它们是否能促进人的升华和道德教育。[7]

高尚文化艺术观念也存在一些问题。我们在此只列举几个。首先是精英主义：为维护出类拔萃、人的升华和道德教育观念而给予文化艺术公共资助，这可能只有利于能够享用公共投资的文化精英，而一般消费者很可能一无所获。第二个问题是家长式管理，即认为公共当局比民众更知道什么对他们有益。这是所有道德和政治至善观念的典型问题。努斯鲍姆所捍卫这种观念认为，国家应当鼓励所谓更高尚的生活方式。最后一个问题是有失公正。国家优先资助那些维护和传播公共当局认可的杰出文化艺术和文学观念的学校、图书馆和博物馆，这种行为是有失中立和公正的，它可能会导致众多学术项目和文学艺术计划的消亡。

由于经济主义的进路并不可行，没有国家的最低公共资助，文化艺术不可能繁荣，所以我们面临的问题是：国家如何承担起“分配”资源的职能，同时又不扮演“调节”艺术表达自由的角色？换句话说，国家能否既资助文化艺术，又避免上文提到的精英主义、家长式管理和有失公正三种危险？对此，我们将尝试提出一种思路。

首先，正如欧文·费斯（1996a；1996b）所分析的，国家不大可能在负责分配资源的同时不扮演调节表达自由的角色。其原因如下：国家在发放补贴时即便采取弃权或回避的做法，该行为也会产生重要后果。换言之，国家甚至不必动用审查制度和强制权，便可对艺术表达自由加以调整：它只需“无为而治”。举例说明：如果警察不介入示威者的喧嚣之地，其结果是放任自由表达；而国家若对文化艺术不加干预，则会导致众多项目销声匿迹。

很难设想国家会在资助文化艺术的同时不调整艺术表达自由，这即是说，要求国家在这方面保持绝对中立是不现实的。我们至少认为，国家应当尽量做出中立的决策。如果说不可能达到结果上的中立（评审委员会在发放补助时总会选择那些在业界有影响的文化艺术），那么至少应努力做到，不仅让评选标准尽量体现中立，更要使中立体现在评定结果上。实际上，在很多情况下，为公益而设计的公共政策看似中立，但在实施中却产生出不公正和歧视性间接后果。[8]我们将为解决这一问题提出若干途径。

人们通常把追求杰出立为艺术文化的标准。我们认为，应当以最为开放和多元的方式制定标准，以避免精英主义的方法，从而防止该标准造成不良后果。但无论如何，当今人们的共识是，精英文化与流行文化已形成一种日益集成和互动的网络。这意味着，精英文化应当尽量与流行文化的艺术表现形式靠拢。在任何情况下，即便是暗含的“提升道德”也不应成为选优的标准和目标。

“得体”有时也被立为标准，例如“美国艺术基金会”对20世纪80年代引起广泛争论的罗伯特·梅普尔索普作品展所做的评判。[9]然而，这一标准只应当用于排除极端淫秽的形式，而不应以狭隘的家长方式来选拔所谓有助于公民道德教育的艺术表现形式。

Stéphane COURTOIS:
L'ART ET LA LITTÉRATURE
CONTRIBUENT-ILS À L'ÉDUCATION MORALE?
(*DIOGÈNE*, No.263–264, 2018)

注：

［1］本文引用的一些文本在卡罗尔・塔隆－于贡编写的文集中被译成了法文。

［2］卡罗尔（1998a：419）认为，高特的立场比自己的更具决定论色彩，即把作品的任何伦理毛病都潜在地看作美学的缺陷，这明显是误读了他的思想。正如我们所解释的，高特认为，伦理缺陷并非是评价作品美学品质的足够和必需前提。也就是说，作品可以有不影响总体美学品质的伦理缺陷。总之，他的立场与卡罗尔的立场差别不大。

［3］实际上，努斯鲍姆是二者中的首位。只需阅读《爱的知识》（1990）的序言就可了解她的学术生涯和阅读经典名著在其中的重要位置。

［4］有关这一论据的分析，参见卡罗尔（2000：353–355；2002：4–5）。

［5］该例子来源于卡罗尔（2000：361–362）。

［6］关于对这两种论据的分析，参见卡罗尔（2002：5–7）。

［7］例如，努斯鲍姆（1997）认为，美国高等教育培养计划的改革应当促进三种核心价值，即自我评审、世界公民理想、叙事性想象。

［8］例如，禁止在课堂上遮头似乎是中性的，但该政策也会产生歧视性效果。例如在少数民族宗教地区，佩戴面纱、头巾或无边圆帽是必须的。费斯（1996a：97–102；1996b：41）对这种现实十分重视，所以他强调，发放补贴的办法不应当重标准，而应当重结果。

［9］关于这场争论的深入分析，参见费斯（1996a；1996b）。

参考文献：

安德森 , J. C., Anderson, J. C. & Dean, J. T. (1998) "Moderate Autonomism", *British Journal of Aesthetics*, 38(2): 150–166。

贝尔 , C., Bell, C. (1924) *Art*, Londres: Chattoand Windus。

布斯, W., Booth, W. (1988) *The Company We Keep. An Ethics of Fiction*, Los Angeles: University of California Press。

布斯 , W., Booth, W. (1998) "Why Banning Ethical Criticism is a Serious Mistake", *Philosophy and Literature*, 22(2): 366–393。

卡罗尔 , N., Carroll, N. (1996) "Moderate Moralism", *British Journal of Aesthetics*, 36(3): 223–238。

卡罗尔 , N., Carroll, N. (1998a) "Moderate Moralism versus Moderate Autonomism" , *British Journal of Aesthetics*, 38(4): 419–424。

卡罗尔 , N., Carroll, N. (1998b) "Art, Narrative, and Moral Understanding", 收入 J. 莱文松 (主持), dans J. Levinson (dir.), *Aesthetics and Ethics*, pp. 126–160, Cambridge: Cambridge University Press。

卡罗尔 , N., Carroll, N. (2000) "Art and Ethical Criticism: An Overview of Recent Directions of Research", *Ethics* 110: 350–387。

卡罗尔 , N., Carroll, N. (2002) "The Wheel of Virtue: Art, Literature, and Moral Knowledge", *The Journal of Aesthetics and Art Criticism*, 60(1): 3–26。

菲斯, O. M., Fiss, O. M. (1996a) "State Activism and State Censorship", 收入 O. M. 菲斯 (主持), dans O. M. Fiss (dir.), *Liberalism Divided*, pp. 89–107, Boulder: West View Press。

菲 斯 , O. M., Fiss, O. M. (1996b) "Art and the Activist State", 收 入 O. M. 菲 斯 (主 持), dans O. M. Fiss (dir.), *The Irony of Free Speech*, pp. 27–49, Cambridge (Mass.): Harvard University Press。

高特 , B., Gaut, B. (1998) "The Ethical Criticism of Art", 收入 J. 莱文松 (主持), dans J. Levinson (dir.), *Aesthetics and Ethics*, pp. 182–203, Cambridge: Cambridge University Press。

高特 , B., Gaut, B. (2007) *Art, Emotions and Ethics*, Oxford: Oxford University Press。

雅各布森 , D., Jacobson, D. (1996) "Sir Philip Sidney's Dilemma: On the Ethical Function of Narrative Art", *The Journal of Aesthetics and Art Criticism*, 54(4): 327–336。

基兰 , M., Kieran, M. (1996) "Art, Imagination, and the Cultivation of Morals", *The Journal of Aesthetics and Art Criticism*, 54(4): 338–350。

拉马克 , P., 豪根 · 奥尔森 , S., Lamarque, P. & Haugom Olsen, S. (1994) *Truth, Fiction, and Literature: A Philosophical Perspective*, Oxford: Clarendon Press。

努斯鲍姆 , M., Nussbaum, M. (1990) *Love's Knowledge: Essays on Philosophy and Literature*, New York: Oxford University Press。

努斯鲍姆 , M., Nussbaum, M. (1995) *Poetic Justice: The Literary Imagination and Public Life*, Boston: Beacon Press。

努斯鲍姆 , M., Nussbaum, M. (1997) *Cultivating Humanity: A Classical Defense of Reform in Liberal Education*, Cambridge (Mass.): Harvard University Press。

努斯鲍姆 , M., Nussbaum, M. (1998) "Exactly and Responsibly: A Defense of Ethical Criticism", *Philosophy and Literature*, 22(2): 343–365。

波斯纳 , R., Posner, R. (1988) *Law and Literature*, Cambridge (Mass.): Harvard University Press。

波斯纳 , R., Posner, R. (1997) "Against Ethical Criticism", *Philosophy and Literature*, 21: 1–27。

波斯纳 , R., Posner, R. (1998) "Against Ethical Criticism: Part Two", *Philosophy and Literature*, 22(2): 394–410。

赖尔 , G., Ryle, G. (1949) *The Concept of Mind*, Chicago: The University of Chicago Press。

塔隆 – 于贡 , C., Talon-Hugon, C. (2012) *Art et éthique: perspectives anglo-saxonnes*, Paris: Puf。

当代意大利文学中的新声音和新想象

保罗·普罗耶蒂　著
陆象淦　译

20 世纪 90 年代初，一个新现象出现在意大利文学的全景图中。那就是意大利的非欧洲移民作家撰写并出版的面向全国读者的小说的涌现。这些作家的作品，因其所表现出的现实感和新颖性，引起评论界以及学术界的首先关注。这个现象的进一步发展，唤醒了出版界的兴趣，最初是诸如伽尔赞蒂和埃诺迪等大出版公司，随后扩展到诸如“e/o”等不太有名的其他出版社，直至在这个领域活动的更小的出版商。但是，人们曾疑惑这究竟是将带来某些成果并有美好前景的一种希望，抑或只是一个昙花一现的现象：“如此出奇和不同的这种新生事物，究竟代表意大利叙事体裁革新的真正信号，抑或只是出版市场对于‘民俗’的无关紧要的猎奇，乃至是一种毫无前途和真正艺术价值的喧闹一时的微小的副文学样态”（尼希，1995：500）？

在 20 多年后的今天，意大利对于移民现象及其多方面的社会和文化影响具有了日益强化的意识。应该说，这是一个具有流动且有时矛盾的形态的现象，犹如在意大利南方海岸不断偷渡登陆的移民悲剧那样。它同样表明，这个现象如今进入了我们国家的历史，进入了媒体和文学的交流过程，引发了有关这个现象及其角色的定义的热烈争论（罗密欧，2011：381–385）。在经济发达的欧洲国家的环境下，意大利属于移民文学只是一个最近现象的国家；但是，我们开始进行最初的盘点。正是从这些最初的论断出发，我们将在此展开若干观点，提出若干问题，诸如：这种移民新文学对意大利文学有何贡献？它与意大利文学及不同作者的祖国的文学正典保持着什么样的关系？何种“自我”与“他者”的意象学哺育着移民作家们的想象和声音？

意大利的移民

接近 20 世纪 80 年代末，意大利成为主要是来自地中海南岸国家，以及亚洲（特别是菲律宾人）和拉丁美洲的移民运动的一个目的地。与此同时，还有数量较少的来自非洲之角、利比亚、阿尔巴尼亚等意大利老殖民地（彭扎内西，2004a，2004b），以及第二次世界大战后分离出来的伊斯特里亚和达尔马提亚的移民（卢米奇，2001）。这些移民潮的成因主要是通过提供廉价劳动力来寻找工作。这些国家中的失业状况通过西欧橱窗所提供的就业和福利的能力得到缓解。除了伊斯特里亚人的逃亡或者老殖民地的意大利人回归之外，人们较少提及政治避难或者流亡。历史上长期是向外移民国家的意大利，在没有充分准备的情况下变成了移民目的地。

这些移民的社会文化画面毋宁说是驳杂的。他们大多来自农村地区，而不是他们原籍国家的大城市中心；他们教育水平低，在大多数情况下，不能提供专业化的劳动力：意大利在他们眼里是实现他们希望的乐土。其中也不乏具有中等或高等教育水平的青年，他们来自原籍国家的城市，在能够为他们提供专业领域里的发展和提高的机会且保障他们生活前景的某种稳定性的技术发达和政治稳定国家，寻找工作和谋求获得较好的生活条件（切萨雷奥，2010）。因此，在这些年来的意大利，移民现象的特点在于社会和文化层次相当多样，文化的共同点很少，只有期望一个异邦能保障他们在较好生活的文化环境下获得良好前途的愿景。然而，移民所反映出的自身意象，他们的自我意象，正如他们所形成的“他者”意象（关于意大利的各种异质意象）一样，因移民社群的教育水平、通过各种媒介（或者更简单，通过他人的见证）所得到的关于这种“他性”的信息，或者同他们的原籍国家与意大利的历史关系联系在一起的较为普遍的情感不同，存在巨大差异。在大多数情况下，那是一种虚假的意象，其特点是面对“他者”的一种故作“亲密”的态度（帕若，1994），通常旨在炫耀对于新现实的体验。

一种新文学的诞生

涌向意大利的一波波移民潮，尽管抵达方式、旅行目的、来源群体始终各不相同，却从未停止。至 2014 年 1 月，据统计将近有 400 万不属于欧盟却合法地生活在意大利的公民（来源：www.istat.it）。

与这些移民运动相平行，一种新文学出现在意大利。它肇始于多个欧洲或非欧洲国家的移民和本土作者。其作品极其驳杂，由于存在着诸如体裁的属性或文本写作的过程等问题，很难分类，尽管主题毋宁说是相同的。总体上，我们认为应该划分出两季：与 20 世纪 90 年代上半叶相对应的第一季意大利移民文学，以及从那时延续至今的第二季。罗马大学意大利语移民作家在线数据库（BASILI）提供的数字形成了一个 1997 年至 2014 年 8 月的评论文本（评论、随笔、书评）和文学作品的目录，其中按作者和作品分类共计 1632 项，涉及评论的有 622 项，以此为主题的学术研究论著有 93 项；2005 至 2009 年间呈直线上升趋势，随后逐步下降，一直至今。就文学体裁而言，其分布尤其令人注目，占主导地位的是叙事体裁（报道，特别是长篇小说），其后是诗歌。

很难确切地定义第一季移民文学期间出现的文学文本。事实上，它们与移民作家原籍国家所固有的文学正典几乎没有什么共同点，更不必说与当时的意大利文学正典有什么共同点。一般说，这些文本在体裁上不可能做出严格分类，但透过其形态的驳杂性（报告、日记、回忆、笔记、对话，等等），通常可以发现一个有时甚至固化的统一因素，亦即自传体模式。

这种文学作品的另一个特殊面貌乃是语言。一方面，写作的过程常常是外籍作者与意大利人之间的合作；另一方面，所使用的语言可能既是外国作家的意大利语，标准意大利语，又是通过改写、规范化乃至翻译而意大利化的作者母语。在某些情况下，外国作者实际上用意大利语写作，并请通常是记者或者文稿编辑作为另一个作者帮助进行语言修订（词法或者文风上），例如自传体报告《移民》。此书由突尼斯人萨拉赫·梅特纳尼撰写，记者马里奥·福图纳多修订（梅特纳尼，1990）。题为《没有国家的地方》的文集的作者本·杰隆与意大利记者埃吉·沃尔泰拉尼合作的情况则完全不同（本·杰隆和沃尔泰拉尼，1991）。类似情况还见诸萨尔瓦·萨莱姆与劳拉·马利塔诺合作撰写的自传体报告《除了帽子什么也没有——一个巴勒斯坦女人的生活》（萨莱姆和马利塔诺，1994）；生于法国的一个阿尔及利亚移民家庭，随后来到意大利的纳塞拉·柯赫拉的小说化自传《我想变白》则是由记者亚历山德拉·阿蒂·迪萨罗加工修订而成（柯赫拉，1993）；塞内加尔人帕普·库玛的自传体小说《我，出售大象的商人——达喀尔、巴黎和米兰之间的无奈生活》，由记者奥雷斯特·皮伟塔重读审定（库玛，1990）。亚列山德罗·米凯莱蒂根据同作者塞内加尔人赛义杜·穆萨·巴的访谈对文本进行改写，作为一个名副其实的合著者出现在长篇小说《哈马迪的许诺》中（穆萨·巴和米凯莱蒂，1991）。一些文本则相反，先由作者用其母语撰写，然后根据未面世的手稿译成意大利文：从阿拉伯文改写并译成意大利文的一部日记——摩洛哥人穆罕默德·布恰内的《叫我阿里》（1990），以及从阿拉伯文翻译出版的突尼斯人穆赫辛·梅利蒂的《滑稽剧——我沿街卖唱》（1992）。这些仅是其中的几个例子。总而言之，这类文本的书写活动——或许可以定义为“四手”联动——无疑是难于分类的，因为不可能确切地界定意大利作者究竟在多大的范围内进行干预和修订。其所产生的结果是这些作品在一种单一的审美视野内的编码化，由此出现了语言的质量问题，亦即为了表现它们的独创性或者创新品格，如何使语言富有表现力和特殊风格的问题。

因此，第一季的意大利移民文学表现出第一代移民群体相当典型的共同特征：自传主义、漂泊感、疏远感、孤独感、乡愁，对他性的排斥……简言之，反映作者个人感受的状态和情感。此外，这些作品大多用第一人称的语气来撰写，从而加强了真实性的效果，为评论界的争论提供了论据。或许可以认为这些作品在寻求认同方面过于单向性，过于强调主体性，但同时应看到从中表现出他者观察我们的想象力的一个题材、主题、类型、意象和空间的网络架构。这种文学的功绩主要在于凸显了 20 世纪 90 年代初意大利和意大利文学中出现的新现实的种种诉求和情状。1995 年，为“移民、移民子弟和混合配偶”创立的埃克斯 – 特拉文学竞赛，证明了对于意大利移民文学的关注，其动机是“倡导相互了解，验证能够彼此丰富的各种文化表述之间的整合现在处于何种状态并能走向何方”，相信“用心灵和智慧叙说的文学能有助于克服往往因彼此不了解而产生的隔阂”（eksetra.net/concorso-eksetra）。

伊塔马尔·埃文 – 祖海尔认为，文学一般通过多体系话语来发挥其作用，从而构成一个“宇宙：一切文学体系力求成为多体系，即使看来它们好似发挥的作用各不相同，但就长期而言是按照同一模式运作”（1978：42），基于这样的方法论命题，可以在意大利文学和文化的多体系框架内观察和评价 20 世纪 90 年代下半叶出现的意大利移民文学作品，它们从此成为意大利文学和文化的构成部分。实际上，这种文学大多可以被看作多种价值观、形式和风格的综合，外国作者们通过适应一种不同的文化及其所固有的文学惯例而达到的综合。同样，这种作品最流行的题材也通过多种路径反映了新的现实。漂泊范式被视为以回归祖国的强烈愿望为最高境界的一种环游体验，因此而变成一种极好的认知经验和创作经历，包罗了不可避免地联系在一起的各种情感——孤独和失落感，以及对家庭、老家、亲人的思念……这种失落感变成乡愁，与根分离的悲伤，但同时也造成了认同危机，如斯洛伐克人娅尔米拉·奥卡约娃的长篇小说《精华是不外露的》（1997）；或是产生一种对本源文化的疏离感，如索马里人 G. 加拉内的长篇小说《牛奶好喝》（2005）和意中混血儿巴姆博·希尔斯特的长篇小说《蓝色中国》（2005）。这种主体危机状态不可避免地促使他们去分析确立这些保持接触却又缺乏随后沟通的文化之间关系的种种困难，如阿尔及利亚人阿玛拉·拉库斯的长篇小说《维多利亚广场上一部电梯里的文明冲突》（2006）颇有讽刺意味地证明的那样。由此产生的其他问题包括：印度女作家莱拉·瓦迪亚在《生死之交的闺蜜们》（2007）里幽默地描写的代沟和家庭；阿尔巴尼亚女作家奥尔内拉·沃尔浦西以女性叙事口吻讲述的壁画式长篇小说《永生不死的国家》（2005）中的女性形象，以及伊拉克人尤尼斯·陶菲克在《外国女人》（1999）中揭示的处于争取解放与不择手段利用之间的戏剧肖像。最后当然是爱情主题：陶菲克在上述同一部小说中以戏剧的口吻所讲的故事，以及罗马尼亚作者米尔恰·米哈伊·布特科万带着轻快的讽刺意味的描述，这促使他在《一个讨人喜欢的移民的登月故事》（2006）中强制将意大利语塞进押韵的文字游戏中；有人还以抒情诗选的形式来歌唱爱情，如罗马尼亚人维奥雷尔·博尔迪什最近的诗选《爱情诗 150 首》（2013）。

伴随简单列举具有代表性的主题和书名而生的当然是若干评述。首先，我们可以肯定，第二代移民文学的这些文本与第一代相比，通常成功地表达了移民群体内部发生的“自我”的变化，从而改变了移民群体的自身意象。这种变化通常是在往往很痛苦的体验或者个人总结之后实现的。其进程大致像第一季的文本一样经历若干显见的阶段：与“他者”及其文化的碰撞，在外国作家的想象中建构“他者”的意象，与其所固有的“自我”碰撞，从自身体验出发不可避免地做出总结，出现失落、痛苦、拒绝、孤独和乡愁等情感。这些阶段因所选择的主题和文学体裁的不同在文本内部或是延长，或是缩短。但总体上看，这些不同方面构成意大利移民文学的主轴，其特征是在自传和文学虚构之间不断摇摆。

一些移民文学文本乃是名副其实的富有潜力的实验室：它们从已经是“他者”亦即非意大利人的视角映现其他移民的他性，有时是从分析由不同的宗教信仰所决定的他们的风格和习惯出发。因此，某些异国情调的效果并非来自意大利人的视角（拉库斯，2006；瓦迪亚，2007）。

第二季的作家触及比较一般性的题材时，不同于此前的移民作家。特别是近十年来，撰写和发表文学文本的男女作家们，经历了一个不同的适应过程。这个过程或许比较容易：无论如何，与“他者”的碰撞促使他们不仅发展了与新文化语境的价值观更加适应和更加和谐的一个新的自我意象，而且也壮大了更强烈的存在意识，这种意识从个人经验出发，引导他们处理某些普遍性问题和事件。这样的例子很多：我们在这里要提及从 20 世纪 90 年代末到 21 世纪第一个十年末的三个阶段的三部有代表性的文本。

在尤尼斯·陶菲克的长篇小说《外国女人》（1999）中，文本的多种语言侧面尤其令人瞩目。它产生自达到准确的风格目的：作者希望从语言的层次转向形象和概念的更广的文化和文学层次，从而建构一种可以明确界定的他性，不再停留于不能真正融会贯通的移民接待国的文化边缘。那是一种插入了诸如 Tebashi ala kher、Inna li-Llah wa inna il-aihi ragi'un 等习语，jellaba、hammady、fqih、serowal 等词汇，Abdelkebir、Sidi Ahmed、Moustafa 等众多姓名，以及丰富的阿拉伯象声词的意大利语，从而营造了离意大利相当遥远的氛围和现实环境。与注重语言表述相伴的乃是确立一种叙述结构，通过已经归化的伊拉克青年建筑师和另一个不幸的摩洛哥女青年阿米娜的经历，往返穿越于过去和现在之间，将名副其实的诗情画意的韵味加进了散文。实际上，我们在叙事的展开中可以看到通过插入富有韵味的散文段落为标志的某些间歇，这是阿拉伯文学中的“玛卡玛”传统，叙事者的回忆和意识在其中不断扩展，触及某些普遍主题：生命的流动、大自然、死亡、爱。爱这个普遍主题带着戏剧般的甜蜜和紧张贯穿于毫不甜蜜而极其痛苦的整个移民过程，交错重叠在一个主题照应网中，从诗意的高度使人联想起老家，祖国的大地，男人—女人的关系，幸福与孤独：

——“你有时感到幸福吗？”
——“一个外国人从来不是完全幸福的。”
——“你已经感觉到在自己家里一样吗？”
——“是的，当我是恋人时。”（陶菲克，1999：164）

2005 年，阿尔巴尼亚女作家奥尔内拉·沃尔浦西在长篇小说《永生不死的国家》中并未抛弃自传主义。第一人称的叙事通过一个小女孩伊娜、一个年轻姑娘埃娃、随后是奥米拉和最后的奥尔内拉的声音展开，体现了对于归根结底只有唯一一个自传主角——作者本人的诸多诉求的肯定。这是一种进行“灵魂剖析”（费代里奇，2011）的自传主义，与通过一系列没有严格的时间顺序、富有诗意的丰富形象揭露阿尔巴尼亚文化缺陷、习俗、仪式的描写形成对照：家庭内的各种关系、主导机制、家庭母权制、政治的专制暴虐、逃跑的希望、禁止的读物、意大利。作者想告诉她的读者，自由的滋味唾手可得：这是投向未来的目光的滋味，是孩提所固有的，是像小女孩主角那样懂得在书里寻找梦想——完全沉浸在其中的梦想——的人们所固有的：“我，拿着书，书吸引着我，这就是幸福。”（沃尔浦西，2005：95）我们要补充说，奥尔内拉·沃尔浦西的文学作品突出地显示了她作为女性投向现实——现在和过去的眼光，通常与各种妇女问题联系在一起；她同样受到女权主义评论的注意，特别是因为她推翻了被欧洲占统治地位的男权主义想象视为“他者”的女性形象。

被视为道德建设过程的斗争主题贯穿罗马尼亚作家布特科万的诗作大纲。他在 2009 年出版了配有马尔科·贝利所摄图片的诗集《从共产主义到消费主义》。如此书的副标题“罗马尼亚—意大利生境诗画实录”所提示的那样，我们生活在一个生存成熟过程内，经历了日常现实中的战斗精神的体验。孤独与爱，社会主义罗马尼亚与意大利，对共产主义的回忆与进入消费社会，乃是通过朴实、苦涩和具有讽刺意味的诗句交错重叠的主题，借助这些诗句，“罗马尼亚观察家”——这位罗马尼亚作家称呼自己的别名，同时也影射梵蒂冈教廷的《罗马观察家》报——勾勒了他的时代的画像，让我们沉浸于强烈讽刺的画面：

“演说家：上帝与你们同在！”
“失业泥瓦匠：但永远与我们同在吗？”

或者爱的温柔画面：

“送你一个吻，
吃你的早餐。
我给你带什么？
——你问我。
我会再来
——我回答。”（布特科万，2009：73，95）

在结束这篇历时性的简短陈述时，笔者认为可以回答阿尔曼多·尼希二十年前提出的问题。就其所有体裁、形式和主题而言，意大利移民文学不能被视为一时的时髦。它更不能被列入副文学领域，或者被分类为意大利文学的一个不成熟的表述。除了一些在叙事结构、风格及借用的题材路径方面真正独创的作品之外，意大利移民文学富有创新趋向，今天反映着对于意大利文学正典的一个文化同化过程，其中包括某种失真。此外，如一些人最近已经正确地指出的那样，意大利，它的语言，它的文化，它的传统，同样代表着“目的地，向往的港湾”，但这并不妨碍这些作家“也把他们的诗学建筑在他们祖国的传统和文化基础上”（格里马尔迪，2012）。这同样也说明，在第一季的作品中无疑更能感觉到的与“他者”文化的最初碰撞所激发的热情多多少少是脆弱的。如今，人们不愿再看到风格上往往生涩乃至不确定的这类参与。但是，这毕竟是同化所必须付出的代价。

Paolo PROIETTI:
VOIX ET IMAGINAIRES NOUVEAUX DANS
LES LETTRES DE L'ITALIE CONTEMPORAINE
(*DIOGÈNE*, No. 246–247, 2014)

参考文献：

艾伯塔齐, S., Albertazzi, S. (2000) *Lo sguardo dell'altro. Le letterature postcoloniali*, Roma: Carocci。

本·杰隆, T. 和沃尔泰拉尼, E., Ben Jelloun, T. et Volterrani, E. (1991) *Dove lo Stato non c'è*, Torino: Einaudi。

波埃尔豪佛尔 , W., Boelhower, W. (2001) "Immigrant Autobiographies in Italian Literature: The Birth of a New Text-Type", *Forum Italicum*, 35(1): 110–128。

博尔迪什 , V., Boldis, V. (2013) *150 grammi di poesia d'amore-150 de grame de poezie de dragoste*, Milano: Rediviva。

布恰内 , M., Bouchane, M. (1990) *Chiamatemi Alì*, Milano: Leonardo。

伯恩斯 , J., Burns, J. (2013) *Migrant Imaginaries Figures in Italian Migration Literature*, Bruxelles: Peter Lang。

布特科万 , M. M., Butcovan, M. M. (2006) *Allunaggio di un immigrato innamorato*, Nardò: Besa。

布特科万 , M. M., Butcovan, M. M. (2009) *Dal comunismo al consumismo*, Ferrara: La Carmelina。

切萨雷奥（主编）, V., Cesareo, V., éd. (2010) *The Fiftheenth Italian Report on Migrations 2009*, Monza: Polimetrica。

柯赫拉 , N. 和阿蒂 · 迪萨罗 , A., Chohra, N. et Atti di Sarro, A. (1993) *Volevo diventare bianca*, Roma: e/o。

孔贝里亚蒂 , D., Comberiati, D. (2010) *Scrivere nella lingua dell'altro. La letteratura degli immigrati in Italia (1989–2007)*, Bruxelles: Peter Lang。

达内隆 , F., Danelon, F. (2008) «Senza confini. Alcune considerazioni sulla letteratura migrante in lingua italiana», *Perusia*, 2: 41–47。

埃文 – 祖海尔 , I., Even-Zohar, I. (1978) "Universals of Literary Contacts", 收入 I. 埃文 – 祖海尔 , in I. Even-Zohar, *Papers in Historical Poetics*, pp. 45–54, Tel Aviv: Porter Institute for Poetics and Semiotics。

费代里奇 , A., Federici, A. (2011) «Autopsia dell'animo: la migrazione nei romanzi di Elvira Dones, Ornela Vorpsi e Anilda Ibrahimi», *Line @ editoriale*, 3: 79–94。

弗拉卡萨 , U., Fracassa, U. (2012) *Patria e lettere. Per una critica della letteratura postcoloniale e migrante in Italia*, Roma: Perrone。

加拉内 , G., Garane, G. (2005) *Il latte è buono*, Isernia: Cosmo Iannone。

吉贝利尼 , C. (主编), Gibellini, C., éd. (2013) *Scrittori migranti in Italia (1990–2012)*, Verona: Fiorini。

尼希 , A., Gnisci, A. (1995) «Testi degli immigrati extraeuropei in Italia in ita-li-ano», 收入 S. 万沃尔森、F. 穆萨拉和 B. 范登博塞凯 (主编), in S. Vanvolsen, F. Musarra et B. van den Bossche (éds) *Atti del Convegno Internazionale su Rinnovamento del codice narrativo in Italia dal 1945 al 1992,* II*: Gli spazi della diversità*, pp. 499–515, Roma-Leuven: Bulzoni-Leuven UP。

尼希 , A., Gnisci, A. (1998) *La letteratura italiana della migrazione*, Roma: Lilith。

尼希 , A., Gnisci, A. (2003) *Creolizzare l'Europa. Letteratura e migrazione*, Roma: Meltemi。

尼希 , A. (主编), Gnisci, A., éd. (2006) *Nuovo Planetario Italiano. Geografia e antologia della letteratura della migrazione in Italia e in Europa*, Troina: Cittàaperta。

格里马尔迪 , M., Grimaldi, M. (2012) «Recensione», *Belfagor*, LXVII: 236–239。

希尔斯特 , B., Hirst, B. (2005) *Blu Cina*, Casale Monferrato: Piemme。

库玛 , P., Khouma, P. (1990) *Io, venditored ie lefanti. Una vita per forza fra Dakar, Parigi e Milano*, Milano: Garzanti。

吉姆勒, C., Kiemle, C. (2011) *Ways out of Babel: Linguistic and Cultural Diversity in Contemporary Literature in Italy. Exploring Multilingualism in the Works of Immigrated Writers*, Trier: Wissenschaftlicher Verlag Trier。

拉库斯 , A., Lakhous, A. (2006) *Scontro di civiltà per un ascensore a Piazza Vittorio*, Roma: e/o。

勒孔德 , M. (主编), Lecomte, M., éd. (2006) *Ai confini del verso. Poesia della migrazione in italiano*, Firenze: Le Lettere。

勒古埃, B., Le Gouez, B. (2004) «Auteurs d'Afrique et lettres italiennes. Quelques réflexions autour de la littérature de la migration en Italie», *Babel*, 11: 235–254。

毛切里 , M. C. 和内格罗 , M. G., Mauceri, M. C. et Negro, M. G. (2009) *Nuovo immaginario italiano*, Roma: Sinnos。

梅利蒂 , M., Melliti, M. (1992) *Pantanella: canto lungo la strada*, Roma: Edizioni Lavoro。

门戈齐 , C., Mengozzi, C. (2013) *Narrazioni contese. Vent'anni di scritture italiane della migrazione*, Roma: Carocci。

梅特纳尼 , S. 和福图纳多 , M., Methnani, S. et Fortunato, M. (1990) *Immigrato*, Roma: Theoria。

蒙蒂 , A. 和佩利扎里 , E. (主编), Monti, A. et Pelizzari, E., éds (2007) *Le culture intrecciate. Letteratura e migrazione: racconti, poesie, saggi*, Torino: L'Harmattan Italia。

莫拉切 , R., Morace, R. (2012) *Letteratura-mondo italiana*, Pisa: ETS。

穆萨・巴 , S. 和米凯莱蒂 , P. A., Moussa Ba, S. et Micheletti, P. A. (1991) *La promessa di Hamadi*, Novara: De Agostini。

纳瓦, G. (主编), Nava, G., éd. (2010) *La letteratura della migrazione*, fasc. monogr., *Moderna*, 12(1)。

奥卡约娃 , J., Ockayová, J. (1997) *L'essenziale è invisibile agli occhi*, Milano: Baldini & Castoldi。

奥尔西诺 , M., Orsino, M. (2011) «Scritture italiane della migrazione: presentazione», *Line @ editoriale*, 3: 52–53。

帕拉蒂 , G. (主编), Parati, G., éd. (1999) *Mediterranean Crossroads. Migration Literature in Italy,* Madison, NJ: Fairleigh Dickinson UP/London: Associated UP。

帕拉蒂, G., Parati, G. (2005) *Migration Italy. The Art of Talking Back in a Destination Culture*, Toronto: University of Toronto Press。

帕若 , D.-H., Pageaux, D.-H. (1994) *La Littérature générale et comparée*, Paris: Armand Colin。

佩扎罗萨 , F. 和罗西尼 , I. (主编), Pezzarossa, F. et Rossini, I., éds (2012) *Leggere il testo e il mondo. Vent'anni di scritture della migrazione in Italia*, *Atti del Convegno Internazionale di Bologna, 14–15 ottobre 2010*, Bologna: CLUEB。

彭扎内西, S., Ponzanesi, S. (2004a) «Il postcolonialismo italiano. Figlie dell'impero e letteratura meticcia», *Quaderni del'900*, IV: 25–34。

彭扎内西 , S., Ponzanesi, S. (2004b) *Paradoxes of Postcolonial Culture. Contemporary Women Writers of the Indian and Afro-italian Diaspora*, NewYork: State University of New York。

普罗耶蒂 , P., Proietti, P. (2000) *Lontano dalla lingua madre. In viaggio con la narrativa nel secondo Novecento*, Roma: Armando。

罗密欧 , C., Romeo, C. (2011) «Vent'anni di letteratura della migrazione e di letteratura postcoloniale in Italia: un excursus», *Bollettino di italianistica*, VIII(2): 381–407。

卢米奇 , G., Rumici, G. (2001) *Fratelli d'Istria 1945–2000. Italiani divisi*, Milano: Mursia。

萨莱姆 , S. 和马利塔诺 , L. (主编), Salem, S. et Maritano, L., éds (1994) *Con il vento nei capelli. Vita di una donna palestinese*, Firenze: Giunti。

西诺波利, F., Sinopoli, F. (2001) «Poetiche della migrazione nella letteratura italiana contemporanea: il discorso autobiografico», *Studi (e testi) italiani. Col-lana del Dipartimento di Italianistica e Spettacolo dell'Università di Roma La Sapienza*, 7: 189–206。

西诺波利 , F., Sinopoli, F. (2004) «Prime linee di tendenza della critica sulla letteratura della migrazione in Italia (1991–2003)», *Neohelicon*, 31(1): 95–109。

西诺波利 , F., Sinopoli, F. (2013) "Deterritorializing the Nation-Based Approach to Literature or the Transnational Dimension of Italian Literature", 收入 L. 朱利亚尼、L. 特拉帕西和 J. 马托斯 (主编), in L. Giuliani, L. Trapassi et J. Martos (éds) *Far Away Is Here. Lejos Es Aquí. Writing and Migrations*, Berlin: Frank & Timme。

塔代奥 , R., Taddeo, R. (2006) *Letteratura nascente: letteratura italiana della migrazione. Autori e poetiche*, Milano: Raccolto。

陶菲克 , Y., Tawfik, Y. (1999) *La straniera*, Milano: Bompiani。

沃尔浦西 , O., Vorpsi, O. (2005) *Il paese dove non si muore mai*, Torino: Einaudi。

瓦迪亚 , L., Wadia, L. (2007) *Amiche per la pelle*, Roma: e/o。

相关期刊：

Caffè. Revue de littérature multiculturelle, archivioimmigrazione.org/caffe.htm.

El Ghibli. Rivista di letteratura della Migrazione, el-ghibli.org.

LettERRANZA. Pagina di ricerca e archivio, letterranza.org.

Scritture migranti. Rivista di scambi interculturali, scritturemigranti.it.

Stranieri in Italia. Il portale des nuovi cittadini, stranieriinitalia.it.

Voci dal silenzio. Culture e letteratura della migrazione, ww3. comune. fe. it/vocidal-silenzio.

让石头呐喊：当代博物馆与文化的挑战

克里斯托弗·R. 马歇尔　著
周云帆　译

原始主义被证明是一头难以杀死的野兽。遇到这头潜伏在1948年英国《伦敦画报》头版头条中的野兽时，我们不应感到惊讶。该报令人震惊地披露，大英博物馆展出的位于今天尼日利亚的伊夫王国古代雕像，堪比“中世纪非洲的多纳泰罗（Donatellas），可与意大利和希腊最优秀的作品媲美的非洲艺术”。但是，这样的欧洲中心主义论调在今天不会被容忍——真是这样吗？事实上，在《每日电讯报》对大英博物馆2010年重新展陈这件艺术品的评论中，我们注意到同样的态度。这位评论家指出，“这些西非雕塑家显示出只能在高度先进文化中才能找到的对‘他者’的共情”，就好像在非洲语境中出现共情和“先进”文化的概念既非同寻常又出乎意料。这位评论家在他处还十分惊奇地注意到，这些雕像竟然是在多纳泰罗之前100多年在非洲创作的。我们可以从一个机构的展览构思中了解它的很多方面，而伊夫王国展（展期持续到2010年7月4日）高度揭示了当前大英博物馆对原住民文化承诺的重新定位，进一步说，是当前世界各地博物馆藏品中原住民文物的重新定位。

当然，大英博物馆首先很清楚自己是强化西方优越观念的历史共谋。过去的博物馆首先通过将非西方文化边缘化达到此目的，例如，通过无法想象会用于西方艺术和文化的方式呈现原住民文化物品。其中一个特别引人注目的方式是，在世界各地人类学和自然历史博物馆的玻璃展柜和栖息地模拟实景中，展出从原住民民族那里获得的遗骸以及其他有争议和带有文化敏感性的物品。在霍巴特的塔斯马尼亚博物馆与美术馆展出的19世纪塔斯马尼亚原住民老人特鲁加尼尼的遗骨，作为“最后的塔斯马尼亚原住民”的代表，就是一个特别臭名昭著的例子。直到1976年，特鲁加尼尼的遗愿得以实现，她的遗骸在其去世近100年后，从博物馆移出并火化，然后按照她生前一直希望的那样撒在德恩卡斯特海峡的水域中（史密斯，1980）。[1]那次归还遗骸的历史性时刻与原住民社群正在经历的一个漫长而痛苦的过程不期而遇，他们要求对世界各地博物馆中的人类遗骸进行识别，然后归还至原籍社群。这个正在进行的过程涉及包括大英博物馆在内的数十家博物馆，值得注意的是，这些博物馆并未表态赞成索还人类遗骸。[2]

当代博物馆采取的一系列策略表明，今天它们对这些问题的敏感程度提高了许多。澳大利亚南部墨尔本博物馆最近推出的展览，直面构成该馆基础的殖民收藏成问题的历史。展览开篇引述了塔斯马尼亚原住民中心1997年发表的一份声明，该声明揭示了不顾尊严展出特鲁加尼尼遗骸和其他不公正行为的苦难历史：

> 我们不会选择被供奉在玻璃展柜中，任由自封为我们文化大使的异族机构讲述我们的故事。

同期的展览还聚焦英裔澳大利亚人类学家沃尔特鲍·德温·斯宾塞有争议的遗产，他于1899年至1928年担任维多利亚博物馆馆长，主持该馆收纳了大批原住民藏品。现在的斯宾塞陈列将斯宾塞本人重铸为三维立体的全身雕像，扭转了其角色，斯宾塞变成被囚禁在收藏家自己展柜中的不幸标本。这样，展览在仪式上剥夺了它的创始人的地位，用一种博物馆藏品形式来展陈他。

无疑，这个展览运用直接和毫不妥协的策略表达了当代博物馆对其殖民历史的愧疚。但是，博物馆又会如何解决曾经以更加微妙、因而更加隐蔽的方式边缘化原住民文化的问题呢？它们的主要手段之一是通过民族志“科学”，往往安排不同文化群体在博物馆展出中的相对位置来向参观者传达文化意义，并将原住民的艺术及手工艺术品置于这些具有文化意义的正典的外围。这种边缘化十分直接地表现在20世纪60年代的大英博物馆，当时它将原住民文化的藏品转移到一个名为人类博物馆的“民族志”文物附属机构（库姆斯，

要性，此类博物馆以其他机构无法实现的方式对物品进行比较文化分析。[6]其真正目的，虽未直接提及但字里行间却隐含着，是要先发制人地以由世界上最强大、最引人注目的机构所签署的一项反诉，驳回前底层国家提出的归还藏品的要求。国际博物馆协会道德委员会主席杰弗里·刘易斯指出：

> 然而，《宣言》的真正目的是要获得更高程度的豁免权，使这些博物馆免于被要求归还藏品。一个具有普遍定义的目标的博物馆可视为不受这些要求的约束，这种假定似是而非。这个宣言是一个代表世界上最富有的博物馆团体做出的自私声明；它们并不像其所暗示的那样，代表"国际博物馆共同体"。（刘易斯，2004：3）

当然，就大英博物馆而言，展厅里的大家伙现在是（过去也是）帕特农神庙（Parthenon）雕像，从 1819 年展陈在大英博物馆起，它们就一直处于归还文物诉求的风口浪尖。大英博物馆要求保留这些雕像的理由概括起来为，将它们保存在伦敦可以在尽可能广泛的背景（世界文化与"古希腊的世界性遗产"的背景）下供人们欣赏，而在雅典，人们只能"在古希腊和雅典历史背景"的有限意义上欣赏它们。[7]

情况也许如此，但这样的声明很少承认帕特农神庙雕像仍具有的重大意义，因此，如果它们回到希腊，对作为一个机构的大英博物馆本身将是多么巨大的损失。毕竟，罗伯特·斯米尔克为博物馆精心设计的新古典主义建筑的基础是将博物馆作为圣殿的理想，这源于对古希腊罗马神庙建筑整体，尤其是对帕特农神庙的详细研究。如今，帕特农神庙展厅作为大英博物馆雕像的展示场所，加深了这一明显参考。20 世纪 30 年代，当约翰·罗素·波普开始为帕特农雕像建造新的专门展厅时（从而取代 1819 年至 1832 年由斯米尔克设计的较旧和较小的展厅），他直接依照帕特农神庙立柱，在展厅的四角加建了自力支撑的巨大多里安式立柱，使这种联系更加明确。这样，帕特农神庙及其雕像被植入大英博物馆结构本身。

反过来，这一建筑的中心地位也在增长，因为这些雕像作为博物馆自身传统理念的基本记录在博物馆中发挥了中心作用。而博物馆的章程则供奉着西方文明的伟大正典。牛津大学古典考古与艺术教授约翰·戴维森·比兹利爵士、剑桥大学古希腊学教授唐纳德·罗伯逊和伦敦大学考古学教授伯纳德·阿什莫尔于1928年共同撰写了一份颇具影响力的报告，阐述这些石雕在这个意义上的中心地位。这份报告（作为20世纪30年代帕特农雕像新展厅的设计指南）指出，帕特农雕像展厅“不是普通的博物馆……它是地球上的中心场所之一……我们有机会证明自己无愧于对我们的托付：我们意识到对作品本身以及对产生这些作品的崇高文明，我们自己的母亲文明，所担负的责任”（比兹利、罗伯逊和阿什莫尔，1929：n.p.）。

20世纪30年代建造新展厅时，波普及其同时代人将自己看作帕特农神庙的自然继承人——简直就是帕特农神庙的孩子。然而，现在大英博物馆宣称这一血统的权威受到了希腊的挑战，希腊也对这一遗产提出了异议。这座由伯纳德·屈米设计的卫城博物馆于2009年6月对外开放，它对旧馆进行了时髦而现代的概念重构，与大英博物馆形成了极有启发性的对比，传达了在当代语境中一种截然不同的博物馆理想（伯纳德·屈米建筑师事务所，2009）。从建筑上讲，波普的帕特农展厅是非常传统意义上的内部圣殿，或者说是位于大英博物馆这座圣殿深处的内室。因此，这些展厅刻意与世隔绝成为某种至圣小堂，事实上它们建立在自己的轴心线上，位于博物馆西端一层展厅之末，与其他部分相距甚远。相比之下，雅典卫城博物馆的新帕特农展厅则以截然相反的方式呈现，它们面朝外，与博物馆的其他部分，更宽泛地说是与雅典，融为一体。

对比新老帕特农雕像陈列，给人留下的第一深刻印象是，屈米在雅典的新帕特农雕像展厅与卫城博物馆其他楼层的展厅不同，它们四墙透明，宛若建造于博物馆顶层的浮亭，最重要的是它们构成了帕特农神庙框架本身。帕特农神庙伫立于卫城博物馆上方的卫城山上，因而总是出现在由屈米在下方博物馆展示的叙事中，既隐而不显，又时常可直接见于玻璃的另一侧。当然，这种强调所传达的思想上的信息是，当这座时尚而现代的透明展厅沐浴在顶楼的阳光下，与下层展厅中雅典卫城更早时期的遗迹以及正上方的帕特农神庙直接交流时，它标明了卫城博物馆新馆才是帕特农雕像天然和必然的保存场所，这是大英博物馆封闭、孤立且带有传统主义倾向的陈旧帕特农陈列永远无法企及的。因此，新卫城博物馆将自己作为帕特农雕像的天然展示场所：一个让博物馆藏品可以联系背景被理解的地方，让考古记录与考古发掘地和现代生活环境产生直接联系，从而赋予它们更广泛的意义。

随着时间的推移，这座优美呈现的当代空间是否有能力说服涌入博物馆的当代参观者，让他们相信希腊人的观点具有更多合法性，这一点还有待观察。因此，未来岁月中，雅典与伦敦的博物馆学之争将取决于以下两种对立立场的胜负：雅典主张，在雅典古代和现代城市结构中、对其而言是“天然的”环境中重新展陈帕特农雕像，更具正当性。因此，雅典人将把重点放在大理石雕像的“重聚”，而不是归还故国；在当前语境下使用“重聚”一词显然更有利于他们的立场。[8]另一种立场是，大英博物馆将继续阐明博物馆学的启蒙理想，即“收藏品是世界公民的财产”，因此，“我们的艺术、他们的艺术、我们的历史、他们的历史的所在地概念根本不可持续”（麦格雷戈，2009：65 和 70）。事实上，这两种论点都各有难处。新卫城博物馆的立场附带强调文化起源纯粹性的基本抽象概念，强调一种信念，即各国有能力重新获得非历史的“完整性”并整合它们的藏品和文化，但是物品与文化随时空推移的复杂转换和碎片化掩盖了它们的完整性和整体性。相反，大英博物馆立场的主要问题之一在于，它有多不肯承认机构性主张的固有问题，这些机构性主张声称能代表全世界的“世界公民”发表意见、而同时又不愿让他们依据自己的条件做出回应。

是否可能超越这种固定的两极方式解决这一争端，转而走向通过谈判和妥协解决问题的更加灰色——更为复杂——的地带？例如，双方是否有可能放弃“赢家通吃”立场，努力打破僵局，慢慢通过谈判实现部分地归还藏品并开展互补性的文物交流和举办展览？也许不会。不过话又说回来，最近出现了一种模式，用于政府和博物馆之间通过政治协商解决问题的可比过程。当然这说的就是前不久希腊和意大利政府与一批著名的美国博物馆进行了长期而艰苦的谈判，这些博物馆被发现过去收受了一些非法获得的古董，包括其收藏中的某些标志性作品。[9]

尽管这一进程无疑给有关各方带来痛苦和代价，但还是产生了一些积极成果，其中最重要的是相关博物馆与意大利文化部门签署了一系列新协议，旨在促进长期合作与物品和项目交流。例如，盖蒂博物馆放弃了 40 件藏品的所有权，作为回报，它获得了一系列新项目，包括与西西里大区文化遗产认同部定于 2013 年一起举办大型合作展览“在希腊和罗马之间：古典与希腊化时期的西西里岛”。同样，美国波士顿美术博物馆同意将其拥有的 13 件意大利文物的所有权转让给意大利，作为回报，它可以长期租展一座宏伟的、媲美古希腊时期雕像的和平女神埃雷内。

毫无疑问，希腊政府和大英博物馆很难（甚至不可能）在未来走上类似的道路。对希腊政府不可能，或许因为这意味着它们必须放弃雕像完全“重聚”的概念，而对大英博物馆或许也不可能，因为这样它们必须放弃至少一些关键作品在其馆藏中所发挥的中心作用，特别是这些藏品在传统上被定义为西方正典的精华。但是，正如意大利西西里总参事就最近与盖蒂博物馆达成的协议所指出的，沿着这些思路进行范式转变，有助于双方超越“单纯归还”问题，转而在政府与博物馆之间按照“互利和有效合作”的理念进行更深层次、更多层次的合作。反过来，我们也注意到大英博物馆已经迈出重要步伐，超越早期的欧洲中心主义，转而对更广泛的全球文化做出更具包容性和多样化的承诺。因此，如果这样的协议最终成为现实——尽管遥远甚至在未来仍停留在假设阶段——它甚至可能被证明是一种因祸得福。

Christopher R. MARSHALL:
MAKE THE STONES SHOUT:
CONTEMPORARY MUSEUMS AND THE CHALLENGE OF CULTURE
(*DIOGENES*, No. 231, 2011)

注：

［1］塔斯马尼亚博物馆与美术馆展出的特鲁加尼尼遗骸与原住民物质文化和一般博物馆相关的信息，请参阅寇夫（1995）和辛普森（1996）。

［2］最近的讨论，请参见纳夫齐格（2009）。从展示人类遗骸更广泛的角度讨论当前围绕这一问题的立法和倡议，请参阅阿尔贝蒂、查普曼、比恩科夫斯基和德鲁（2009）。大英博物馆关于人类遗骸的政策和最近两次归还塔斯马尼亚和新西兰遗骸的记录，请参阅“人类遗骸”，网址：http://www.britishmuseum.org/the_muse-um/news_and_press_releases/statements/human_remains.aspx。

［3］澳大利亚国家美术馆原住民展厅和新入口项目，请参阅 http://nga.gov.au/AboutUs/building/index.cfm。

［4］有关信息，请参阅 http://www.britishmuseum.org/explore/highlights/high-light_objects/aoa/c/cradle_to_grave.aspx。

［5］大英博物馆，2010 年新闻稿：“伊夫王国：西非雕像”，网址：http://www.britishmuseum.org/the_museum/news_and_press_releases/press_releases/2010/king-dom\的 _ife.aspx。

［6］大英博物馆现任馆长对该观点的进一步阐述，请参阅麦格雷戈，2009，65–70。

［7］“帕特农神庙雕像：大英博物馆托管者的立场”，可访问：http://www.britishmuseum.org/the_museum/news_and_press_releases/statements/the_parthenon_sculpture/parthenon_ — _trustees_statement.aspx。

［8］例如，见国际帕特农神庙雕像重聚协会，网址 :http://www.parthenonin-ternational.org/and the American Committee for the Reunification of the Parthenon Sculp-tures（美国帕特农神庙雕像重聚委员会），网址：http://www.parthenonmarble-susa.org/parthenon/home.aspx。

［9］关于这个案例的最新概述及其对美国博物馆的影响，请参阅波恩 – 穆勒和鲍威尔（2007:34–39）。盖蒂博物馆见“古董 : 努力达成公正的解决方案”，访问地址：http://www.getty.edu/news/antiquities.html。更多最新进展请参阅盖蒂新闻稿，日期：2009 年 2 月 17 日：“J. 保罗・盖蒂博物馆与西西里文化遗产认同部宣布重大长期合作”，网址：http://www.getty.edu/news/press/center/sicily_announcement_0210.html。波士顿美术博物馆，见 2006 年 9 月 28 日的新闻稿，“与文化部达成的协议”，网址：http://www.mfa.org/collections/index。asp?key=2656;“与文化部的协定”，同上。

参考文献：

阿尔贝蒂 , J. M. M., 比恩科夫斯基 , P., 查普曼 , M. J. 和德鲁 , R., Alberti, J. M. M., Bienkowski, P., Chapman, M. J. & Drew, R. (2009) "Should We Display the Dead?" *Museum and Society* 7(3): 133–149。

比兹利 , J. D., 罗伯逊 , D. 和阿什莫尔 , B., Beazley, J. D., Robertson, D. and Ashmole, B. (1929) *Suggestions for the New Exhibition of the Sculptures of the Parthenon*, London: The British Museum。

伯纳德 · 屈米建筑师事务所 (主编), Bernard Tschumi Architects, ed. (2009) *The New Acropolis Museum*, New York: Skira Rizzoli。

波恩 – 穆勒 , E. 和鲍威尔 , E. A., Bonn-Muller, E. & Powell, E. A. (2007) "A Tangled Journey Home", *Archaeology* 60(5): 34–39。

库姆斯 , A. E., Coombes, A. E. (1994) "Blindedby 'Science': Ethnography at the British Museum", 收入 M. 波因顿 (主编), in M. Pointon (ed.) *Art Apart: Art Institutions and Ideology Across England et North America*, pp. 102–119, Manchester and New York: Manchester UP。

寇夫, J. J., Cove, J. J. (1995) *What the Bones Say: Tasmanian Aborigines, Science and Domination*, Ottawa: Carleton UP。

多尔蒙特 , R., Dorment, R. (2010) "Kingdom of Ife at the British Museum", *Telegraph*, 1 March, www.telegraph.co.uk/culture/art/art-reviews/7344969/Kingdom-of-Ife-at-the-British-Museum-review.html。

弗林 , T., Flynn, T. (2004) "The Universal Museum: A Valid Model for the Twenty-first Century?", http://www.tomflynn.co.uk。

刘易斯 , G., Lewis, G. (2004) "The Universal Museum: A Special Case?", *ICOM News*, 1:3, http://icom.museum/fileadmin/user_upload/pdf/ICOM_News/2004-1/ENG/p3_2004-1.pdf。

麦格雷戈 , N., McGregor, N. (2009) "Global Collections for Global Cities", 收入 J. 安德森 (主编), in J. Anderson (ed.) *Crossing Cultures: Conflict, Migration and Convergence, The Proceedings of the 32nd International Congress in the History of Art*, pp.65–70, Melbourne: Miegunyah Press。

迈尔斯 , F., Myers, F. (2006) " 'Primitivism', Anthropology, and the Category of 'Primitive Art' ", 收入 C. 蒂利等 , in C. Tilley et al, *Handbook of Material Culture*, pp. 267–284, London: Sage。

纳夫齐格 , J., Nafziger, J. (2009) "Ancestral Remains in Institutional Collec-tions: Proposals for Reform", 收入 C. 贝尔和 R. K. 佩特森 (主编), in C. Bell & R. K. Paterson (eds) *Protection of First Nations Cultural Heritage: Laws, Policy, and Reform*, Vancouver: UBC Press。

奥涅吉亚科, J., Onyejiako, J. (2010) "The 'Kingdom of Ife' –African Art at the British Museum", *Pambazuka News*, Apr 22nd, http://allafrica.com/stories/201004221048.html?page=2。

辛普森 , M., Simpson, M. (1996) *Making Representations: Museums in the Post-colonial Era*, London: Routledge。

史 密 斯 , B., Smith, B. (1980) *The Spectre of Truganini*, Sydney: Australian Broadcasting Commission。

威尔逊 , D. M. (主编), Wilson, D. M., ed. (1989) *The Collections of the British Museum*, Cambridge: Cambridge UP。

西部沙漠图像研究：岩画的神话叙事和图形语汇

乔·麦克唐纳 彼得·维斯 著
周云帆 译

引 言

在西部沙漠中，神话叙事将各地的自然特征，比如山脉和岬角，联系在一起；通常这些梦境节点（Dreaming nodes）也是发现岩画的主要区域。这里的岩画遗址除了一系列其他世俗的和未确定的主题外，还经常包含被描述为代表祖先的图案（参见伯恩特，1964；帕尔默，1975，1977）。

本文旨在描述澳大利亚西部沙漠的岩画。我们聚焦于坎宁牧道（Canning Stock Route）中央马图人（the Martu）之地（汤金森，1974，1978）。西部沙漠在环境定义上存在共性，也是一个文化区。其原住民讲同一语言的多种方言，并共享广泛相似的社会组织体系（彼得森，1976；汀达尔，1974；维斯，1993）。

汤金森（1974：71–2）这样描述马图人对其神话的看法：

> 这些原住民相信，"梦幻时代"（Dreamtime）大量的交通来往在西部沙漠上纵横交错——西部沙漠各地原住民广为知晓的主要祖先包括瓦蒂·库特贾拉（Wati Kutjarra），即两个蜥蜴人，据信他们奠定了大部分法则的基础。西部沙漠原住民部落将他们的文化同质性归因于其祖先在辽阔沙漠中的漫游和频繁接触。

马图人认为人类创造了西部沙漠颜料艺术，描绘日常以及秘密/神圣主题。另一方面，据说雕刻艺术产生于梦幻时代，并非人类起源。雕刻（或岩画）代表造物者留下的标记或痕迹，是造物者确实变形为石头的地方（特纳，1981；麦克唐纳和维斯，2009）。

据说祖先拥有巨大的魔法力量，包括有能力随意呈现动物形态。他们携带神圣装备，身着精致服饰。将自身的物品和形象留在各处营地，好让人们最终发现，并从中汲取力量和安全感（麦克唐纳和维斯，2006，2007）。

神话故事横穿沙漠，连接这些故事的节点形成了部族图腾地理范围的基础。先祖在旅途中停下脚步，留下经过的证据，让人们去发现和解读。那些梦境人物在古老和较新近的岩画中都有呈现，和过去无数次一样，今天的马图人认为这些呈现是记忆、启发和解释的工具。一旦做上标记，便留下印迹。例如，不同的守护人赋予严重风化的拟人雕刻多重（有时是重叠的）角色和动作：相反，在当代诠释中，它们可能并没有特别流行。

西部沙漠岩画

考虑到在干旱地区运行的社会体系高度分化，以及讲西部沙漠语的人的文化具有同质性，近代西部沙漠岩画风格的高度异质性令人感到惊讶。本地化具有多样性，但各岩画区域的图形语汇之间也有明显联系，这个地区从皮尔巴拉（Pilbara）海岸线上的岛屿和多岩石的碎石坡（例如丹皮尔群岛和德普赫岛），到西部沙漠牧场的“内陆岛屿”，绵延一千公里（克劳福德，1964；迪克斯，1977；富兰克林，2004；洛布兰切特，1992；麦卡锡，1961；麦克唐纳和维斯，2009；梅纳德，1977；穆瓦尼，2009；彼得里和舒尔茨，1951；维斯，1993；温尼科姆，2002；沃姆斯，1954；赖特，1968，1977）。

从考古学的角度看，这些岩画地点是检验风格多样性、社会互动和社会联系持续时间等问题的理想场所。孤立的山脉兼有较可靠的水域是“集约化图形制作”的理想场所。正是因为存在较可靠的水域，这些山脉成为文化景观中的“节点”：这些是梦境祖先在旅行中创造的地方——梦幻故事为马图人提供了找到这些重要资源的“地图”。这些山脉上的基岩成为岩画制作的材料，而穿插其中的沙地地区不存在岩画制作。这些标记节点作为远古时代的画布，“记忆”社会行动的多个层次。这些地点的特征反映在神话传说和歌词中；它们是各个家族的故乡，来自更大社会网络的人们聚集于此举行仪式和其他社会活动（参见康基，1980；甘波尔，1982；麦克唐纳，2008；威斯纳，1989；沃布斯特，1977）。这些西部沙漠岩画节点让我们洞悉跨越巨大时间深度的人类行为，但同时也给我们提供机会——通过马图守护人和神话——在最近的过去解开这一社会场域与岩画制作的结合之谜。

远古时期干旱地区聚落与岩画的相互关联

西部沙漠人类占据史长达5万年（维斯等，2009），而全新世的人类占据以活跃的社会和经济转型时期为特征（维斯，2005a，2005b，2006）。我们设想，在干旱区——实际上是澳洲大陆——更新世的最初聚落中，岩画是与殖民化相关的社会实践不可分割的部分。这是适应性社会策略的一部分，对现代人类从非洲通过亚洲迅速扩散到澳大利亚至关重要（参见巴尔姆等，2009）。

在全新世，人类占据模式以活跃的社会和经济转型时期为特征。我们在之前的研究中建立起模型，说明岩画与西部沙漠及其西侧的皮尔巴拉地区山地的人类占据一般模式相符合（麦克唐纳和维斯，2006，2008）。该模型建立在区域内人类占据长期指数上（布朗，1987；马威克，2009；维斯，2005a，2005b）。将岩画置于各个考古阶段的背景中理解，我们模拟了社会认同行为的历时变化。我们认为，岩画可被视为可商议认同的一种形式，贯穿干旱地带的全部人类占据。

毫无疑问，西部沙漠的最初聚落出现在更新世。与贯穿澳大利亚沙漠的联系体现在干旱区最早的“帕那拉米特”（Panaramitee）艺术中（爱德华斯，1968；梅纳德，1977；麦克唐纳，2005；罗森菲尔德，1991）。这一远古时代干旱地带雕刻集合与主要为几何符号图形的形式一样，拥有相对同质的凹版雕刻语汇（曼恩，1973），鸟类和动物的踪迹被随后的雕刻与颜料艺术阶段所取代。这一最早的艺术形式拥有某些独特的图形元素（例如，上古面孔和“爬行人”），这些元素在干旱地区的不同地点都有发现（例如相距约800公里的卡尔弗特山脉和伯鲁普半岛）。我们的模型预测，在经历漫长的高流动性和多价态艺术阶段后，在末次盛冰期（现在测定日期为 3 万至 1.8 万年前）开始前，社会和领地组织发生紧缩。冰河时期，在寒冷、干燥和多风的条件下，岩画产量会下降——可能是因为缺少人，但更可能是因为社会群体孤立存在，因为这一时期，这些社会群体更多被困在避难所。社会接触变得断断续续和/或零零星星，人们不再需要信号传递行为。1.7 万至 1.3 万年前，在干旱达峰后，人类占据岩石避难所似乎明显减少，表明人们很难回到以前占据的地区。这一时期的岩画创作也可能产生影响，却是偶发的，也许是断断续续的，以致未被考古发现。

距今 1.3 万至 6000 年期间，气候改良，海平面上升到目前水平。有充分证据表明，各个族群领地范围得到扩张，并系统地更多使用所有栖息地。在扩张过程中，岩画再次被用于建立领地，强化认同主张——特别是在核心领地周围。可能正是在这个时间段，雕刻集合进一步发展了地域特征和图形语汇，即发展出具有身体和头饰的远古面孔。图形所指的使用本来会继续下去，后却因厄尔尼诺和南方涛动（ENSO）加剧和气候系统中不可预测性增加而变得断断续续，一直持续到 3700 年前左右。可以解释为这一时期存在更大的居所流动性和风险最小化行为（维斯等，2011）；在这种社会环境中，本地群体的认同行为——表达差异性——也有可能升级。情况可能是，在潜在社会冲突加剧和主张群体认同的气氛中，岩画制作得以繁荣（威斯纳，1989）。当然，从颜料在人类占据地出现的先后顺序分布中，我们了解到，强有力证据显示艺术制作材料得到使用——我们推测很多颜料艺术和雕刻图案是在这个时间段内制作的。

大约 1500 年前，岩画地的利用率（包括使用的数量以及人工制品的沉积密度）达到全盛期。这与西部沙漠语言扩张到皮尔巴拉之外地区的假设相吻合（麦康维尔，1996；奥格雷迪，1966；奥格雷迪和劳克伦，1997；维斯，2000），也符合整个澳大利亚厄尔尼诺和南方涛动可变性降低的情况（史密斯等，2008）。我们的模型表明，西部沙漠语言及其方言的传播伴随着宗教和仪式周期加快，以及远距离交流的增多（维斯，2000，2006；麦克唐纳和维斯，2011）。根据人类学记述，分支广泛的社交网络至少在这 1500 年里发挥了作用。颜料岩画的图像及其与当前梦境故事的关联很可能至少同样古老，当然，随着时间的推移这些故事被社会构建并重构（参见麦克唐纳和维斯，2008）。

西部沙漠岩画的年代测定

分析岩画可变性的困难之一是如何保证所比较的岩画属于同一时期。目前我们在坎宁牧道的工作主要目标之一，是测定不同阶段岩画制作的年代。

在现阶段的岩画断代项目中，我们只测定到该地区最近期艺术的年代。这种颜料艺术——均包含碳元素——在风格上并通过叠加分析得知，是所观察到的艺术阶段中最新近的（麦克唐纳和维斯，2009）。抽样的重点放在两个岩画区域——位于卡尔弗特山脉和卡纳文（Carnarvon）山脉，是西部沙漠两种不同方言的毗邻领地。

卡尔弗特山脉

卡尔弗特山脉三个岩石掩体中的艺术作品年代得到测定。测定年代最古老的是一个黑色、简单而非写实的图案，通过碳元素测算距今 910 年。它叠加在更早时期一个红色和黄色头饰图案之上。考虑到板面上颜料的总量——相关背景样本的年代测定值为距今 2100 ± 90 年，表明它可能属于更早的艺术时期。叠加分析表明，在附近的灌木火鸡梦境遗址，带黑色轮廓的黑白色蛇是这一艺术集合中较近代的元素之一。实际上，这个样本属于现代。

另一个已测定年代的艺术遗址是卡纳文山脉的蛇谷（Kanatukul）。考古发掘测定这里有人类占据的年代超过距今 2.4 万年（奥康纳等，1998）。该遗址上最近年代艺术作品的样本表明——所有样本的碳元素测定年代为距今 720 年到 150 年。这两个区域岩画测定年代重叠率为 95.4%，表明这些绘画为同时代创作。换言之，在方言相似的两个艺术区域，同时创造出相似的拟人图形，虽然表现出一些风格上的变化。考古学将这些艺术制作的年代跨度置于单一文化时期内，更重要的是，对应它们社会框架发展的时间范围，当时与欧洲已有接触。

岩画与梦境故事

卡尔弗特和卡纳文山脉相距超过400公里，那里的绘画已存在几个世纪，年代跨度十分相似。这些艺术区域的神话有何联系？在近代，岩画如何被用作梦境轨迹节点上的记忆符号？我们刚刚开始梳理不同地域的神话故事——以及岩画如何追踪这些梦境故事。

蛇和头饰形象都出现在岩画区域，虽然年代测定表明它们属于同一时期，但都显示颜料制作的地方性差异。在蛇谷，两个主题均大量出现，但制作中使用不同的图形语汇。蛇的形象引人注目，对称盘卷；圆头，许多蛇有两只眼睛。它们身体厚实，用垩白色颜料绘制。400公里外的卡尔弗特山脉中可以观察到同样的情况。加尔弗特人蛇的构造没有那么对称，一般用两三种颜色绘制——且通常很长（超过3米）。两个区域对头饰的描绘也是当地群体信号传递行为十分敏感的指标（麦克唐纳，2005）。在卡纳文山脉，头饰往往较长，呈鱼骨状平行且突起；在卡尔弗特山脉，头饰同样包括一条中间的长穗和平行会聚线条——更像一株蕨类植物，许多图形勾勒出平行的“发髻”形状。

两个艺术区域都出现已测定年代的拟人马穆（Mamu）图形，这些图形似乎是同时间创作的，却有明显的风格差异。以情境神话故事（汤金森，1977）向我们讲述这些妖魔鬼怪。据说马穆人生活在机场湖（Lake Aerodrome）——大致位于两个艺术区域中间位置的一个盐湖。据说，盐湖不同区域所描绘的生灵颜色略有不同。马图人必须非常小心，在湖边“正确”的地方安家（即在他们的社会关系和相对于国家的位置上没有社会禁忌），否则就会激怒马穆。我们看到，不同艺术区域对这些妖魔鬼怪的颜色和形态的描绘既相似又不同。

这两个艺术区域的守护人都将这些生灵描述为马穆，岩画显示人们对这些生灵的描绘略有不同，最明显的是白/灰色度略有不同。我们很容易得出结论，不同区域艺术描绘的风格差异反映出艺术家的社会（方言）分组，但也可能反映不同社会分组的艺术家对这些妖魔鬼怪的看法（不同颜色反映出他们在盐湖周围“正确地点”的相对位置，略微不同的身体形态表现想象中他们的恶意程度！）。

瓦蒂·库特贾拉（两个蜥蜴人）广泛穿行于西部沙漠（汀达尔，1936），在坎宁牧道上交汇，从东经杜巴山（Durba Hills，Jilikuru）而来，继续朝西北穿越麦凯山脉（Mackay Ranges，Bungali）。最近在杜巴山的田野工作中，我们了解到与这个地方相关的复杂叙事，并记录了与这个梦境故事有关的岩画。

20 世纪 60 年代初，鲍勃·汤金森在加朗（Jigalong）传教团的早期人类学工作更详细记录了两个蜥蜴人在杜巴山周围的旅行。汤金森（1978：91）收集到一个出生于杜巴山的托管人提供的蜡笔画。田野工作证实了托管人图画中地理位置的准确性。图画上的神话人物穿越令人印象深刻的杜巴山的群山峡谷。被命名的位置出现在他们旅途的重要节点和行动地点。自然特征标记出其中一些特定行动——一块巨大岩石顶部是两个蜥蜴人坐着解开胡须的地方——与一些小的散块岩石，构成了复合式云神话（cloud-complex mythology）。三个较大的岩石代表云，一个较小的代表杜巴山蛇。这个神话与造雨有关，神话具有显著自然特征。

两个蜥蜴人在去杜巴山途中停留的每处营地和泉边，都存在岩画。在此，我们只揭示这门艺术中“开放”和非限制的方面。还有一些“封闭的”秘密/神圣的组成部分，这里未作讨论，它们也许只能被受启迪者观看。在大多数被命名的开放地点，颜料艺术均包含成双成对的拟人画像，其中许多画带有头饰。这种艺术其他常见的主题包括其他配对形象，如蜥蜴人、鸸鹋和蛇。当两个蜥蜴人朝着迪埃贝尔泉（Diebel Springs）出发时，向西北方向跨越 20 公里沙丘，那里的泉边也有明显相似主题的岩画，据说两个蜥蜴人曾在此扎营。

结　语

我们与托管人、人类学家、岩画和年代测定专家合作，项目已初见成果。我们开始理解如何在马图人梦境叙事中诠释岩画，以及岩画制作的社会背景如何帮助解读图形语汇的差异。在世界上最大画布之一的大地上，我们的旅行刚刚启程，但对岩画的系统分析和年代测定已经开始揭示马图人与其艺术表现、图腾地理以及与时俱进的聚合性周期关系。

两个蜥蜴人之旅“指引”人类迁徙、行动、联盟以及恰当行为。据悉，这些生灵在被命名的营地留下自己的物品和形象，让人们发现并从中汲取力量和安全感。在某些情况下，这些祖先已经转化为物质实体，马图人将此解释为祖先的行动。古老的岩画具有循环性。在其他情况下，图像通过人类能动性转化为艺术，往往以模仿早期艺术呈现，并在岩画遗址上以多个重复图形标志出现。相似图案的重叠表明了岩画制作的循环，马图人不断激活岩画制作，记忆并记述神话故事。这些具有考古和艺术证据的节点证明，人类长期而反复的行为，为艺术制作对展示和维护干旱地区社会地理所发挥的作用，提供了耐人寻味的证据。这些地点的艺术表现出高度复杂的信号传递行为，无疑是由社会构建的参与者团体所决定的。所描述的例子——西部沙漠地区神话和岩画制作并存——帮助人们洞悉穿越时间沙漠图像学社会构成的动态和起源。

Jo MCDONALD and Peter VETH:
WESTERN DESERT ICONOGRAPHY:
ROCK ART MYTHOLOGICAL NARRATIVES
AND GRAPHIC VOCABULARIES
(*DIOGENES*, No. 231, 2011)

参考文献：

巴尔姆，J., 戴维森，I., 麦克唐纳，J., 斯特恩，N. 和维斯，P., Balme, J., Davidson, I., McDonald, J., Stern, N. & Veth, P. (2009) "Symbolic Behaviour and the Peopling of the Southern Arc Route to Australia", *Quaternary International*, 202: 59–68。

伯恩特，R., Berndt, R. (1964) "The Problem of Interpretation and the Significance of the Engravings of Depuch Island", pp. 64–67, *Special Publications of the West Australian Museum* 2, Perth: wa Museum。

布朗，S., Brown, S. (1987) "Toward a Prehistory of the Hamersley Plateau, Northwest Australia", *Occasional Papers in Prehistory*, 6, Canberra: Australian National University。

康基，M. W., Conkey, M. W. (1980) "The Identification of Hunter-Gatherer Aggregation Sites–the Case of Altamira", *Current Anthropology*, 21(5): 609–630。

克劳福德，I. M., Crawford, I. M. (1964) "The Engravings of Depuch Island", 收入 W. D. L. 莱德，和 A. 诺依曼（主编）, in W. D. L. Ride & A. Neumann (eds) *Depuch Island. Special Publications of the West Australian Museum* 2, Perth: wa Museum。

迪克斯，W., Dix, W. (1977) "Facial Representations in Pilbara Rock Engravings", 收入 P. J. 乌可（主编）, in P. J. Ucko (ed.) *Form in Indigenous Art: Schematisation in the Art of Aboriginal Australia and Prehistoric Europe*, pp. 227–285, Canberra: Australian Institute of Aboriginal Studies。

爱德华斯，R., Edwards, R. (1968) "Prehistoric Rock Engravings at Thomas Reservoir, Cleland Hills, Western Central Australia", *Records of the South Australian Museum* 15: 647–670。

富兰克林，N. R., Franklin, N. R. (2004) *Explorations of Variability in Australian Prehistoric Rock Engravings*, Oxford: John and Erica Hedges。

甘波尔，C. S., Gamble, C. S. (1982) "Interaction and Alliance in Palaeolithic Society", *Man* 17(1): 92–107。

古尔德，R. A., Gould, R. A. (1977) *Puntutjarpa Rockshelter and the Australian Desert Culture*, New York: Anthropological Papers of the American Museum of Natural History。

乔·麦克唐纳文化遗产管理公司，Jo McDonald Cultural Heritage Management Pty Ltd. (2005) Desktop Assessment of Scientific Values for Indigenous Cultural Heritage on the Dampier Archipelago, Western Australia, Canberra: Report to the Department of Environment & Heritage。

乔·麦克唐纳文化遗产管理公司，Jo McDonald Cultural Heritage Management Pty Ltd.

(2006) A Study of the Distribution of Rock Art and Stone Structures on the Dampier Archipelago, Canberra: Report to the Department of Environment & Heritage。

洛布兰切特，M., Lorblanchet, M. (1992) "The Rock Engravings of Gum Tree Valley and Skew Valley, Dampier, Western Australia: Chronology and functions of the sites"，收入 J. 麦克唐纳和 I. 哈斯科维克（主编），in J. McDonald & I. Haskovec (eds) *State of the Art: Regional Rock Art Studies in Australia and Melanesia*, pp. 39–59, Melbourne: aura。

麦卡锡，F. D., McCarthy, F. D. (1961) "The Rock Engravings of Depuch Island, Northwest Australia", *Records of the Australian Museum* 25: 121–148。

麦康维尔，P., McConvell, P. (1996) "Backtracking to Babel: The Chronology of Pama-Nyungan Expansion in Australia", *Archaeology in Oceania* 31(3): 125–144。

麦克唐纳，J. J., McDonald, J. J. (2005) "Archaic Faces to Headdresses: The Changing Role of Rock Art across the Arid Zone"，收入 P. M. 维斯，M. 史密斯和 P. 希斯考克（主编），in P. M. Veth, M. Smith & P. Hiscock (eds) *Desert Peoples: Archaeological Perspectives*, pp. 116–141, Oxford: Blackwell。

麦克唐纳，J. J., McDonald, J. J. (2008) *Dreamtime Superhighway: An Analysis of the Sydney Basin Rock Art and Prehistoric Information Exchange*, Canberra: anu EPress。

麦克唐纳，J. J. 和维斯，P. M., McDonald, J. J. & Veth, P. M. (2006) "Rock Art and Social Identity: A Comparison of Graphic Systems Operating in Arid and Fertile Environments in the Holocene"，收入 I. 利利（主编），in I. Lilley (ed.) *Archaeology of Oceania: Australia and the Pacific Islands*, Oxford: Blackwell。

麦克唐纳，J. J. 和维斯，P. M., McDonald, J. J. & Veth, P. M. (2007) "Pilbara and Western Desert Rock Art: Style Graphics in Arid Landscape"，收入 M. 布鲁姆，P. 乔治和 G. 彼得罗博尼（主编），in M. Bloom, P. Giorgi & G. Pietroboni (eds) *Rock Art in the Frame of the Cultural Heritage of Humankind*, xxii Valcamonica Symposium, pp. 327–334, Capo di Ponte: Edizioni del Centro。

麦克唐纳，J. J. 和维斯，P. M., McDonald, J. J. & Veth, P. M. (2008) "Rock-art of the Western Desert and Pilbara: Pigment Dates Provide New Perspectives on the Role of Art in the Australian Arid Zone", *Australian Aboriginal Studies* 2008(1): 4–21。

麦克唐纳，J. J. 和维斯，P. M., McDonald, J. J. & Veth, P. M. (2009) "Dampier Archipelago Petroglyphs: Archaeology, Scientific Values and National Heritage Listing", *Archaeology in Oceania*, 44 suppl. : 49–69。

麦克唐纳，J. J. 和维斯，P. M., McDonald, J. J. & Veth, P. (2011) "Information Exchange amongst Hunter-Gatherers of the Western Desert of Australia”, 收入 R. 惠伦、W. A. 罗维斯和 R. K. 希契科克 (主编), Whallon, R., Lovis, W. A. and R. K. Hitchcock (eds) *The Role of Information in Hunter Gatherer Band Adaptations*, pp. 221–234, Los Angeles: The Costen Institute of Archaeology Press of UCLA。

马威克, B., Marwick, B. (2009) “Change or Decay? An Interpretation of Late Holocene Archaeological Evidence from the Hamersley Plateau,Western Australia”, *Archaeology in Oceania*, 44 suppl. : 16–22。

梅纳德 , L., Maynard, L. (1977) “Classification and Terminology in Australian Rock Art”, 收入 P. J. 乌可 (主编), in P. J. Ucko (ed.) *Form in Indigenous Art*, Canberra: *Australian Institute of Aboriginal* Studies。

穆瓦尼 , K., Mulvaney, K. (2009) “Dating the Dreaming: Extinct Fauna in the Petroglyphs of the Pilbara Région,Western Australia”, *Archaeology in Oceania*, 44 suppl. : 40–48。

曼恩 , N., Munn, N. (1973) *Walbiri Iconography*, Ithaca: Cornell UP。

奥康纳 , S., 维斯 , P. 和坎贝尔 , C., O’Connor, S., Veth, P. & Campbell, C. (1998) “Serpent’s Glen: A Pleistocene Archaeological Sequence from the Western Desert”, *Australian Archaeology* 46: 12–22。

奥格雷迪 , G. N., O’Grady, G. N. (1966) “Proto-Ngayarda Phonology”, *Oceanic Linguistics* 5: 71–130。

奥格雷迪 , G. N. 和劳克伦 , M., O’Grady, G. N. & Laughren, M. (1997) “Palyuku Is a Ngayarta Language”, *Australian Journal of Linguistics* 17(2): 129–154。

帕尔默 , K., Palmer, K. (1975) “Petroglyphs and Associated Aboriginal Sites in the North-west of Western Australia”, *Archaeology and Physical Anthropology in Oceania* 10(2): 152–160。

帕尔默, K., Palmer, K. (1977) “Myth, Ritual and Rock Art”, *Archaeology and Physical Anthropology in Oceania* 12(1): 38–50。

彼得森 , N., Peterson, N. (1976) “The Natural and Cultural Areas of Aboriginal Australia: A Preliminary Analysis of Population Groupings with Adaptive Significance”, 收入 N. 彼得森 (主编), in N. Peterson (ed.) *Tribes and Boundaries in Australia*, pp. 50–71, Canberra: Australian Institute of Aboriginal Studies / Atlantic Highlands, NJ: Humanities Press。

彼得里 , H. 和舒尔茨 , A. S., Petri, H. & Schultz, A. S. (1951) “Felsgravierungen aus Nordwest-Australien”, *Zeitschrift fur Ethnologie* 76: 70–93。

罗森菲尔德 , A., Rosenfeld, A. (1991) “Panaramitee: Dead or Alive?”, 收入 P. 巴恩和 A. 罗

森菲尔德 (主编), in P. Bahn & A. Rosenfeld (eds) *Rock Art and Prehistory: Papers presented to Symposium g of the aura Congress*, Darwin 1988, pp. 136–144, Oxford: Oxbow Books。

萨克特, J. R., Sackett, J. R. (1990) "Style and Ethnicity in Archaeology: The Case for Isochrestism", 收入 M. 康基和 C. 哈斯托夫 (主编), in M. Conkey & C. Hastorf (eds) *The Uses of Style in Archaeology*, pp. 32–43, Cambridge: Cambridge UP。

史密斯 , C. E., Smith, C. E. (1989) Designed Dreaming: Assessing the Relationship Between Style, Social Structure and Environment in Aboriginal Australia, Unpublished BA (Hons) Thesis, Armidale: University of New England。

史密斯 , M. A., 威廉姆斯 , A., 特尼 , A. 和库珀 , M. L., Smith, M. A., Williams, A., Turney, C. & Cupper, M. L. (2008) "Human-environment Interactions in Australian Drylands: Exploratory Time-series Analysis of Archaeological Records", *The Holocene* 18(3): 397–409。

汀达尔 , N. B., Tindale, N. B. (1974) *Aboriginal Tribes of Australia*, Berkeley: University of California Press。

汤金森 , R., Tonkinson, R. (1974) *The Jigalong Mob: Aboriginal Victors of the Desert Crusade*, Menlo Park, CA: Cummings Publishing Co.。

汤金森 , R., Tonkinson, R. (1978) *The Mardudjara Aborigines: Living the Dream in Australias Desert*, New York: Holt, Rhinehart and Winston。

特纳 , J., Turner, J. (1981) Murujuga: A Spatial Analysis of the Engraved Rock Art of Withnell Bay, Unpublished BA (Hons) thesis, Perth: Department of Anthropology, University of Western Australia。

维斯 , P. M., Veth, P. M. (1993) *Islands in the Interior: The Dynamics of Prehistoric Adaptations within the Arid Zone of Australia*, Ann Arbor, Michigan: International Monographs in Prehistory。

维斯 , P. M., Veth, P. M. (2000) "Origins of the Western Desert Language: Convergence in Linguistic and Archaeological Space and Time Models", *Archaeology in Oceania* 35(1): 11–19。

维斯 , P. M., Veth, P. M. (2005a) "Cycles of Aridity and Human Mobility: Risk Minimisation among Late Pleistocene Foragers of the Western Desert, Australia", 收入 P. 维斯 , M. 史密斯和 P. 希斯考克 (主编), in P. Veth., M. Smith & P. Hiscock (eds) *Desert Peoples: Archaeological Perspectives*, pp. 100–115, Oxford: Blackwell。

维斯, P. M., Veth, P. M. (2005b) "Between the Desert and the Sea: Archaeologies of the Western Desert and Pilbara Region, Australia", 收入 M. 史密斯 和 P. 赫西 (主编), in M. Smith & P. Hesse (eds) 23S: *Archaeology and Environmental History of the Southern Deserts*,Canberra: National Museum of Australia。

维斯, P., Veth, P. (2006) "Social Dynamism in the Archaeology of the Western Desert", 收入 B. 戴维, I. J. 麦克尼文 和 B. 巴克尔 (主编), in B. David, I. J. McNiven & B. Barker (eds) *The Social Archaeology of Indigenous Societies*, pp. 242–253, Canberra: Australian Aboriginal Studies Press。

维斯, P., 希斯考克, P. 和威廉姆斯, A., Veth, P., Hiscock, P. and Williams, A. (2011) "Are Tulas and ENSO linked in Australia?", *Australian Archaeology* 72: 7–14。

维斯, P., 史密斯, M. A., 鲍勒, J., 菲茨西蒙斯, K. E., 威廉姆斯, A. 和希斯考克, P., Veth, P, Smith, M. A., Bowler, J., Fitzsimmons, K. E., Williams, A. & Hiscock, P. (2009) "Excavations at Parnkupirti, Lake Gregory, Great Sandy Desert: OSL Ages for Occupation before the Last Glacial Maximum", *Australian Archaeology* 69: 1–10。

温尼科姆, P., Vinnicombe, P. (1987) Dampier Archaeological Project: Resource Document, Survey and Salvage of Aboriginal Sites, Burrup Peninsula, Western Australia, Perth: WA Museum, Department of Aboriginal Sites。

温尼科姆, P., Vinnicombe, P. (2002) "Petroglyphs of the Dampier Archipelago: Background to Development and Descriptive Analysis", *Rock Art Research* 19 (1): 3–27。

威斯纳, P., Wiessner, P. (1989) "Style and Changing Relations between Individual and Society", 收入 I. 霍德 (主编), in I. Hodder (ed.) *The Meanings of Things: Material Culture and Symbolic Expression*, pp. 56–63, London: Unwin Hyman。

沃布斯特, H, M., Wobst, H. M. (1977) "Stylistic Behaviour and Information Exchange", 收入 C. E. 克莱兰 (主编), in C. E. Cleland (ed.) *For the Director: Research Essays in Honour of J. B. Griffen*, pp. 317–342, Ann Arbor: Anthropological Papers, Museum of Anthropology, University of Michigan。

沃姆斯, E. A., Worms, E. A. (1954) "Prehistoric Petroglyphs of the Upper Yule River, North-Western Australia", *Anthropos*, 49: 1067–1088。

赖特, B. J., Wright, B. J. (1968) *Rock Art of the Pilbara Region, North-west Australia*, Canberra: Australian Institute of Aboriginal Studies。

赖特, B. J., Wright, B. J. (1977) "Schematisation in the Rock Engravings of North-western Australia", 收入 P. J. 乌可 (主编), in P. J. Ucko (ed.) *Form in Indigenous Art: Schematisation in the Art of Aboriginal and Prehistoric Europe*, pp. 110–116, Canberra: Australian Institute of Aboriginal Studies。

观看者范式：全球化时代的艺术感知

彼得·施内曼　著
王文娥　译

近年来，艺术史在法则、模型和范式方面都经历了一些转变，这些法则、模型和范式构成一切描述性、诠释性和解释性努力的基础。很长时间以来，艺术史学科一直以与时间相关的（过去与现在）史学叙事为主，专注于发展概念和历史距离的研究。今天，我们将重点讨论空间参照，即地理分布和文化领地的研究（利普纳，2007）。艺术地图绘制已经成为一门显学和研究范式。地图取代了时线，人类学取代了解释学，“何处”取代了“何时”。地点取代了日期，成为方法论思考的核心议题（奥奈恩斯，2004；埃尔金斯，2007；贝尔廷，2009；达科斯塔·考夫曼，2005；卡罗尔，2007）。

当然，上述对立并非如此简单。模型之间的转换是有趣的时刻。克拉瓦格纳明确指出，我们经常发现地域距离转换为一种历史距离。我之所以采用简化的二元对立法，是为了探究我们能否从历史距离的相关讨论中学到一些东西。历史距离作为一个解释学问题，使当代世界艺术史某些问题的研究成为可能。

我指的是 20 世纪 80 年代曾经深刻影响欧洲进步艺术史观点的话语。哲学家伽达默尔（1960）讨论了历史距离何以构成解释学主要困境的问题。我们如何理解中世纪的一件作品以及为什么要这样做？历史距离是否意味着缺乏理解，重建历史视角是唯一的答案吗？伽达默尔关于历史距离的潜力的观点——促使当代观看者、他或她的经验视野，以及一件用于仪式宗教场合的古老作品在当下的相遇成为可能——对新的解释学模型产生了深远的影响。除马克斯·伊姆达尔、翁贝托·埃科的作品（1976）外，艺术史学家开始阅读苏珊·桑塔格的《反对阐释》（1986）一书。

与所处语境和时代密切关联的感知主体概念对艺术史和博物馆学产生了巨大影响。艺术史关注从历史角度观察美学形式的多种可能性，并开始探究以往对古代艺术精品的艺术诠释。作品感知中出现的“错误”和“误解”的历史被看作一个能够丰富艺术品意义的维度，从而使开放性的诠释过程更具层次感。今天，当代观看者与某座教堂中的某个图像的“原初”功能之间的历史距离的挑战仍具紧迫性；然而，我们也要接受多种可能的参照系。

今天，新的挑战更多来自空间距离和文化差异，而较少来自时间和历史距离。空间关系可以被看作一个新的、主流的参照系。尽管我认为空间参照系要比时间参照系更为复杂，但相关的讨论似乎局限于20世纪70年代和80年代所取得的成果，且深陷于历史距离最初提出的类似问题中。情况常常是(有时受到政治动机的驱动)，我们重新引入作者身份、意图和本真性等老概念，主张“正确的”视角，反对“错误的”视角。

而颇为矛盾的是，这是由于人们对（与理想的统一性概念相关的）空间和位置的理解严重不足所导致的结果。展览目录中那些不胜枚举的展品介绍强调了这种内在理解的必要性，而非多种外部视角。艺术家、艺术作品和理想的观看者被认为同属一种文化的、社会的甚至话语的语境，这种语境受本土传统支配，且与本真的文化实践融为一体。在评鉴受不同语境影响且面向不同观众的感知困难时，这种统一性就成为理想的参照模型。此外，这种统一性还常常被用作评鉴艺术家身份的参照。例如，印度或非洲艺术展的评论家喜欢指出这样的事实：当入展者包括受过西方教育的艺术家时，就会在某种程度上破坏一种“本真的”非洲或印度艺术。这种观点不仅与致命的内/外、“我们”/“他们”等对立逻辑直接相关，同时也与谁能够正当地说话、描述和判断的问题直接相关(罗戈夫，2000；马丁，1989；斯皮瓦克，1988)。然而，倘若我们对位置概念详加审视，就会发现场址是“分形的”（fractal，意指流动的、分散的和多层的）。[1]

首先，当代艺术家已经是一个旅行者。在布达佩斯举行的“世界艺术史大会”（CIHA）讨论了古老的游牧概念。直至今日，这一概念仍然在影响着艺术家的自我定义（施内曼，2008）。其次，早在全球展出现之前，那些我们通过追溯其原址而加以定义的物体，就经历了长久的旅行——我们知道，中国 11 世纪的艺术品原是出于外交目的而馈赠给世界各国的礼物；它们不断适应着人们期望的变化，同时也不断改变着自身的地位（安德森，2009）。最后，观看者与其遇到艺术品的位置之间是动态的联系。大众逐渐接受了旅行规则。

定义“何处”、场址和边界流动性的艺术项目构成当代艺术实践的核心。展示场址，即博物馆和艺术展，承担了引导我们走向外部世界的任务。地理参照系最古老的特点之一是“投射”，如对一个“更美好的世界”或遥不可及的地方的向往。世界作为蓝图的观点意味着艺术家要承担设计者和工匠的责任，在这样的责任中，艺术家无所不能的乌托邦幻想被极端化了。在 2005 年的威尼斯双年展上，塞尔吉奥·维加的主题为“新世界的天堂”的展出项目就提出了愿景与重构的问题（维加等人，2006）。

维加生于阿根廷，在纽约和耶鲁度过了一段求学生涯，现居佛罗里达。他的旅行不仅与其身份有关，更与一个兼具第三世界问题和现代性梦想的地方有关。他的人生之旅始于一本 1650 年的出版物，其中标注了南美洲天堂的所在位置。于是，围绕这个 17 世纪天堂的地理位置，维加开启了一场从文学传统到自然史和神学研究的旅行。

> 当我决定寻找皮内洛的天堂的时候，我手里只有这本书的复印本、佩德罗·奎罗兹绘于 1617 年的一张地图，以及一张机票。我下定决心，一定要深入南美洲腹地，通过自己的努力找到那个地方。就这样，发现之旅一旦开启，就注定会变成对先前文本的确认，这本身就是对文本的一种修正。这样的修正无穷无尽，从但丁到马可·波罗，再到《旧约》。

随之，维加的项目为西方博物馆带来了相关的展品陈列（此前，这些博物馆充斥着为常规游客所熟悉的巴西意象）。维加利用他在旅途中搜集的残片，构建了一个跨越文献与想象之间的界限的环境。他将自己的旅行、博物馆的常规陈列以及游客所能接受的新奇“模式”有机地结合起来。我们看到鹦鹉装饰的“门廊”，听到留声机播放的巴萨诺瓦爵士乐。巴西的现代性语言与遭到毁坏的亚马孙土地、“重建的”贫民窟等意象相互交织。呈现“那里”意象的地方完全是怪诞的、混杂的和“分形的”。

简言之，我认为我们能够运用空间和文化参照系的复杂性，来找到在动态中不断实现自我发展的多层理解。我们甚至能够更进一步，将艺术的乌托邦性质与艺术地理遵循自身规律的事实联系起来。艺术不仅内在于地理之中，而且还是塑造地理格局、界定中心与边界、生产近（这里）和远（那里）意象等过程的一个积极能动者。

在浏览威尼斯双年展的游客须知时，我们看到的是一幅讲述艺术地理故事和大多数人可能从未到访过的国家的地图。呈现在我们面前的是一个由艺术作品缔造而成的地理学。比如，墨西哥特蕾莎·玛格丽丝的作品（梅迪纳，2009）增加了我们对遥远国度的了解，也塑造了我们的想象力。参观意大利老罗塔宫的游客会遇到两种不同的语言。第一种是简单的信息，即一段描述墨西哥毒品战争和死亡人数的叙事。仅在去年，就有约5000人死于毒品。这就引发了第二种语言。游客通过受害者的鲜血这一媒介，见识到包含与毒品有关的表现和装置的作品。关于远方的叙事被转化为一种对血的味道的身体反应，以及展厅布置所带来的病态体验。这样，“展览”入口处的信息就成为一种参照系，将游客的感知与其对（很多游客可能从未到过的）另一个大洲上某个地方的想象联系起来。

在思考“空间参照系”的时候，我们必须把它看作一个不稳定的、动态的体系，这是因为它是由艺术家的表现力和观看者的想象力共同构成的。在成为自我叙事的过程中，空间参照系不断发展自己的潜力，并呈现自己的问题。话语发生的地点可能与想象中的“本真”语境相距甚远。于是，与想象中的地方实现心意相通的假想，就逐渐演变成一种意识：这样的相通几乎是不可能的。在2002年的第11届卡塞尔文献展上，奥奎·恩维佐驳斥了单一化的世界艺术展的观点，并通过自己在世界各地举办的旨在探讨全球主义、差异和认同等问题的五大创新性展览平台，挑战了普遍主义的观点。恩维佐的去中心化行为表明了一个事实：总有一些我们无法参与的地方和话语。我们习惯于谈论我们永远不能到访的地方，无论是想象的还是建构的。这样，地理参照系就成为一种满足我们对文化多样性的需求的虚构体系。在当今的经济体制甚至全球化艺术市场中，文化多样性似乎正承受着压力。伊利亚·卡巴科夫虽然在美国居住多年，但他的参照系仍然是苏联。在《在社区厨房中》等一系列作品中，卡巴科夫唤起人们对苏联和俄罗斯日常生活等文化问题的关注。[2]我们对卡巴科夫的艺术感知是俄罗斯的，甚至借助他的艺术来丰富我们对那个遥远国度的想象。奥拉维尔·埃利亚松生于丹麦，在柏林生活和工作，但他的参照系却是冰岛。上述例子表明，空间和文化的变迁并不意味着艺术家不再参照某个地理空间。恰恰相反，空间参照系不断发展自己的叙事性，使之能够超越简单的“对”与“错”，存在于一个想象力与生产力相互交融的层面上。

但当所有事物与普遍主义混在一起的时候，这样的模糊性就不再有了。很明显，我们需要“他者”的概念或理念。“他者”一词曾在与大英帝国前殖民地国家相关的后殖民话语中被广泛探讨（巴巴，1994；恩维佐，2003）。我们之所以需要“他者”、差异和误解的过程，是为了杜绝任何形式的僵化普遍主义（比德勒，2004）。直到最近，作为“他者”的非西方艺术在西方当代艺术理解中几乎是缺位的（魏贝尔，2007；麦克维利，1992）。

伴随着后殖民话语的改变，博物馆也调整了自己的话语，并参与到世界各地的艺术生产当中，以期恢复西方艺术与非西方艺术之间的联系，正如华金·巴连多斯所称，“重写西方地区和非西方地区之间的地缘政治债务”。在这一过程中，这些新兴的“地理美学地区”被纳入到西方艺术正典地理学中。然而，由于其固守欧洲中心主义，这样的“地缘政治修正主义”注定不能实现多样性。其结果也正如巴连多斯所述，乃是“全球艺术概念的再西方化”（巴连多斯，2009）。

支持普遍主义概念的趋势之一是神经元艺术史的出现，这是一门涵盖神经科学知识的艺术史学科。该学科最杰出的代表人物是约翰·奥尼恩斯。奥尼恩斯认为，神经元艺术史有助于我们理解艺术缘何在第一个地方被创造，又缘何在不同时间、不同地点呈现出不同的模样（2007）。大脑的神经元可塑性不断被视觉体验所重塑。当我们注视一件物体的时候，就在神经元之间建立了新的联系。神经元艺术史学家认为，由于一个社群中的大多数人会面临同样的环境（动物、植物等），他们的大脑就会受到类似的审美训练。于是，整个社群就会拥有类似的审美偏好。之后，这些审美偏好再被鲜明地投射到艺术生产和艺术接受中。由此，神经元艺术史的拥护者认为，神经元艺术史与全球艺术史的相关性在于，它能够使人们对所有地方、所有年代的艺术给予同等的关注和同样严谨的对待。换言之，这是对待艺术的普遍主义方式。

然而，神经元艺术史对生物学的过分强调限制了其对世界艺术史相关问题的探讨，如阅读和理解的多样性。除具体的审美训练之外，每个群体都有一套植根于自身文化、社会和宗教背景的符号系统。这些符号系统千差万别，并在复杂的空间结构中影响着当代物体的生产和感知。感知公众作为一个异质群体，会展示出其“生产性误解”的潜力。这一点从德国艺术家格列格·施耐德为威尼斯双年展所设计的“2005 年威尼斯立方体”中可见一斑。通过对特定作品的不同感知，我们认识到，我们的邻居可能会以我们无法理解的方式来解读作品形式。这些不同的感知与神经元艺术史学家所称的普遍主义解读是冲突的。因此，文化多样性将促进一种“生产性误解”，即我们作为异位主体看待异位客体时的情形。没有什么展示或框定策略能够阻止理解范畴的独立构建。所谓揭示艺术品“真实”意图和意义的“正确”理解，无非是一种幻觉而已。感知必然与投射相关。此外，正如我们在施耐德项目中所看到的那样，正是误解和多元解读才揭示了艺术作品潜在的、多重的意义，而这些意义可能并非原创者的本意。对艺术作品持“正确”视角的观看者是不存在的，即便他 / 她与艺术家来自相同的语境。然而，通过误解或自我理解的生产，所有观看者都能够对异位物体的潜力和力量做出自己独有的贡献。

Peter J. SCHNEEMANN:
PARADIGMS OF THE BEHOLDER. THE
PERCEPTION OF ART IN A GLOBAL AGE: OVER HERE-OVER THERE
(*DIOGENES*, No. 231, 2011)

注：

[1] 关于位置的多层性和异质性，请参见权美媛（2002）和祖德尔伯格（2000）。

[2] 这些作品包括 :《在社区厨房中》，巴黎，1993 年；季娜 · 维埃尼画展，巴黎，1993 年；《母亲的相册》，巴黎，1995 年；《祖国早晨，你好 !》，1981 年；《红阁子》，1993 年等。

参考文献:

安德森 , J. (主编), Anderson, Jaynie, ed. (2009) *Crossing Cultures: Conflict, Migration and Convergence. The Proceedings of the 32nd International Congress of the History of Art*, Carlton (Vic.): The Miegunyah Press。

巴连多斯 , J., Barriendos, Joaquín (2009) "Geopolitics of Global Art. The Reinvention of Latin America as a Geoaesthetic Region", 收入 H. 贝尔廷和 A. 布登西格 (主编), in H. Belting & A. Buddensieg (eds) *The Global Art World. Audiences, Markets, and Museum*, pp.98–115, Ostfildern: Hatje Cantz。

贝奇曼 , O., Bätschmann, Oskar (1984) *Einführung in die kunstgeschichtliche Hermeneutik: die Auslegung von Bildern*, Darmstadt: Wissenschaftliche Buchgesellschaft。

贝尔廷 , H., Belting, Hans (2009) *The Global Art World: Audiences, Markets, and Museums*, Ostfildern: Hatje Cantz。

巴巴 , H. K., Bhabha, Homi K. (1994) *The Location of Culture*, London: Routledge。

比德勒, C., Bydler, Charlotte (2004) *The Global Artworld inc.: On the Globalization of Contemporary Art*, Uppsala: Uppsala University。

卡罗尔 , N., Carroll, Noël (2007) "Art and Globalization: Then and Now", *Journal of Aesthetics and Art Criticism* 65(1): 131–143。

达科斯塔・考夫曼 , DaCosta Kaufmann, T. (2005) *Time and Place: The Geohistory of Art*, Aldershot: Ashgate。

德安 , T. 和米勒 , J., Dean, Tacita & Millar (2005) *Art Works: Ort*, Hildesheim: Gerstenberg。

埃科 , U., Eco, Umberto (1976) *Opera aperta* 2, Milan: Bompiani。

埃尔金斯 , J., Elkins, James (2007) *Is Art History Global?* NewYork: Routledge。

恩维佐 , O., Enwezor, Okwui (2002) *Documenta 11_Platform 5*, Ostfildern: Hatje Cantz。

恩维佐 , O., Enwezor, Okwui (2003) "The Postcolonial Constellation: Contemporary Art in a State of Permanent Transition", *Research in African Literatures*, 34(4): 57–82。

伽达默尔 , H. G., Gadamer, Hans-Georg (1960) *Wahrheit und Methode: Grundzüge einer philosophischen Hermeneutik*, Tübingen: J. C. B. Mohr。

格罗伊斯 , B., Grojs, Boris (1997) *Die Logik der Sammlung. Am Ende des musealen Zeitalters*, München: Hanser。

霍尔 , S. (2003), "Maps of Emergency: Fault Lines and Tectonic Plates", 收入 G. 塔瓦德罗

斯 (主编), in G. Tawadros (ed.) *Fault Lines: Contemporary African Art and Shifting Landscapes*, London: Institute of International Visual Arts。

克 拉 瓦 格 纳 , C., Kravagna, Christian (1997) *Privileg Blick: Kritik der visuellen Kultur*, Berlin: Edition ID-Archiv。

权 美 媛 , Kwon, Miwon (2002) *One Place after Another: Site-Specific Art and Locational Identity*, Cambridge, ma: mit Press。

利普纳, R., Lippuner, Roland (2007) "Sozialer Raum und Praktiken: Elemente sozialwissenschaftlicher Topologie bei Pierre Bourdieu und Michel de Certeau", 收入 S. 金策尔 (主编), in S. Günzel (ed.), *Topologie: Zur Raumbeschreibung in den Kulturund Medienwissenschaften*, pp. 265–277, Bielefeld: transcript。

马丁 , J. H. (主编), Martin, Jean-Hubert, ed. (1989) *Magiciens de la terre*, Nice: Z'éd。

梅迪纳 , C. (主编), Medina, Cuauhtémoc, ed. (2009) *Teresa Margolles. ¿ De que otra cosa podríamos hablar?* Barcelona: RM。

麦克维利 , T., McEvilley, Thomas (1992) *Art & Otherness: Crisis in Cultural Identity*, New York: McPherson。

奥奈恩斯 , J., Onians, John (2004) *Atlas of World Art*, London: Laurence King Publishing。

奥奈恩斯 , J., Onians, John (2007) *Neuroarthistory: From Aristotle and Pliny to Baxandall and Zeki*, New Haven: Yale University Press。

罗戈夫 , I., Rogoff, Irit (2000) *Terra Infirma: Geography's Visual Culture*, London: Routledge。

施内曼 , P. J., Schneemann, Peter J. (2008) "Welterfahrung und Weltentwurf des reisenden Künstlers in der Gegenwart", *Acta Historiae Artium Academiae Scientiarum Hungaricae* 49: 45–54。

桑塔格 , S., Sontag, Susan (1986) *Against Interpretation and Other Essays*, New York: Octagon Books。

斯皮瓦克 , G. C., Spivak, Gayatri Chakravorty (1988) "Can the Subaltern Speak?", 收入 C. 内尔松和 L. 格罗斯伯格 (主编), in C. Nelson & L. Grossbery (eds), *Marxism and the Interpretation of Culture*, pp. 271–313, Basingstoke: Macmillan。

祖德尔伯格 , E., Suderburg, Erika (2000) *Space, Site, Intervention Situating Installation Art*, Minneapolis: University of Minnesota Press。

维加 , S. 等 , Vega, Sergio et al. (2006) *Extraits de «El Paraíso en el nuevo mundo»*, Paris: Palais de Tokyo,site de création contemporaine: éd. Paris-Musées。

魏贝尔 , P., Weibel, Peter (2007) *Contemporary Art and the Museum: A Global Perspective*, Ostfildern: Hatje Cantz。

在创制与实践之间：女性与艺术

弗朗索瓦丝·柯兰　著
杜　鹃　译

谨以此文纪念玛尔特·韦里，她将她的涂红木板靠墙摆在蓬皮杜国家艺术文化中心，然后与世长辞。

富于创造力的女性在艺术史中的缺席或最起码乏善可陈的存在，一直未经检视。它反映出这群女性在由政治制度支撑、决定生活世界形态的过程中的缺席。这一缺席要么是通过忽视这群女性的所谓普选权，要么是通过仍有待实现的代表权均等。

人民中的这个半数不仅缺席于投票站和议会，同时缺席于工作室、展览馆、美术馆以及更一般的公共空间。诚然，女性在艺术中到处都“被体现”，但她们却不出现。她们被言说但不去言说。被观看但不去观看。这种状态从1970年起导致琳达·诺奇林（1988年）于女性主义运动的早期动荡时期，在一篇引人注目的文章中直截了当地提出：“为什么从来没有伟大的女艺术家？”她给出的答案驳斥了通常的解释——女性似乎缺乏创造力必不可少的特殊“天赋”——而指出扼杀其创造力的历史和社会条件。从那一刻起，这个问题就在整个女性主义运动中不断回响，以不同形式——既一般[1]又与具体作品相联系地——重新表达。

“伟大女艺术家缺席”这一事实不仅未经疑问或质疑，还被哲学家作为有自然依据的本体论假设当作真理接受下来。他们为此遍寻历史，找到了被认为与常识相呼应的精致辩护（柯兰、皮西耶和瓦里卡，1999）。当谈及女性问题（因为从不存在男性问题），哲学家最常做的是传达并确认常识，将其认可为事实，而不是对它进行讨论以检验其真值。

在历史进程中创制创造性作品的女性的缺席或非常有限的存在涉及几个特征。首先，女性被长期局限于私人空间，或者更确切地说家庭空间，并未将自身视为潜在的艺术家——作为她们所栖居世界中的参与者——何况直到20世纪之前，她们都不得接触创制艺术作品所必需的培训，无论是大师工作室或美术院校。但是，有些人通过父亲或可能是情人确实设法获得了必要的训练，并能够在其荫庇下工作。其次，与历史上众多著名画家相比，女性不能从宫廷、贵族或教会大资助人的资助中受益，更遑论当代作为合法化机构的“艺术市场”上的可靠商品。

在不需要专门培训或基础设施，而仅需弗吉尼亚·伍尔夫所拥有的“自己房间”——即便如此也难为多数人享有——的文学领域，女性或至少部分女性的确更能脱颖而出。然而，她们仍然是少数，主要以我们熟悉的书信或旅记形式为代表，也包括小说。[2]

但是，值得注意的是，在作品不属于具体作者因而保持匿名并且不陷入权力问题的领域，女性的数量大大增加：当代博物馆相互竞争的民族或流行艺术就是如此，由社会边缘的“局外人”制作、以“原生艺术”为标签的艺术亦是如此，[3]这种情况是让·迪比费及其他人率先搜集并揭示的。

极度缺乏对女性的接纳体系，令女性创造艺术作品面临的障碍雪上加霜。艺术批评和艺术史长期以来一直对女性创作作品的独创性视而不见，或甚至对其存在熟视无睹，它们经常不是按作品内在品质评价，而是按照作者作为某个男人的情人、妻子、女儿、门徒或缪斯来评价。此外，这种特权形式在当代艺术界尚未完全消失。

这种实际情况在哲学唯理论中找到了回响和证明。如康德接续埃德蒙·伯克在《判断力批判》所阐明的，美丽与崇高的著名区分被带有性别倾向的术语表达出来：女性最多只能适用美丽的，甚至是装饰性的，但不是崇高的。西蒙娜·德波伏娃自己在涉及“姐妹”时也不乏严苛，认为除了极少数例外（虽然不能确定，她可能也将自己列位其中），她们到目前为止只是证明了自身才华横溢，但并非天才。不过奇怪的是，她在这一判断中排除了神秘主义者的作品，尤其是阿维拉的特蕾莎，其观点启发了雅克·拉康的“继续”研讨班。

受到20世纪后30年的女性主义运动的启发，对这些明显现实的不断反思和评论是从以下两方面展开的：一方面通过考察历史及社会背景而非所谓的本体论不足，阐明女性在艺术史中的缺席或相对缺席；另一方面是要为那些确实创造了作品的女性艺术家们正名，她们目睹了自己的作品并非遭到查禁，而是销声匿迹。这是一个双面的问题，通过一种微妙的过程，既要强调造成伟大的女性艺术家稀有的历史条件，又要使那些女性艺术家曾经的隐蔽性存在变得可见和凸显。女性历史学家有责任通过对过去的根本改造来进行这项复苏和复兴工作。

政治与象征：感性的分配

数百年来，在许多不同的文化中，妇女不仅缺席于决定社群组织的政治舞台，也同样缺席于决定社群及其表现形式的活力的艺术舞台，雅克·朗西埃（2000）恰当地将后者命名为“感性的分配”。与被排除在象征领域之外相伴随，她们也被排除在政治领域之外，这引发了对这两个语域之关联的质疑。因为如果按照汉娜·阿伦特在《人的境况》一书中提出的区分，行动（意思是政治行动）区别于（对象的）制造，而艺术虽然在历史上由对象来体现，却属于行动语域。因此，似乎有些犹豫的阿伦特将对艺术的讨论和分析置于行动一章的最后，正在制造一章之前：讨论和分析的是实践（praxis）方面而不是创制（poiesis）方面，仿佛她预感到某一天艺术将不再需要对某个对象的塑造。

女性艺术家被排斥或被少数化的状态在各种掩盖下一直持续至今。艺术史只承认非常有限的部分女性，较少承认女性在艺术运动中发挥着决定性作用。这无疑部分归因于近视的史学方法，对此采取追溯性的补救措施至关重要。但这也尤应归因于持久的社会和社会政治事实。很少有女性能够成为运动的发起者，甚至是在艺术史中占有重要地位的作品的创作者。这不是因为她们受到先天能力不足的影响，而是由于尽管已经逐渐在艺术舞台占据一席之地，并成为艺术史包括先锋艺术（博内，2006）的一部分，这些女性艺术家今日仍然挣扎在艺术舞台上以求扮演创始者的角色或以求其创始者角色得到承认。对这种困境的精神分析解读将其归因于事实上以及幻想上的母亲全能，这使

初创者（阿伦特）。

这始终是一个开放的问题，因为如果像例如概念艺术彻底证明的、艺术表达衰减为对专业技艺的依赖，那么艺术将变得比以往更加具有依赖性，甚至首先依赖其创造者的权威。“随便什么”——杜尚展示的瓶架或小便池——的确成为一件艺术作品，但并非基于“随便谁”或随便哪里的权威。伴随“随便什么”的是某种并非“什么都行”的展示条件。

首先，杜尚是首届独立沙龙的主席，即便他的确曾经辞任。正如蒂埃里·德迪夫写道（2000：28），“他花了很长时间精心谋略，安排自己被任命为展览委员会的主席，偷偷摸摸送去一件取名为《泉》的麻烦物件，他未出席《泉》遭到暴风雨般拒斥的会议，庄严地提出辞职，然后施魔法般地使其重新出现在施泰格利茨的镜头之前”。

艺术作品就不再要求培训或专长而言所失去的，它从权威中重获和索求。对技艺的掌握与移置或介入行为的大胆同样地不再重要。街上的一堆灰烬了无意义，而博物馆或展览馆木地板上的一堆灰却被注入了意义，成为“引用艺术”的一部分（孔帕尼翁，1979；科克兰，1998）。博物馆里的一堆灰烬立刻为街上的灰堆赋予了生死。具有决定性的不再或不再仅是对象自身的性质，而是情境性（mise-en-situation）。

因此，用阿兰·巴迪欧的术语来说，艺术作品变得“不纯粹”。艺术与非艺术之间的界限变得脆弱，甚至即便无法辨认，但仍然非常真实。20世纪70年代，戏剧、舞蹈和造型艺术全部退出其专用空间，并在街头、工厂或私人住宅探索了全新的表演场所，这并非偶然。与此同时，艺术作品以其不容侵犯的独特性放弃了对“杰作”的神话指称。按照这种方式，同一幅领袖画像的无限复制品消解了其神话般的力量，并将其简化为“技术可复制时代”的简单人工制品（本杰明，2008），而不是给予其神话般的地位。因为图像的地位并非是毫不含糊的：图像既是制定的和神圣化的，又是被罢免和无效的。站在这两者之间，需要采取在某种意义上说是信仰行为的行动，即便在艺术的去神圣化中也能回溯起艺术与神圣之间的祖先联系。

在确定艺术作品的构成方面，从专长语域向权威语域的转变并不一定对女性有利。因为如果能够获得专长，就一定能赢得相应的权威。女性艺术家从女性主义浪潮的收获中获益——即使她们与其保有距离，一直致力于赢得这种权威，她们超越了获得权利和技能培训的范围，沿循这条道路追求对“这就是艺术”的纯粹和简单的肯定，以此打碎“表现障碍”。这种明确宣称对权威的诉求仍然是充满风险的冒险，因为它需要得到他人（公众以及艺术评论家）的认可：它为受到承认甚至单纯仅是为存在而征求“他人的同意”。艺术作品是否像在历史上那样经由复杂的技艺训练而转变，或是否纯粹依赖控制操纵及移置现成品或视角的想象力，都取决于创造者取得的权威问题。任意某人并不被认为可以使任意之物变形。当一件作品不是源于委托而是源于自由的自发性，则并不能成为艺术作品，直到至少得到一些人的认可。在整个当代艺术中，社会历史因素与正宗的美学方面相互交织，对“感性的分配”进行性别化的重塑和重新分配。

艺术与权力的关系发生了改变，但其仍然存在。不过至少现在，女性已经以越来越积极的方式着手对现实进行具象化和去具象化的过程，并与现实的投影互动（列维纳斯，1948 年）。

从女性艺术到女性主义艺术

女性主义运动不仅通过为女性艺术家带来关注以及相伴随的对其的评论而支持这些女性艺术家崭露头角并被认可。从这一运动中同样崛起了一种标榜为女性主义艺术的竞争艺术。这是一种挑衅的艺术，它攫住文化中最神圣的象征以便模仿和超越。然而，这种做法并非仅是女性主义所独有的：在诸如杜尚向蒙娜丽莎添加小胡子中也能找见。戏仿是一种自身内带有积极的肯定的决定性否定形式。

这种艺术形式的首个也是最丰富的显现是在 1970 年左右由美国艺术家朱迪·芝加哥的《晚宴》带来的。借助三角形装置，芝加哥让人想起《最后的晚餐》中的餐桌，而使徒们被数倍的各领域女性精英所取代，还刻上了她们的名字。

“女性主义艺术”作为一种批判甚至挑衅的艺术形式超越了文化的神圣符号，即使可以确定它的某些表现形式，其概念和实践也并未在法国艺术界显著发展。（在理论界，“女性主义者”一词在很大程度上已经被抛弃，取而代之的是“性别”——据称其含义更加客观和不带偏见。）但是引申开来，除了故意的挑衅性作品之外，还可以考虑将所有的女性艺术都视为女性主义的，因其对主权的肯定以及赋予了直至那时一直将女性艺术排除在外的符号世界和可塑形式以权威。这将我们引向蓬皮杜艺术中心第四层的华丽展示。

她 @ 蓬皮杜艺术中心

一件艺术作品会否在本质上具有性别特征，以至于在没有任何其他理由的情况下汇集女性作品进行展览，例如今年（2009 年——译者注）在蓬皮杜艺术中心即将开幕的展览？有可能——曾经有过，也将不会缺乏这样的尝试——强调此类项目的含混性并进一步讨论它可以走多远。[5] 为了女性艺术安排大型展览甚至是理论研究，难道不等同于强化了特定被谴责的、导致她们边缘化的特殊性？难道这不也意味着根据社会评判标准（此处是性别）将与艺术中最重要的即美学因素有关的——即使这种关联是非常间接的——作品汇集在一起？

毫无疑问如此。但是每个博物馆装置都是可争议的，并自身带有一种随意的元素，既作为每一件作品的独特性陈述也作为一个问题发挥着作用。每一个展览都通过连贯性及不和谐性来展开一个反思领域。对女性艺术的解释给予女性创造力活力以明证，并提供了除此之外难以企及的发现与面对的机遇。如果人们无法想象或极少感到有必要去组织一场类似的冠名“他 @ 蓬皮杜”的男性艺术展览，那么是因为这理所当然地符合常规：这不会成为一个事件，毋宁说它仅在将广泛存在的事实状态贴上标签的意义上需要关注。制度无法承担这种奢华的讽刺，它让人们注意到一种陈词滥调等于一种挑衅，而且更是将时间浪费在重申某些已经被认可的东西上。

与对女性艺术史的研究一样，对女性作品的展览并不旨在推行几个世纪以来或任何给定时代所有女性共同分享的艺术理念，最重要的是见证她们的存在，授予她们长久以来缺乏并仍然经常缺乏的可见性，将其作品提供给美学探索及其可能产生的相关反思。

这项举措的矛盾之处确系女性主义运动初始实践就带有的：通过将女性的工作及作品作为专门研究对象来系统地恢复女性的名分，使其受人关注，但是这同样带有将她们与其作为其中一部分的社群演化相隔绝的风险。还同样存在着一种具体的风险，也就是使给予每一个个体作品以独特性并通过这种独特性体现出普遍元素的东西变得模糊。

早在朱迪斯·巴特勒之前，德里达就在解构主义领域已然预见了性别双重差异的终结而赞同作为区分的无限过程的延异。后者是一种跨越诸多领域的哲学立场，直至现在在社会政治、经济、艺术，甚至性别环境的作用上依然是意识形态胜过实际效果。这也是早先在蓬皮杜艺术中心带有一定预兆性地组织的关于性别主题的展览的隐含目的，此次展览的标题《女性的—男性的》具有明显的后现代意味。无论如何，这一展览虽然野心勃勃但仍未逃离掉入性别二元论之中，无论是在作品的选择上还是在其主旨上。该展览以在入口处库尔贝的《世界的起源》——当然不是一部超越性别之作——开始，既是展览的引导也是对这次展览声称目的的反对。

因此，蓬皮杜艺术中心没有特定遵循任何后现代模式而在 2009 年组织此次对其购得并保存的当代女性艺术家作品的长期展览，也就没有什么可大惊小怪的。这一创举最起码强调了女性在 20 世纪晚期艺术中存在的重要性，以及这一存在表达的美学形式的重要性。因为恢复女性在公共艺术舞台上的存在，同时也是对其被传统贬斥为少数人地位的正式承认。这样的展览存在着难以逾越的含混性，并通过这种含混性间接地强调了它所修正的东西。展出中心购买女性艺术家的作品是为了让她们为人所知，并在同时公开承认这些女性艺术家所遭受的默默无闻。

若对在 2009 年 5 月底开幕的展览做出初步的简要总结，一定会给人留下这样的印象，这是一场极为丰富的艺术参与，充满了令人惊异的新鲜想象力。每件作品都凸显了自身的独创性，人们立刻会忘记将其引领走到一起的是那些历史社会的概念预设（女性、性别、女性主义）。人们在这些女性艺术家所拥有的艺术语域中“一个接一个”、一件作品接一件作品地欣赏。人们同样会忘记某种陈述性关切曾是使其相聚一堂的元素，因而可能在对艺术品独特性的肯定中发现或重新发现它们。

当人们经由一个房间走向另一个房间，在这些作品的并置中根本地凸显出来的是挑衅的缺失。它们将意指的艺术压缩，不再强调拉康所说的“超越阴茎”，或偏向一方一点点。在这方面，让我在众多作品中着重强调一件——

温迪·雅各布的蓝色床单。它以不确定的形状扔在地板上，人们如果不是注意到它们在呼吸，本可以小心翼翼地绕着走：它既是无又是一切，充斥着这种轻微又迷人的运动，出乎预料地在地上被人们察觉。

正如从理论和历史分析当中显示的、在哲学反思中详细阐明的，从不同博物馆的不同实践来看，艺术与性别或性差异之间的关系问题依然在艺术的新形式、理论和评论对其的碎化回应中被提出。并且，艺术并非论题。

Françoise COLLIN:
BETWEEN POIESIS AND PRAXIS: WOMEN AND ART
(*DIOGENES*, No. 225, 2010)

注：

［1］《女性主义研究与信息小组手册》1975年第三期以“创造”为题专门探讨了创新主题。艺术评论家艾琳·达利尔和比尔吉特·佩尔泽定期为该刊供稿。随后，在赫莲·希克斯和茱莉亚·克里斯蒂娃的参与下，两期专门探讨文学创造力。《女巫》杂志同样关注女性创造力。约莱恩·辛哈等人在巴黎福塞-圣-雅克大街上的“略地”餐厅开业，成为展示作品和艺术聚会的地方。

［2］第一部获得认可的法国小说是17世纪拉法耶特夫人的著作《克莱夫王妃》。

［3］在原生艺术博物馆以及其他展馆展出了一些例证。

［4］伊曼努尔·列维纳斯关于艺术的意义的文章题目。

［5］参见纳塔莉·埃努尔特和凯瑟琳·戈纳尔在《第欧根尼》第225期的文章《交互视角》。

参考文献：

本杰明 , W., Benjamin, W. (2008) *The Work of Art in Its Technological Reproducibility*, ed. Michael W. Williams, Brigid Doherty and Thomas Y. Levin, trans. Edward Jeffcott, Cambridge, MA: Belknap Press of Harvard University Press。

博内 , M. -J., Bonnet, M. -J. (2006) *Les femmes artistes dans les avant-gardes*, Paris: Odile Jacob。

科克兰 , A., Cauquelin, A. (1998) *Les théories de l'art*, Paris: PUF。

专辑 , Coll. (1975) "Dé-, Pro-, Ré-Créer", *Les Cahiers du grif*, 7。

专辑 , Coll. (2007) "Genre, féminisme et valeur de l'art", *Cahiers du Genre*, 43。

柯兰 , F., 皮西耶 , E. 和瓦里卡 , E. (主编), Collin, F., Pisier, E., Varikas, E. (eds) (1999) *Les femmes de Platon à Derrida,anthologie philosophique*, Paris: Plon。

孔帕尼翁 , A., Compagnon, A. (1979) *La seconde main ou le travail de la citation*, Paris: Seuil。

孔德 , R. (主编), Conte, R. (ed.) (2006) *Qu'est-ce que l'art domestique*? Paris: PUPS。

科廷厄姆, L., 柯兰, F. 和勒蒂尔克, A. (主编), Cottingham, L., Collin, F., Leturcq, A. (eds) (1997) *Vraiment: féminisme et art* [catalogue of the exposition at the Magasin-Centre national d'art contemporain of Grenoble (5 April–25 May 1997)], Grenoble: Magasin-Centre national d'art contemporain。

克雷塞尔 , A., Creissels, A. (2009) *Prêter son corps au mythe. Le féminin et l'art contemporain*, Paris: éd du Félin。

达耶–波佩尔, A., Dallier-Popper, A. (2009) *Art, féminisme, postféminisme*, Paris: L'Harmattan。

丹托 , A., Danto, A. (1996) *After the End of Art: Contemporary Art and the Pale of History*, Princeton, NJ: Princeton University Press。

德迪夫 , T., De Duve, T. (2000) *Voici, 100 ans d'art contemporain*, Paris: Flammarion/Ludion。

迪迪 – 休伯曼 , G., Didi-Huberman, G. (2001) *Ouvrir Vénus*, Paris: Gallimard。

杜马斯 , M. -H. (主编), Dumas, M. -H. (ed.) (2000) *Femmes et art au xxe siècle, Le temps des défis*, Évreux: Lunes。

费雷尔 , M. 和米肖 , Y. (主编), Ferrer, M. and Michaud,Y. (eds) (1994) *Féminisme, art et histoire de l'art*, Paris: ENSBA。

戈纳尔 , C. 和莱博维兹 , E., Gonnard, C. and Leibovici, E. (2007) *Femmes artistes, artistes femmes: Paris, de 1880 à nos jours*, Paris: Hazan。

古 , J. -J., Goux, J. -J. (2007) *Accrochages: Conflits du visuel*, Paris: des femmes。

黑格尔 , G. W. F., Hegel, G. W. F. (1975) *Aesthetics. Lectures on Fine Arts*, trans. T. M. Knox, 2 vols, Oxford, Clarendon Press。

克劳斯 , R., Krauss, R. (1985) *The Originality of the Avant-garde and Other Modernist Myths*, Cambridge, MA: MIT Press。

列维纳斯 , E., Levinas, E. (1948) "La réalité et son ombre", *Les Temps modernes*, 38: 771–789。

马尔卡代 , B. (主编), Marcadé, B. (ed.) (1995) *Femininmasculin, Le sexe de l'art*, Paris: Gallimard/Electa。

诺奇林 , L., Nochlin, L. (1988) *Women, Art, and Power: And Other Essays*, New York: Harper & Row。

波洛克 , G., Pollock, G. (1987) *Framing Feminism: Art and the Women's Movement 1970–1985*, London: Routledge/Pandora。

朗西埃 , J., Rancière, J. (2000) *Le partage du sensible: esthétique et politique*, Paris: la Fabrique。

索埃 , M., Sauer, M. (1990) *L'entrée des femmes à l'école des beaux-arts: 1880–1923*, Paris: ENSBA。

韦尔吉内 , L., Vergine, L. (1982) *L'autre moitié de l'avant-garde*, Paris: des femmes。

艺术史与翻译

伊恩·博伊德·怀特　克莱迪娅·海德　著
贺慧玲　译

没有什么比翻译更严肃的事情了。

——J. 德里达：《围绕巴别塔的争论》，
收入舒尔特和比格内（1992：226）

我们最终开始意识到，翻译当前在艺术史中的地位受到贬低，它应该占有更重要的地位。

——A. 列斐伏尔（1992：14）

翻译行为和艺术史学科并非明显的盟友，但却历来关系紧密。人们可以说，一切阅读均是翻译。正因如此，我们可以说，一切艺术史的基础是艺格敷词（ekphrasis），即能够对视觉艺术作品进行描述、再现和分析的文本构建。正如批判理论家 W. J. T. 米切尔所指出的，“由于艺术史是视觉表现的言语再现，因此艺术史将艺格敷词提升为一条学科原理”（米切尔，1994：197）。在此基础上，在艺术史学家的艺格敷词写作和翻译活动之间做出比较只是举手之劳的事情了。事实上，正如最近发表的一篇文章所定义的，艺格敷词“将一件艺术作品的视觉和感觉的性质转换为一种语言阐述，能够在话语论证中说出来。翻译行为是核心”（埃尔斯纳，2010：12；亦参见韦努蒂，2010）。然而将图像转换成文本的即使是最缜密细致的尝试，也难免会有缺陷，因为视觉和言语这两种符号体系既有相似之处，也有不同之处。文本模拟图片，但却永远不是图片，也不能成为图片。正如翁贝托·埃科（2001：97）所断言的："艺格敷词做法使得用语词传达图像成为可能，但是关于拉斐尔《圣母的婚礼》的艺格敷词中没有任何一个能够传达出观众所感知的透视感、表现身体状况的流动线条以及色彩的微妙融合。"将图像转换成文本的尝试连部分成功都未取得，面对这种情况，消极的艺术史学家可能会试图完全放弃这种尝试。采取这种听天由命的立场，他们可能会赞同翻译研究领域一个既暗淡又极端的结论，即所谓的萨丕尔－沃尔夫假说，这种假说认为："操不同本族语的两个民族之间是不能沟通的。"（朔格特，1992：195）

然而，艺术史就像学问一样，依托的基础是要对某个特定的或某一组对象说点什么的愿望，以及要做到这一点而不可避免地对符号编码（如从绘画到文本）的需求。欲反驳萨丕尔－沃尔夫黑暗而又异常沉默的世界，我们可以追随皮尔斯的见解论证说，任何符号项目的意义均取决于"将一种符号翻译为另一种符号体系"。简言之，拉菲尔的绘画在翻译为"圣母"和"婚礼"这样的言语符号时才呈现出意义。用语言学的术语来说，这代表着一种符际翻译，即从一种符号体系转移至另一种符号体系，从图像转移至文本。

更直接地说，语际翻译——从一种语言翻译到另一种语言——是艺术史的主要支柱。从当前的做法来看，艺术史在西方受到重点关注，在美国和欧洲，大学艺术史系科占绝对优势。[1]在这个西方圈子里，英语当前显然是主导语言，最近对艺术史和同类领域的期刊所进行的调查确证了这一点。美国拥有123种此类期刊，处于领先地位，其次是英国（45种）、澳大利亚（17种）、加拿大（12种）、新西兰（5种）和南非（4种）。不言而喻，在这几个国家中，英语是主要载体，英语期刊有200种，荷兰语期刊35种，德语期刊19种，其他欧洲语言期刊均不超过10种（埃尔金斯，2007：62–63）。由于西方艺术很明显地依赖于一种语言，所以翻译在确定西方艺术标准时起着至关重要的作用，就如普林尼、维特鲁威、瓦萨里、塞利奥、温克尔曼、黑格尔、沃尔夫林和里格尔这些作家所确定的那样。显而易见，英语世界中的艺术史始终依托翻译：翻译所依托的源语言在古代是希腊语和拉丁语，在文艺复兴时期是拉丁语和意大利语，在启蒙时期是法语，在19世纪和20世纪早期是德语。

要对翻译在确立西方艺术史标准中的核心地位做一概览，可以从分析三卷本的《艺术理论——变化中的观念选集》（哈里森、伍德和盖格，1998—2000 年）入手。这三卷关于欧洲艺术的源文本可谓扛鼎之作，每一卷收录 250 多篇文章，其中半数以上译自原文为非英语的文本。[2] 从对这一重要文选的分析中可以得出两点：第一，没有翻译，就没有艺术史；第二，在 20 世纪，英语日益成为该领域的主导声音，下文还会回到这一论题。[3]

19 世纪末当艺术史在学术界风靡时，它尤其受语言影响。它的研究对象是根据语言划分而被表述的，往往反映着国家疆界，艺术作品往往是在各国（意大利的、西班牙的、法国的）学派背景下布置、展出和研究的。同时，艺术写作学派以主要欧洲语言发展起来。按照标准的历史编纂学，在早期，德语是艺术史学科的主要语言，但在 20 世纪下半期被英语所代替。在 20 世纪 30 年代德国国社党强制流放说德语的知识分子之后，就像在其他许多学科领域中一样，艺术史中的语言天平从德语转向了英语，尤其是像恩斯特·贡布里希、欧文·潘诺夫斯基、尼古拉斯·佩夫斯纳和阿比·瓦尔堡这些史学巨擘来到英国和美国，情况更是如此。

虽然国家学派概念提供了一个方便的简易方法，但它是一个粗糙的、呆板的工具，与过去几个世纪著名艺术家流动性大、吸引人才跨越地方和国家边界的资助力度不相适应。更令人担忧的是，它受到民族主义和种族主义最粗暴力量的利用。我们可以在达戈贝·弗雷所著的著作中找到一个极端例子，弗雷是一位澳大利亚学者，1931—1945 年执掌德国布雷斯劳教席。一本名为《艺术中的英国性格》的著作在 1942 年出版时轰动一时，当时德国和英国正处于交战时期。弗雷试图论证，形式上的艺术特征取决于种族和血统："在英国也是这样，（艺术）发展中的张力及其内在动力不容忽视。它们首先并且最主要地受到居民种族构成的制约。在中世纪早期，地中海－凯尔特人和北欧盎格鲁－撒克逊人之间的基本差异已经变得异常明显。"（1942：44）正如上文所提到的，即便这是一个极端例子，但这以极端的形式指出了根据民族或种族分组来给艺术分类这一问题。随着艺术实践和话语的全球化，这种状况越来越难以为继。

一条跳出西方中心主义和民族主义心态的重要路向在 20 世纪 70 年代和 80 年代得以开辟。在爱德华·赛义德的《东方主义》（1978 年）的引领下，后殖民研究鼓动对语言和翻译在殖民化结构以及在权利和知识生产中所起的作用开展细致研究。这些研究澄清了这一点，即翻译过来的知识掩饰了诸多不平等：从主导文化（中心）翻译至殖民文化（边缘）的文本远远超过从殖民文化翻译至主导文化的文本；将文本翻译为非主导文化的翻译者，“毫不费力地整合了外国事物”（鲁宾逊，1997：36），而将文本翻译为霸权文化的翻译者的翻译往往是归化，源文本的异国性被尽可能地掩盖甚至清除而有利于众所周知的和通常的语言规范。来自语际翻译的见识也提供了一个有价值的隐喻，用以研究和描述更广泛形式的文化碰撞和文化转型。“文化翻译”一词首先由人类学家采用，描述的是当一种文化试图理解另一种文化时所发生的事情。一个著名的例子来自劳拉·博安南，她讲述了“她是如何向非洲的蒂夫部落讲述哈姆雷特的故事，然后听到故事不断地被年长者修正，直至最终符合蒂夫文化模式”（伯克，2007：8）。翻译往往是一种去语境化和再语境化过程：翻译丰富了受方文化，但可能意味着对源文本的暴力、遗漏或滥用。

无论如何，译者不仅是在不同符号体系中讲述同样事物的载体，也是一个解释者。作为解释者，翻译者有多种选择，这些选择可以看作形成了两大相互关联的轴。语言轴从尽量贴近源文本这一目标的一端走向了几乎完全自由解读的另一端，在这另一端，源文本只是作为一种催化剂和支架得以幸存。第二大轴——文化轴的一端是同化，翻译被归化为尽可能地符合目标文化的语言、社会和文化习俗；而文化轴的另一端却又避免众所周知和习以为常的东西，反而津津乐道于源文本中突显的文化差异。作为结果，这种异化翻译旨在通过强调差异而不是同质化，来挑战和恢复目标文化的文化和语言边界。翻译的这种解释学模式从根本上说是起改造作用的，是一种暴力的和种族中心主义的过程，尤为拒斥对能指的直接解释。

后殖民理论告诉我们，霸权文化往往支持翻译的归化进路，但它也向我们表明了这种同化立场的空洞。正如盖亚特里·查克拉沃蒂·斯皮瓦克在翻译孟加拉语诗歌时所指出的：“我必须同时抵制朴实的维多利亚时代散文的庄重以及‘平实英语’牵强的简单，它们使其本身强行确立为规范……翻译是最为私密的阅读行为。在翻译时我屈服于文本。”（2004：370）抑制归化的另一选择是一种自觉的、自发的异化，这种异化有力地处理了其试图传达到对象语言的源文本特征和特质。通过翻译行为，中心应该被地方化，而边缘应该被带向中心。在这个过程中，我们对文本和图像的处理将使我们得以探索和阐述我们在其他方面不会拥有的情感和概念。

显而易见，译者有从超忠实的到超创新的，从逐字的到逐意的，从字面的到文学的诸多选择。最佳的解决办法——字里行间的翻译可能涵括所有这些选择，最初的源语言文本被直译和白话翻译为对象语言以及所有评论和各层分析。在大多数情况下，译者和艺术史学家必须服从一个特别处境，既要考虑源文本，也要考虑对象语言。翻译理论为这种选择提供了小小的帮助，源文本和对象语言这两端均获得了有力的支持。瓦尔特·本雅明在其《译者的任务》（原是他为其1923年翻译的波德莱尔的《巴黎风情画》所写的译者序）一文中主张，翻译是对原作的必然延续，而不是一种次要或从属活动。这使译者转化为一种创造性力量，保持和拓展原作者的思想过程，而不是像某种虔诚的仆人那样跟在作者后面小跑。相反，翁贝托·埃科坚持认为，应该避免通过翻译对文本进行任何改进，认为翻译是一种协商行为，在源文本和对象文本之间应该寻求一条中间道路和一种折中的解决办法。因此，埃科力图尽可能地缩小源文本和对象文本之间的差距，而本雅明认为这种差距可以稍微拉开。

后殖民研究将翻译作为一种权力来探讨，它所探讨的一般状况在艺术史世界中得到了印证。艺术史不仅在英语世界中占据绝对优势，而且从一种完全西方中心主义的观点来撰写，它重视西方艺术而不是非西方世界。恩斯特·贡布里希的《艺术的故事》就是一个明证。这部采用欧洲中心主义艺术观的巨著被译成30多种文字，将读者从古埃及、古希腊和古罗马引导至西方世界的文艺复兴和现代主义。贡布里希的关注点牢牢地抓住西方及西方的传统起源，对伊斯兰艺术和亚洲艺术用两章进行了简短的和缩减的介绍，因而降低了植根于非西方文化的艺术成就的重要性。更为新近的一个现代艺术概述——《1900年以来的艺术：现代主义、反现代主义和后现代主义》（2004年）一书由美国研究小组“十月”的成员所著，主要关注西方艺术，但同时有的章节涉及俄罗斯、巴西、墨西哥和日本20世纪的艺术。该书虽然具有国际视野，但它的主导思想却牢牢地根植于北美。正如彼德·彼德罗夫斯基（2009：50）所认为的，这本概述的作者并未“解构现代艺术史世界中中心和边缘之间的关系……西欧和美国中心之外的艺术，在某种程度上是在西方范式内进行描述的”。他们的进路导致了一种“纵向的”叙述，这种叙述将西方城市作为放射一切权力和影响的中心。对边缘艺术家的承认取决于他们与中心的关系，而这种关系是通过在西方组织的展览和在西方出版的文本而得以构建的。因此，“边缘”并非从其本来意义上来理解，而往往被视为从中心的观点来看的“他者”。

在当今艺术史学界中，文化权力的失衡是很明显的。随着英语确立为通用语言，英国和北美艺术史主要是单一语言的。它对外国学术鲜有接受，往往怀疑不论多么真实的或者可靠的第二语言文本，而英国和北美艺术史自身的学术输出——理论、价值和正典很快被翻译到了非英语国家。对于那些处于“中心”之外的人来说，在国际艺术史共同体中受到重视的唯一途径是用英语写作，或者被翻译为英语（其次是德语和法语），这几乎是司空见惯的事情。非英语作者要在英语翻译和英语出版方面获得接受，需要甘愿按照居于“中心”的英语出版商的期望、标准和价值观同化其作品。

当一个文本跨越一种语言边界时实际会发生什么？艺术史能从这一过程中学到什么？翻译行为从来都不是一个用另一种语言对源文本进行复制的被动的单向进程，而总是一个要挑战源文本纯粹性的积极和转换的过程。翻译行为不可避免地向简单的误译和文化误解敞开了大门。艺术史中最声名狼藉的误译例子之一可见诸西格蒙德·弗洛伊德的著名论文《列奥纳多·达·芬奇和他对童年时代的一次回忆》（1910 年）。弗洛伊德的出发点是，达·芬奇对童年时嘴唇被一只秃鹫的尾部所袭击的回忆，正如达·芬奇在笔记本中所记录的那样。弗洛伊德认为，这揭示了达·芬奇无意识的性幻想，这种性幻想升华并注入了艺术家的作品。弗洛伊德在使用“vulture”一词时，将达·芬奇的回忆与雌雄同体的埃及女神神话联系起来；这也促使弗洛伊德在达·芬奇的画作《圣母子与圣安娜》中服装的折痕处看到了秃鹫的外形。然而，这一套解释装置是无根据的，因为它建立在一种误译的基础之上，即将意大利语词“nibbio”（鸢）误译为“vulture”（秃鹫）（夏皮罗，1968）。

翻译的共时性质也会导致误解，因为将一个观念或意图从一种语言传输到另一种语言的决定只是在一个给定的时刻才是有效的，因为这些决定与处于某个时间点上的特殊言语共同体的习惯相连。正如文学评论家乔治·斯坦纳（2004：195）所说，接受方的本土文化并“不是一个真空，而是已经现存的和拥挤的”，以至于“对于新近习得的东西的同化和安置有着千差万别，从完全的归化，也即作为文化史之核心的那种有家可归感——如马丁·路德所译的《圣经》，到诸如纳博科夫所译的《叶甫盖尼·奥涅金》英译本这种人工制品中持久的陌生感和边缘性”。艺术史能够提供多种有趣的案例。例如，1919 年威廉·莫里斯认为浪漫爱情优于婚姻合同的观点与加泰罗尼亚当代罗马天主教的感受性是冲突的。受到攻击的文本是译为加泰罗尼亚语的莫里斯所著的乌托邦集子《乌有乡消息》（1890 年），该译本由城市规划专家塞夫里亚·德蒙托柳翻译，1918 年由巴塞罗那郡政会出版，郡政会当时的负责人是主管教育部的欧金尼·德奥尔斯。这种翻译受到城市中更为保守的势力指责，它们认为不值得出版，只是为自由恋爱辩护。结果不幸的奥尔斯被免除了公职（卡尔弗，2002：88）。

在很多情况下，译者为了使源内容在目标文化中是可理解的，不得不增加特别的素材。翻译中一个关键的问题是，当翻译将源材料拖离原创地越来越远、使其适应外国环境时，译者要判断增加多少内容。在西方艺术史标准中，这是相对明确的，因为即便英文和法文的伦敦在它们各自的语言背景下是极为不同的概念，但它们所处的两种文化相互是同源的和亲近的。差异的挑战在全球背景下越来越难以驾驭，在这种背景下，源文化和目标文化之间的轻松了解成了例外而非常态。

译者翻译文本就和艺术史学家翻译一幅画作一样，最明显和最直接的方式是逐字或逐图地说明。例如，在古罗马，翻译意味着对源文本绝对严格和字面的依附，这种惯例一直延续到中世纪。例如，包伊夏斯在其对波菲利的《导论》做评释时主张逐字逐句翻译（公元 510 年），他坚持认为：“当我为每个词找一个对应的词时，我担心会犯忠实解释者的错误。”（鲁宾逊，2000：16）在艺术史领域，与此相似的是公元 4 世纪利巴涅斯的文本，描述的是安条克公国简易住宅的一幅画作：

> 在乡下，有一些大大小小的适合乡下人居住的房屋。在小屋附近挺立着柏树。由于房屋挡住了柏树，因此我们并不能看到它们的全貌，但能看见树的顶部伸出房顶……有四位男性从屋中跑出，其中一位正向站在旁边的男孩呼喊——他的右手表明了这一点，像在给一些指示。另一位转向第一位，像在听领导说话。第四位刚走到门前，左手握着一根棍棒，右手伸出，似乎向驾着四轮马车的男人们大喊着什么。（巴克森德尔，1998：55）

通过以上所揭示的原因，显而易见，尽管有艺格敷词的意向，但是逐字逐句的翻译和对画作纯粹描述性的说明均不能创造第二个能像源文本那样激发出同样思想和情感反应的文本。它们最多不过是一些变形或适应，或借助不同工具所做的大同小异的努力。退一步说，通过变形是不可能重构源文本的。

抑制归化的另一选择是一种自觉的和自发的异化，它有力地处理了源文本的特征和特质，试图将其传达至目标语言。这些见识为艺术史提供了更高的意识和批判机制，以此来协调中心和边缘相互矛盾的需求。正如前文所述，中心应该被地方化，而边缘应该集中到中心。更直白地说，处理一个用其他符号语言或编码写的源文本，需要一种专心的忠实阅读。这种忠实阅读将扩展目标文化的视觉和语言边界，同时自相矛盾的是，忠实阅读为用其本族语写作提供了最实用的训练，因为这磨炼了作为中间人的历史学家对源文本和读者的（文学的、伦理的和政治的）责任感。

正如彼得·伯克所指出的，语言隐喻有两个优势：一方面，语言隐喻主张艺术家应努力将异国事物变成对受众来说是清晰的和有趣的。另一方面，语言隐喻也避免判断性术语，诸如盗用和误解，因此提供了一定程度的中立性。这些优势也适用于艺术史。例如，翻译的归化进路和异化进路之间的区别对于考察杂交艺术形式（从俄罗斯的立体派未来主义、莫斯科的概念艺术到秘鲁的结合了本土元素、天主教形式以及象征主义的巴洛克式建筑）是有帮助的。此外，作为一种概念的翻译也有助于揭露当一种文化试图代表另一种文化时的动机及所采用的战略战术。这令笔者立刻想到了琳达·诺克林的开拓性文章——《假想的东方》(1983年)。她是第一位与爱德华·赛义德的《东方主义》(1978年)交锋的历史学家，看着由19世纪欧仁·德拉克鲁瓦和让·莱昂·热罗姆的关于所谓东方的绘画，她认为这些绘画告诉我们更多的是殖民者傲慢的和程式化的期望——即认为当地人是腐败的、反常的、危险的和堕落的，而不是中东的真实生活。艺术家们和文本翻译者面临同样的困境，他们在异国素材和本国受众之间斡旋，试图将对源文本的忠实性和对法国国内观众可理解性调和起来。例如，热罗姆的《耍蛇者》强调了东方在社会、政治和道德方面的低劣，画外之意是说法国人高人一等，这种观念在当时的法国文化中根深蒂固。广为接受的风格的标志是对细节和优美表面的关注，完全不彰显艺术家手艺的痕迹，使绘画具有一定程度的摄影现实主义，使观众确信场景是符合实际的。然而，正如奥古斯特·威廉·斯赫莱赫尔在翻译语境中所指出的那样，“‘字面’离忠实性还远着呢”。

对翻译的挑战、乐趣和危险的重视如何能促使作为一门学科的艺术史在其作者、观点和创作题材方面更为多元、更为多面向和更为横向？虽然前述资料描绘了一幅悲观主义的图景，但是有许多创举是反对英美艺术史霸权并倾听其他声音的。2009年2月，电子杂志《翻译中的艺术》创刊，刊登艺术史各个领域外语期刊和书目中的一些评论和论文的英文译文。这本杂志并不奢求具有百科全书式的覆盖范围，只是充当通向非英语世界艺术史实践和视觉文化的一扇窗户。以源语言发表的文本出自各个视觉艺术领域(绘画和素描、雕塑、建筑、设计、装置作品、电子媒体以及艺术理论)，向英语读者群介绍新的视觉艺术学术和作品世界。杂志还挑选了从未以英语发表过的几十年前的重要文本。《翻译中的艺术》旨在通过翻译行动，对全世界视觉艺术的过去和当前学术成就和艺术生产开启新的展望。杂志本身以及为办刊所做的合作与努力，成为联系全世界学者的一股强劲推动力，使重要的学术成就受到更大的关注，使艺术史成为基础更为广泛的学科。杂志提高了一些文本的关注度和声誉，对于这些文本，不仅以英语为本族语的读者，而且更多地以英语为第二和第三语言的读者竟然不知。至少有两个重要的艺术史协会如今支持三语或四语出版物，因而重新恢复了艺术史的多语混合的、跨国的特征。同样，2009年欧洲先锋派和现代主义研究协会出版了首卷三语论文集，其中有英语、法语和德语论文，目的是比较“法国、德国、英国以及北欧、南欧和中东欧在先锋派和现代主义研究方面的研究成果”（布鲁等，2009，前言）。论文集还试图“将欧洲的先锋派和现代主义与欧洲错综复杂的历史、多元主义和多语主义联系起来，借此凸显其复杂性”（布鲁等，2009，封底文字）。近来的另一个创举是国际艺术史研究所协会（RIHA）的杂志，协会通过其成员机构进行约稿，稿件可以用该机构四种“官方语言”（法语、英语、西班牙语和德语）之一撰写。2010 年 5 月在雷克雅未克举办了一次主题为“翻译中的艺术”研讨会，请学者和艺术家反思尤其在当代背景下最宽泛意义上的翻译以及艺术和艺术史中的翻译。人们逐渐意识到非西方艺术史的孤立，从 2011 年将在纽约举办的美国学院艺术协会第 99 届年会议议程中可以看到这一点。其中一个分会将专门邀请不在西方工作的非西方艺术史学家提交关于任何艺术史主题的论文，最好能对受学者的非西方立场制约的进路或方法论问题提出见识。

显而易见，挑选会议论文、翻译和出版文本的过程是一种权力运作，但是人们希望的是，由于翻译行动本身以及处理翻译的文化蕴含而提高了的权力关系意识对这种运作能够知情。

Iain Boyd WHYTE and Claudia HEIDE:
ART HISTORY AND TRANSLATION
(*DIOGENES*, No. 231, 2011)

注：

［1］目前在美国有 226 所艺术史院系，欧洲有 290 所，非洲 80 所，拉丁美洲 60 所，澳大利亚 17 所，中国、日本和韩国 65 所，东南亚 36 所，中亚 6 所（埃尔金斯，2007：59）。

［2］卷 1 涵盖 1648—1815 年这一时段，包含 90 多篇英语文本和 160 多篇译自法语、德语、西班牙语、荷兰语和意大利语的文本。卷 2（1815—1900 年）显示了法语在 19 世纪的主导地位，包含 90 篇英语文本和 180 篇译自外文的译本（其中 100 多篇译自法语）。卷 3（1900—1990 年）包括 100 个英语文本以及 160 多篇翻译文本。

［3］著名翻译家劳伦斯·韦努蒂研究了英语语言的霸权，英语成为中心，大部分翻译文本都是从英语翻译的。他的研究表明，1984 年全世界有 22724 本著作译自英语，其次，译自西班牙语的著作有 938 本，536 本译自阿拉伯语，204 本译自日语，163 本译自中文。见鲁宾逊（1997:32-34，《不等额的翻译》）。

参考文献：

巴克森德尔, M., Baxandall, M. (1998) “Patterns of Intention”, 收入D. 普雷齐奥西(主编), in D. Preziosi (ed.) *The Art of Art History*, pp. 52–61, Oxford: Oxford UP。

布鲁 , S. 等 (主编), Bru, S. et al., eds (2009) *Europa! Europa? The Avant- Garde, Modernism and the Fate of a Continent*, Berlin: De Gruyter。

伯克 , P., Burke, P. (2007) *Cultural Translation in Early Modern Europe*, Cambridge: Cambridge UP。

卡尔弗 , A., Calvera, A. (2002) “The Influence of English Design Reform in Catalonia. An Attempt at Comparative History”, *Journal of Design History* 15 (2): 83–100。

埃科 , U., Eco, U. (2001) *Experiences in Translation*, trans. A. McEwen, Toronto: University of Toronto Press。

埃尔金斯 , J., Elkins, J. (2007) “Canon and Globalization in Art History”, 收入 A. 布日斯基 (主编), in A Brzyski (ed.) *Partisan Canons*, pp. 55–78, Durham/London: Duke UP。

埃尔斯纳 , J., Elsner, Jas (2010) “Art History as Ekphrasis”, *Art History*, 33(1): 10–27。

弗雷 , D., Frey, D. (1942) *Englisches Wesen in der Kunst*, Stuttgart: Kohlhammer。

哈里森 , Ch., 伍德 , P. 和盖格 , J. (主编) Harrison, Ch., Wood, P. & Gaiger, J., eds (1998–2000) *Art in Theory: An Anthology of Changing Ideas*, Oxford: Blackwell。

列斐伏尔, A. (主编), Lefevere, A., ed. (1992) *Translation-History*, Culture, London: Routledge。

米切尔 , W. J. T., Mitchell, W. J. T. (1994) “Ekphrasis and the Other”, in *Picture Theory: Essays on Verbal and Visual Representation*, Chicago /London: University of Chicago Press。

彼得罗夫斯基 , P., Piotrowski, P. (2009) “Toward a Horizontal History of the European Avant-Gardes”, 收入 S. 布鲁、J. 巴特斯、B. 希奥塔尔松等 , in S. Bru, J. Baetens, B. Hjartarson et al., *Europa! Europa? The Avant-garde, Modernism and the Fate of a Continent*, Berlin: Walter de Gruyter。

鲁宾逊 , D., Robinson, D. (1997) *Translation and Empire. Postcolonial Theories Explained*, Manchester: St Jerome。

鲁宾逊 , D., Robinson, D (2000) “The Limits of Translation”, 收入 P. 弗朗斯 (主编), in P. France (ed.) *The Oxford Guide to Literature in English Translation*, Oxford: Oxford UP。

朔格特 , H., Schogt, H. (1992) “Semantic Theory and Translation Theory”, 收入 R. 舒尔特和 J. 比格特 (主编), in R. Schulte and J. Biguenet (eds) *Theories of Translation: An Anthology of Essays from Dryden to Derrida*, pp. 193–203, Chicago: University of Chicago Press。

舒尔特 , R. 和比格内 (主编), Schulte, R. & Biguenet, J., eds (1992) *Theories of Translation*, Chicago: University of Chicago Press。

夏皮罗 , M., Shapiro, M. (1968) “Leonardo and Freud: An Art-Historical Study”, *Journal of the History of Ideas* 17: 147–178。

斯皮瓦克 , G. C., Spivak, G. C. (2004) “The Politics of Translation” [1992], 收入 L. 韦努蒂 (主编), in L. Venuti (ed.) *The Translation Studies Reader*, pp. 369–388, London /New York: Routledge。

斯坦纳 , G., Steiner, G. (2004) “The Hermeneutic Motion” [1975], 收入 L. 韦努蒂 (主编), in L. Venuti (ed.) *The Translation Studies Reader*, pp. 193–199, London /New York: Routledge。

韦努蒂 , L., Venuti, L. (2010) “Ekphrasis, Translation, Critique”, *Art in Translation*, 2(2): 131–152。

其他观点：（南非）非洲及全球南方的艺术史

费代里科·弗雷斯基　著
杨　莉　译

站在另一个角度看问题

伟大的威尼斯地图绘制师贾科莫·加斯塔尔迪于1557年为乔瓦尼·巴蒂斯塔·拉穆西奥所著的《航旅集》（*Delle Nevegationi et Viaggi*）而绘制的《倒立的非洲地图》，注定是一眼见到就能引起反响的珍奇历史文物之一。这幅地图看上去——至少是第一眼看上去——非常像现代的非洲大陆地图，但其上下颠倒的事实却让人心神难宁。意识到这样一种倒置并不是粗心的印刷商的失误，而是精心构造出的制图策略的结果，人们最初的那些冲动——幽默、恼怒、玩世不恭——很快就被一种更深刻的神秘可怕感（Unheimlich）所取代：熟悉的事物突然变得莫名其妙地陌生，陌生中又透着令人不安的熟悉。它唤起的认知失调不仅凸显了表面上客观的制图行为背后的主观性，而且也清晰地提醒着我们，构成公认观点的共识是多么脆弱。更为重要的是，它提出了一个明显的问题：仅仅因为采取了另一种不熟悉的观察问题的角度，一个人所认为真实的一切都可能确实被颠覆，这可能吗？通过进入一个想象中的南北颠倒的空间，一个人的世界观就再也难以符合任何传统的真实性，这可能吗？

历史记载为加斯塔尔迪不同寻常的制图策略提供了一个看似简单的答案：他遵循了16世纪一个意大利制图师流派所立下的传统——不将北方置于地图顶部。当时的欧洲人对非洲大陆普遍无知，而加斯塔尔迪的地图以虚构的山川与河流的名字将这片大陆极富想象力地呈现在了他们面前，呈现在欧洲人眼前的非洲大陆既是一曲乌托邦式的田园牧歌，又是一片原始野蛮的危险地

也不仰仗西方的认可。

南非视觉艺术史学家协会议程的来龙去脉

南非视觉艺术史学家协会是南非最大、最古老的专业艺术史学家协会。对它而言，下列想法至关重要——在过去 15 年间，它的使命是在后殖民、后种族隔离的背景下了解艺术史实践当中有哪些问题可能处在危急关头。有两个问题是显而易见的：第一，在非洲这一大背景下将转型观念作为一个活跃的媒介来构想艺术史学科，这一学科应当是包容的、相关的，并且是可持续的；第二，为视觉文化和艺术史转变的知识空间的构成提供实质性的理论概念，重新构想专业艺术史学家可以发挥的作用。

事实上，南非视觉艺术史学家协会近年来召开的会议都成了关于转型的关键性讨论的平台，其重点是这些讨论在南非的体制、历史、社会及政治变革背景下影响的程度。尤其值得注意的是，对于南非在更广阔的非洲及全球话语中的地位，有必要对西方艺术史学科对南非的（再）书写与研究方式进行质疑。正如克拉克研讨会与墨尔本大会清晰表明的那样，这些议题与问题当然不是南非所独有的。然而由于南非良好的学术基础设施、它与欧洲及北美（艺术）历史渊源造成的持续存在的历史遗留问题，再加上南非的地理位置，南非能很好地成为当前讨论的一个平台。对南非视觉艺术史学家协会而言，无论是全球化的大背景，还是理解全球主义是“艺术史最紧迫的议题的需要”（安德森，2002），抑或是过去 15 年间南非变化中的政治与学术格局，都推动了这场讨论。

对协会而言，这场讨论也受到了其内省过程的推动：一方面，它既要厘清自己在维持西方艺术史霸权地位上的同谋程度；另一方面，作为一个专业组织，它还需要纠正成员资格构成方面与委托授权方面存在的历史不平等问题。南非视觉艺术史学家协会的前身是 1984 年成立的南非艺术史学家协会（South African Association of Art Historians, SAAAH）。协会之所以成立，部分原因是为了回应需要在艺术史学界形成一个有组织的专业团体以推动关于艺术与建筑史的相关讨论，部分原因是对南非学者因文化联合抵制被排挤在国际舞台之外的回应。必须牢记的是，20 世纪 80 年代中期南非遭遇了国家政治危机：种族隔离政府采取严苛的举措——包括连续宣布紧急状态——镇压日益高涨的反抗运动与民众起义；与此同时，外部社会为消除种族隔离也采取了政治与文化制裁的方式向南非施加压力。在这一背景下，对南非的艺术史学家而言，成立一个专业组织成为涉及存续问题的大事。由于南非遭到了国际社会的遗弃，他们几乎没有渠道进入国际网络，并经常被国际期刊拒绝发表其作品（拉姆古兰，2004：44）。

事实上，这个新成立的协会的首要任务之一是为南非的艺术史学家创立一份同行评议的期刊。这也成为日后协会分裂的一个主要根源：说英语与说阿非利堪斯语的成员为了争夺对该期刊及其编辑政策的控制而展开了争斗，其结果是一些说阿非利堪斯语的成员机构退出协会，转而成立了它们自己的新机构——艺术史工作组（Die Kunshistoriese Werkgroep），并创办了自己的刊物（内特尔顿，2006：40）。尽管历经变迁——包括在20世纪90年代末因政治环境的变化与缺乏资金支持而导致的刊物停办，南非视觉艺术史学家协会的成员构成保持了相当的稳定。协会最初的成员主要由学者与博物馆专业人士构成，但很快就扩展至职业艺术家、艺术教育者与研究生。尽管该协会是由国家政府资助成立的，但协会从一开始就明确反对在其会员章程中出现任何形式的歧视，并宣布了自己的“左倾”立场。尽管如此，协会成员的绝大多数仍然是白人，这主要是种族隔离教育政策作用的结果，有色人种被认为不适合学习艺术，也毫无学习的必要。此外，这也是上文中论述过的制度进路导致的欧洲中心主义偏见造成的结果。

因此，尽管该协会仍然通过年度大会[3]来推动其章程上列出的目标——即通过“促进研究和出版，鼓励联络与讨论，立足协调机构的定位，参与教育和文化活动”（正如2009年协会章程所规定的那样）来推动南非艺术的历史、理论与评论的发展，但到了20世纪90年代末与21世纪头十年之初，显而易见的是，协会若想要生存下去，转型是至关重要的。协会的章程经过修改添加了“解决历史失衡问题”作为其中心目标之一，而早在2005年于维特沃特斯兰德大学举行的一次研讨会上，为了应对并评估协会继续存在的可行性问题以及搞清楚实践中究竟需要什么样的转型，会议确定并讨论了一系列议题。此次专题座谈会的结果是仍将继续传达协会的愿景，在承诺继续协会活动（不局限于年会以及由年会推动建立的正式与非正式的网络）的同时，承诺变革。

既然承诺变革，那么第一个也是最明显的变化就是协会名称的改变，从“南非艺术史学家协会”（这个旧名称是为了和英国艺术史学家协会遥相呼应）更改为“南非视觉艺术史学家协会”。新名称的首字母缩写既没有原来的“SAAAH”累赘，同时还反映了艺术史学科向更广泛、更包容的“视觉文化”观念的整体转向。因此，更名折射出了协会致力于转型的承诺。在2005年的研讨会上，南非视觉艺术史学家协会清楚地表达了众多成员的普遍愿望，即扩大并正式建立全球网络的愿望。为与此保持一致，协会于2007年成为国际艺术史委员会的成员，南非是第一个加入国际艺术史委员会的非洲国家。与国际艺术史委员会日益增长的联系让南非视觉艺术史家学会成为了艺术史学家全球网络的一分子，有了大幅增加其国内、国际足迹的可能。在民族性和年龄方面，该协会成员的人口结构也在缓慢变化——事实上，在过去几年的年度大会上，加入协会的研究生与年轻学者的数量都有所增加，种族方面也更加多样化。南非视觉艺术历史学家协会近年来还注册成为非营利性组织，这将使它能够接触到公民社会里更多的团体组织，从而提高其知名度并为其带来相关好处。

南非视觉艺术史学家协会继续存在的事实，证明了无论是在学术圈内还是学术圈外，它在当代南非视觉文化中的重要性。实际上，协会在其全国会议上继续开展的主题与讨论，不仅对南非，也对全球更广泛的学者、艺术家、教育工作者以及公民共同体理解我们是谁、我们所做的工作都做出了重大贡献。正是在这样的背景下，南非视觉艺术史学家协会在国际艺术史委员会的支持下，成功地（考虑到它在国际艺术史委员会中资历尚浅，不免大胆地）举办了一次专题座谈会。如上所述，由于采取了“其他观点”的立场，这场座谈会的首要目的在于将发生在南非国内的讨论带入全球背景之下，从而可以更好地行使协会的职责，并使其融入国际艺术史委员会日益增长的对全球化与艺术史关系的兴趣中去。

南非视觉艺术史学家协会 / 国际艺术史委员会专题座谈会

考虑到南非在非洲大陆的地理位置，正如征稿启事[4]中阐明的那样，此次协会举办专题座谈会的首要焦点，是一个未加区别的“非洲”的整体概念是如何时常阻碍非洲大陆的艺术研究的。显然，这种整体概念掩盖了非洲大陆上众多社群、民族与国家间存在的历史、政治道路与地区的差异，并引发了如下诸多问题：与同质的“非洲艺术”这一标签相对的观点是什么？以非洲为背景的艺术史如何对传统西方艺术史的本真性、独特性、艺术创作过程、方法和理论构成挑战？对原住民的艺术实践都有哪些论述？早期本土的艺术对南非及其他地区的艺术史又有何重要意义？在何种情况下，先前被定义为“工艺品”或“实用品”的对象可以用什么样的方式被纳入“艺术”领域？如何理解“遗产”，“遗产”应如何收藏与展示？收藏、赞助、归还 / 赔偿与物品的使用、建筑及空间的使用背后的意识形态又有哪些？在一个日益“全球的”世界里我们如何平衡文化与认同这类问题？我们选择研究什么问题以及背后的原因是什么？我们如何教授我们所选择研究的东西？

这些问题不仅对南非、对非洲，甚至对整个全球南方都有着广泛而紧迫的意义。全球南方，作为一个文化概念而非地理名词，能够让讨论的范围扩展至非洲以外，将其他社群及其他形式的艺术作品囊括在内，让讨论的范围纵贯历史，横跨国家。曾经，在以西方艺术为主导的叙事中这些艺术作品被忽视、被边缘化，被转移，甚至被他国据为己有。因此，全球南方这个概念或许还应该包括冷战时期大多不为西方所知的东方集团的艺术家们，包括传统上被认为是“妇女作品”的物品，包括加拿大的先民与非洲南部的原住民，包括那些文物被西方“普遍性博物馆”据为己有的社群，以及既没有钱也没有实力可以书写自己的艺术史的民族。从这个意义上说，此次专题座谈会不是仅仅关于非洲艺术的，而是在非洲举办的一次国际专题研讨会。

受到加斯塔尔迪的地图的启发，利用“上下颠倒”的世界观的概念，此次专题座谈会提议转移话语中心——即便只是暂时的转移。虽然有别于传统西方叙事的艺术实践、艺术创作与艺术史进路在南半球的学术界中日益彰显，但同样明显的是，对非西方艺术形式的讨论、写作、研究与出版的能力仍然大部分留在资源配置更好的北半球。事实上，重新书写艺术史的斗争在很大程度上仍然是以西方为基础的叙事，发展中国家在其中的声音往好了说是被边缘化了，往坏了说则是被压制了。

作为讨论权力中心转移的一个框架，此次专题座谈会旨在利用并扩大现有的南南对话。这包括印度、巴西与南非三国政府缔造的新经济与文化联盟（所谓的“印、巴、南三国对话论坛”）、南非与非洲大陆其余国家——包括印度洋群岛结成的新经济文化联盟。这样的联盟在政治领域内已经创造了一个能够同全球北方平等互动的公共平台，这一平台同全球北方的关系是相辅相成的，而非像曾经长期以来那样只是对全球北方的额外补充。此次座谈会或许能很好地利用早已有之的文化联盟，比如学术机构之间的双边协议（例如维特沃特斯兰德大学与印度及非洲其他学术机构之间的协议），再比如南非与马里政府主导的修复延巴克图（Timbuktu）的艾哈迈德·巴巴研究院所藏手稿的联合项目。显然，座谈会不奢求覆盖非洲和全球南方艺术史的方方面面，但此次座谈会将利用“全球南方”这一构想来聚焦非洲，尤其是南非的一个框架。最终，座谈会的目的在于采取“另一种观点”，并以此来丰富艺术史，并使全球南方同“北方”，或者说同“西方”之间的历史关系进一步得到丰富，更加复杂化。

结论：“创造 / 瓦解历史”

我前不久刚从美国调研回来，上班的时候发现维兹艺术学院艺术史系的走廊被涂鸦者加工过了。通常这会让人心生不快，但这次涂鸦并非无端的“贴标签”行为，也非肆意的破坏。相反，涂鸦者在一位同事的办公室门上小心翼翼地用模板印上了“创造艺术史”的字样。事实上，这几个字写得如此仔细，看起来又那么整齐，我还以为是我同事故意印在门上的，直到我对此发表评论，我才知道他也是被告知此事，对此同我一样惊讶。显然这是一个异常整洁的涂鸦者的作品，后来在不远处的公告板上发现的隐藏在一张海报下的涂鸦则明显是个“试验品”，这后来也得到了证实。

在一个大部分本科生都是学美术专业的院系里，“创造艺术史（Make art history）”这个概念既是微妙地模棱两可的又具有颠覆性。侧重点稍稍改变一下，短语的意思就完全变了：从表达“由艺术史系产生的相关知识”——比如我们在讲座、研讨会和研究中“创造”的艺术史（称颂的？还是玩世不恭的？）转变为表达完全相反的意思——宣扬艺术的终结（换句话说，“让艺术成为历史”）。虽然这种提法，特别是在一个艺术学院这样的地方，显得有点讽刺。我对这样的模棱两可十分满意，既平庸老套又发人深省，这句短语似乎表明了涂鸦者与艺术史、艺术史与艺术实践之间的关系的积极对话。因此这是一个令人鼓舞的迹象，它表明了该学科在职业与学界风气中的重要意义，它越来越需要证明其存在的合理性。

涂鸦的本质就是被修改，这句话很快就被人刻意修改了。也就过了短短几天，一张精心剪下的印着“UN”字样的方形纸张被贴在了门上，就贴在印刷字体的旁边，这样一来，这句话现在读起来是“瓦解艺术史”（Unmake art history）。这个修改消失的速度同它出现的速度一般快，或许是那张纸掉落了，也或许是最早的涂鸦者不满有人反对自己的观点把它揭了下来。无论如何，在它短暂的存在期间，它明确地针对艺术史提出了一个观点，清楚地指出艺术史应该被“瓦解”。鉴于我参与策划了南非视觉艺术史学家协会与国际艺术史委员会举办的这次专题座谈会，这个想法与我产生了深深的共鸣，因为在某种程度上，它对座谈会的合理性而言是至关重要的，对南非视觉艺术史学家协会做出的南非艺术史学科转型的承诺也十分必要。采取“另一种观点”，从某些方面来说似乎也近似于“瓦解”艺术史：如果没有彻底的反思，有效地“瓦解”长期以来分隔中心与外围、隔开南北方的那些共识，就不可能发生有意义的变革。如此一来，我们不仅仅是在宣扬“另一种观点”，而且实际上更是在“创造艺术史”。

Federico FRESCHI:

OTHER VIEWS: ART HISTORY IN (SOUTH)

AFRICA AND THE GLOBAL SOUTH

(*DIOGENES*, No. 231, 2011)

注：

［1］诸如“全球北方”“全球南方”这样笼统的分类不过是政治上的权宜之举，很明显是对一整套复杂的历史、文化、社会、政治及经济情况的过分简化，在很多方面，这些分类不过是简单地甚至是无益地再现了殖民宏大叙事的双重性。在世界日益全球化的背景下，学术界也很难区分“全球北方”与“全球南方”到底由什么组成，界限又在哪里。（例如，资金雄厚的南非大学里的白人学者，同美国社区大学里的黑人学者相比，多多少少更容易被算作是“全球南方”的一部分吗？）此次专题座谈会的目的不是去接受一个作为不成问题的给定的“全球南方”概念，而是去含蓄地质疑其构成性质，并以此方式将此次讨论带入到特定语境下，并丰富其内涵。

［2］1978 年维特沃特斯兰德大学艺术史系将非洲艺术引入课程教学。与此同时，维特沃特斯兰德美术馆刚好建立了一批非洲艺术藏品（详见内特尔顿，2006 与弗雷斯基，2009）。

［3］自 1985 年以来，协会每年都在全国各地的学术机构举办年会。除了两次会议外，每次年会都会出版会议记录。2009 年，协会在比勒陀利亚大学举办了一场名为“变革的政治：回顾过去，展望未来”的大会，以庆祝该协会成立 25 周年。

［4］征稿启事由此次座谈会的筹办委员会起草，其成员包括费代里科·弗雷斯基（南非视觉艺术史学家协会主席）、卡伦·冯·费（南非视觉艺术史学家协会职权主席）与吉莉恩·查尔曼（南非视觉艺术史学家协会副主席）。这份征稿启事通过南非国内网络与国际网络获得广泛传播。

参考文献：

安德森，J. Anderson, J. (2008) *Concept of the Conference*, Retrieved 10 April 2010, from CIHA Melbourne 2008: 32nd Congress of the International Committee of the History of Art (CIHA): http://www. cihamelbourne2008. com. au /program. html。

巴瓦，A. C. 和韦尔，P., Bawa, A. C. and Vale, P. (2007) "Gathering in the Footnotes of a Fading Narrative", *Business Day*, 30 October: 15。

弗雷斯基，F., Freschi, F. (2009) "The Wits Art Museum: The Continent's Foremost Collection of African and Southern African Art", *De Arte*, 80: 63–69。

内特尔顿，A., Nettleton, A. (2006) "Shaking Off the Shackles: From Apartheid to African Renaissance in History of Art Syllabi", 收入 J. 奥奈恩斯（主编）, in J. Onians (ed.) *Compression vs. Expression: Containing and Explaining the World's Art*, pp. 39–56, Williamstown, MA: Sterling and Francine Clark Art Institute。

普雷齐奥西，D., Preziosi, D. (1989) *Rethinking Art History: Meditations on a Coy Science*, New Haven: Yale UP。

拉姆古兰，J., Ramgolam, J. (2004) *The Transforming Context of the South African Association of Art Historians (SAAAH)*, unpublished research report submitted to the Faculty of Management, University of the Witwatersrand, in partial fulfillment of the requirements for the degree of Master of Management (in the field of Public Development and Management), University of the Witwatersrand, Johannesburg。

电影时代的艺术史

蒂埃里·迪弗雷纳　著
陆象淦　译

最近一个世纪生产的艺术史越来越突出地以电影时代的艺术史的面貌展现在我们面前。毫无疑问，它依旧是撰写的、印刷的和陈述的历史，却日益充斥活动图像、视听内容。电影改变了艺术史的哪些方面？如何借助和利用电影来撰述艺术史？今天如何涉足正在进行中的借助和利用电影来变革艺术史的研究领域？凡此种种乃是本文要提出的问题。在简短回顾电影对于艺术史学科所孕育的视野的强烈变化和新问题的出现之后，我们将指出，从第二次世界大战结束以来，与“艺术电影”、创作电影、“探讨艺术的电影”等纪实类型相提并论的还有所谓“艺术史电影”，亦即借助和利用镜头从事的名副其实的艺术史实践。然而，如果说在艺术史的历史上确有一章要论述作为认识手段的“艺术史电影”的话，那么无疑尤其需要着手反思20世纪所发生的和今天依然正在发生的事情——通过和借助电影素材来构建的历史，简言之即电影时代的艺术史，那是在电影时代让位于另一个时代——早就广泛预告的网络时代同时形成的。[1]

电影改变了艺术史的哪些方面?

我们在此暂时不谈一个新研究领域——电影研究和电影史领域的出现，以便更集中地关注电影艺术所导致的视角的创新。早在1920年1月，《电影》杂志的一项调查就已经强调指出了这一点：特写、慢镜头、加速蒙太奇和画面剪接，是对于思考世界的普遍方式，特别是艺术具有重大影响的技术操作。雕塑家布德尔建议在每场电影放映结束时为达到教育目的而播放一部关于艺术遗产杰作的纪录片。亨利·福西永（1998）在其1934年7月发表的一篇题为《电影与艺术》的文章中说自己被放大的面孔、巨手、奇异的投影和“能够……将空间当作一个新环境来处理”的光所感动。

电影自其出现以来，将其他艺术历史化了。亨利·勒迈特在他发表于1956年的开创性著作《艺术与电影》中认为，电影揭示了存在于它之前的各种艺术中的运动和舞台装置的潜能。因此，勒迈特相信把摄影机应用于艺术作品的特殊的助产功能。不仅存在电影之前和电影之后的绘画，而且存在一种通过电影观看的绘画和电影时代的绘画。皮埃尔·弗朗卡斯泰尔同样相信，电影给予了我们理解运用蒙太奇和一组镜头的“造型艺术思想”的钥匙，所以通过电影来阐释艺术史是可能的（迫弗吉纳，2010）。在同样的意义上，卡洛·卢多维科·拉吉安蒂（1952）认为，艺术的共同源泉提供了借助电影撰述艺术史的可能性（集体著作，1994）。

埃利·福尔和马尔罗为电影画面的启发力所震惊。埃利·福尔指出，我们同时发现了诸如高棉艺术那样的原始艺术和电影。电影将为记录高棉艺术服务。这位历史学家在《我的航海记》中盛赞道，电影像汽车一样，在时间和空间中进行运输，从而使我们能够进行某些比较和对照。电影使我们理解通过时间或者某些遥远的地点联系起来的东西：这是胶片的弹性所在（比洛，1998；戈捷，2002）。1976年，马尔罗在他的《非时间性》一书中阐述了他的“视听博物馆”理论，认为这种“视听博物馆”远胜于“电影博物馆”（亨利·勒迈特[2]）。如果说在1935年（彩色摄影滥觞）至1965年间，几乎所有重要的作品都以图书的形式出现，那么此后“人的所有主要图像无不响应按钮的召唤”。在马尔罗看来，电视想象博物馆将是雕塑博物馆（“银屏永远接纳雕塑”）、“没有历史的艺术”（物神）博物馆、“宗教作品”博物馆（“音像大量运载宗教作品”）、与远东的发现相关的博物馆。音像博物馆接替了图像博物馆，因为“艺术书籍实际上只通过图像集合进行对话”，而镜头组合适合于没有框框的艺术：“真正的雕塑想象博物馆——庙宇、大教堂、亚洲的洞穴——和建筑博物馆变成电视博物馆，如果说电视播放纪念性建筑的内在本质，那么摄影只勉强起到提示作用”（马尔罗，1973）。

电影通过调动缪斯诸神的能力，开辟了各种艺术在其中沟通的多学科研究领域。“活的艺术”这个概念本身改变着节奏，通过电影使不在场的东西在场化，活化了人物、艺术家的语言和创作场所、工作室。20 世纪 60 年代，电影导演让 – 马丽·德罗因此在蒙帕纳斯的 20 世纪几位最伟大的艺术家的工作室里进行拍摄。[3]

通过剪辑台上的工作进行录音和确切限制图像的功能，使行为艺术或者大地艺术（Land Art）不仅能够保留作品本身，而且能够特别是保留某些过程，这是绘画或者摄影通常做不到的事情。在这种情况下，创造性的工作压倒了单纯纪实的侧面。在诸如弗莱厄蒂的作品、克里斯·马克和阿兰·雷斯内的《雕像也会死亡》（1953）或者让·鲁什的《疯狂的大师们》（1954）等民族学影片中，摄影机是参与性的。问题在于知道是否应该用主观意象摄影来拍摄电影，评论是否必要，是否必须运用蒙太奇。

电影具有创建团队、从事共同工作的能力。埃利·福尔着重指出，在她所说的促使集体创造与主观反省时期交替的历史“大节奏”中，电影与集体感如此强烈的哥特式建筑时代匹配。我们可以说，国际电影联合会（FIFA）自第二次世界大战结束后建立以来，重新组合了诸如莱热等艺术家、弗朗卡斯泰尔和文图里等艺术史家、许多哲学家。正是在这种合作的框架内产生了艺术史电影。罗伯托·隆吉和翁贝托·巴尔巴罗在 1948 年共同创作的《卡尔帕乔》即是艺术史家与电影导演合作的成果。

何谓艺术史电影?

在艺术史电影中，艺术史制作它自己的电影。其意义等同于电影导演戈达尔所说的“电影史”乃是电影自己的历史。一位电影导演制作一部诠释艺术的电影，一位艺术家制作一部艺术电影。这就是说，界限从来不是那么分明。所以，一位艺术家导演的艺术电影明显地具有记录的一面，诸如拍摄《机械芭蕾》（1924）的费尔南·莱热或者拍摄《贫血的电影》（1926）的马塞尔·杜尚等艺术家从一开始就将自己的作品拍成电影。此外，譬如说最近逝世的一位大师卢西亚诺·埃默所构思的一部诠释艺术的电影配有一个名副其实的虚构脚本。最后一部艺术史电影应该具有自己的舞台美术。

一部艺术史电影是“一部研究和证明的电影”（蒂里范斯，1950），它既是艺术史作品，又是研究艺术史的电影制作固有方式的产物。由于这多重的词义，新潮派导演的立场必然被相对化了：既是一个具有深刻的历史感的电影导演，又是一个艺术家，一个能够制作这样的电影的团队。

艺术电影和诠释艺术的电影在创作和调动一切手段取悦于人方面所具有的自由度越大，人们就越是期望艺术史电影提出作品用我们所研究的时代视角进行创作的历史时期问题，这一问题之所以更为相关，是因为电影技术手段明显改变着对艺术史的接受方式。因此，调查研究是艺术史电影的模式。在巴斯特·基顿的电影《小舍洛克》（1924）中，睡着的放映员进入梦乡，具备了分身之术，他的化身很有活动力，完全跨越银幕，变成行动的主角。他借助电影这种第七艺术而具备第六感官，利用永远能在现实与想象之间往返穿越之便，揭露骗子并娶电影院老板的女儿为妻。这部电影也许是艺术史电影的隐喻。新潮派导演化身为幻想的调查者和新潮派导演双重身份，在电影的特殊时间——蒙太奇时间里重现历史调查工作。

何时开始存在艺术史电影，它又是怎样演进的？自第二次世界大战前开始，艺术以“艺术电影”的形式打开进入电影的通道（从前面已经提及的费尔南·莱热到1949年的电影《托瓦尔森》的导演卡尔·德莱厄尔）。在20世纪50—60年代，它主要是以“艺术电影”，而不是艺术史电影的形式出现和发展。最初进行定义的尝试——拉吉安蒂使用“评论电影”这个术语——表明带有杂交功能的性质，既是纪实电影又是艺术电影，回过头来看，更多地表现出将艺术史电影视为一种财富的倾向。如果说艺术史家通常撰写评论文字（肯尼特·克拉克：《伦勃朗》，1975；罗伯托·隆吉：《卡尔帕乔》，1948），那么电影导演制作镜头，但有些历史学家对摄影机操控自如，譬如说库尔特·厄特尔（1890—1960），他的作品《瑙姆堡的石头奇迹》（1932）得到克拉考尔的赞赏，而他的另一部作品《米开朗琪罗》（1938）堪称杰作。在《环绕灯光下的空间》（1936）中，德国艺术史家卡尔·兰布（1905—1968）将威斯大教堂一天24小时的日常生活拍成电影。在这些艺术史电影导演中最著名的是意大利比萨高等师范学院教授卡洛·卢多维科·拉吉安蒂（1910—1987）。

比利时导演亨利·斯托克写道“摄影机的眼睛比我们的眼睛敏锐得多。

它把观众的眼睛引向整个画面，分离某些细节……”谈到他的作品《鲁本斯》（1948），他解释道“我们试图借助电影技术来还原他的画作的持续运动”。斯托克运用的技术和教育手段包括图解、双投影和动画。

对于“调查”（上溯到希罗多德的基本概念）意义上所说的艺术史电影的研究毋庸置疑地表明，其多样性和发展本身是不同的历史方法和研究对象的演变所致。换言之，阐释艺术的电影属于这个或那个历史学派。在罗伯托·隆吉所构想的《卡尔帕乔》中（1948），某些作品是由隆吉来定性的。摄影机的取景和移动听他的指挥。影片同时成为历史学家评论和作品对照与比较的媒介。影片一开始，隆吉将卡尔洛·卡拉的未来主义绘画手法与卡尔帕乔的手法进行比较。作品的比照和对细节的关注乃是鉴赏的工具。20 世纪 30 年代的艺术纪录片的先驱之一卢西亚诺·埃默选择从移情的观点来阐释绘画，在他的影片《圣奥尔索拉的传说》（1948）中偏爱使用纯直观和叙事的方式来进行全部说教式的评说。他说自己控制着绘画作品中的影像并把它们视为各不相同的对象。他在这方面接近源自康拉德·菲德勒哲学的“纯可见性”理论。在 1948—1964 年间创作了 20 部评论电影（films de critique）的拉吉安蒂也是如此。

拉吉安蒂的作品表明，艺术史电影不仅是历史研究在电影中的产物或体现，而且是艺术史通过电影进行的一种原创性实践。拉吉安蒂将“批判地阅读和分析通过电影的视觉语言实现的艺术语言”确定为自己的目标。另一个卡尔洛——历史学家卡尔洛·金兹伯格在其一篇著名的文章中比较了弗洛伊德、莫雷利和舍洛克·霍姆斯（柯南·道尔）等人的方法，这使我们回想到伯斯特·基顿！在金兹伯格眼里，这三个人的共同点在于，几乎在同时都不喜欢大家看到的东西。弗洛伊德只关注口误、梦的叙述片段流露出的事情，莫雷利只关注一个“手势”（鼻子、眼睛活动的方式）泄露的细节，柯南·道尔只关注分散隐藏在现实中的痕迹。[4] 他们的方法论是通过作为认识工具的一种装置对现实进行过滤。

拉吉安蒂和他的同道们通过电影撰写艺术史，不喜欢大家都看得到的东西，而是试图阐明只有摄影机看得见或者能够使人看得见的东西，以及电影所固有的还原历史时代的方式。在《沃尔泰拉的伊特鲁里亚人的瓦罐》（1957）

中，他拍摄了一支火炬的光芒，重新创造了他本人审察历史的视野。但在《佛罗伦萨主教堂广场》（1955）中，他使用直升飞机来显示整个建筑的全貌。摄影机的极度能动性完全打破了用定机拍摄的方式。

因此，制作电影的艺术史家通过一种梦幻的工作方式，像基顿的放映员一样将现在与过去、现实与想象接合了起来。影片一旦取得成功，就获得了电影院老板女儿的芳心，亦即赢得了观众，这是最大的奖赏！

最后，摄影机创造“虚构艺术”：技术的复制变成一种艺术手段。在本杰明看来是负面的东西，在马尔罗眼里变成正面的东西。他同样也将银幕与画布进行比较：在银幕上，“注视这些画面的观众的参与过程很快被它们的化身所打断”。他提及同刚看过影片《莱斯比格的维纳斯》感到不甚满意的毕加索的一次谈话。毕加索建议他拍摄一部更好的影片：“通过叠印，展现葛雷万博物馆的一个史前美女，一块隧石，我的蝙蝠骨骼，一个罗马天使（我认为她像某些树枝），一根带着叶片的真正树枝”。毕加索预言“将会有具有自己语言的真正阐释艺术的影片。就像在绘画中一样”（马尔罗，1973）。

一旦艺术史家要在使用装备上显示其不凡之处，艺术电影的传统框架可能被他们废弃和批判。艺术史影片的“美国之夜”在《安德烈亚·德尔·卡斯塔尼奥的最后的晚餐》（1954）中已经进行过尝试，拉吉安蒂在这部影片一开头就罗列了纪录片突然中止之前关于艺术电影的种种陈词滥调。影片超速转换镜头传来了观众的抗议声。一个画外音响起，断言“与通常应该观赏和解释这件作品的方式不同，这是理所当然的”。

因此，一部艺术史影片只有把它重置于其自身固有的双重依赖性中才能理解：一方面，依赖作为一门学科形成并付诸实践的艺术史，另一方面，依赖电影的整体发展。拉吉安蒂的《米开朗琪罗》（1964）应该置于罗伯托·罗塞利尼的《意大利游记》（1953）和约翰·卡萨维兹的《阴影》（1959）的视角中来观察。雕塑出现在罗塞利尼影片中并非偶然：从维苏威火山喷发时死去的一对情人的“天然”塑像（这位考古学家复活了当时场景），到那不勒斯卡波迪蒙特国家艺术博物馆的古代雕像——与美女影星英格丽·褒曼和祈求最终得到意外拯救的宗教游行队伍中的圣母玛利亚“对话”者，无不体现殉情而死者心里凝固的爱情的复活。在这位艺术史家的眼里，这表明雕塑在几个世纪的过程中通过其多重定义和反复重现所形成的意义堆砌和活化的可能性：宗教神像、物神、偶像、雕塑以及艺术品中的种种变形。约翰·卡萨维兹塑造的“万国”雕塑园中的神秘的即兴作品系列，展现了面对希腊雕塑家波利格诺托斯·瓦基斯作品《天启》（1951）的哑然惊叹的人物，一个表情着迷的头像。其中的一个主要角色这样说：“谈不上理解，如果你有所感，就去体会它吧”（埃尔比洛，1995：75）。所以，电影展现的艺术史首先是电影时代的艺术史。

展望一部电影时代艺术史的历史

了解摄影机对于艺术史的贡献，了解摄影机撰写艺术史的类型，远不足以认识当代电影艺术的历史及电影必然提供素材的艺术史的深刻变化。要探讨艺术史并追踪其未来的走向，需从研讨以下诸问题着手。

首先，必须评估视听手段（包括电影）对于艺术史在其中实施的环境——研究、博物馆、教学等所产生的影响。

今天，人们观看影片来认识创作活动（例如：纳姆斯阐释波洛克的影片，克卢佐阐释毕加索的影片）、艺术实验（最近在银幕上公映的一部阐释克卢佐未完成的影片《地狱》的纪录片，从访谈和剪辑工作样片着手，展现了艺术家们从光效应绘画艺术到电影工作者要求的工作），确立行为艺术的历史。视听设备揭示了长期没有被认识到——个别画家除外——的绘画创作（风格、调色板、手法、种种相关操作），因为它展现了多方面的细节，特别是强制观众“贴近创作过程”（马尔罗语）。电影既从其意图，又从其实践记录了艺术家，以吸取经验教训，促进创作及未来保存和修复他们作品的工作。卢浮宫的《传递》系列包括同艺术史家的访谈（哈斯克尔、巴尔特卢塞迪斯、查斯特尔、斯特林、泽里、克劳泽伊默尔、贝尔廷）和通常在展览之际表达的各种艺术观点（罗森伯格、达米希、尚热）。

电影如何陪伴并或许超越博物馆时代？我们回想起马尔罗对于本杰明的悲观主义的回答：“视听的地点和时间一样都让我们感到困惑……它不是博物馆……不是影像总是转眼消失的小银幕”。在他看来，“娜芙蒂蒂的玄武岩头像既属于14世纪的埃及，也属于现代和电影制作时代：视听博物馆时代”。本杰明抱怨说，通过复制，“大教堂离开了实际的所在地，而移到了业余爱好者的工作室里”。对此，马尔罗（1973）几乎从字面上反驳道：“视听博物馆没有在电视观众的公寓里选择住宅”，而是恰恰相反，它“使人看到了圣神的雕像与地下小教堂的联系，万神庙的外观与天空和雅典娜女神节的联系，骑士雕像与广场的联系，西西里大幅马赛克基督像与大教堂的联系，更深一步说，一切神圣艺术与神殿的联系”。简言之，博物馆场地移动和背景不定，但它的视听补充手段使艺术品重新得到定位。只要举出法国的布朗利河岸博物馆的例子就足以证明这一点：它的丰富的装备在艺术品近旁还原了它们在仪式上使用的氛围。

早在1950年，皮埃尔·弗朗卡斯泰尔（1950）就断言：“不可能存在不具有某种程度上的教育价值的阐释艺术的影片”。他已经强调这些艺术片不可能是简单的“传统的口头教育的附属品”。总之，将视听手段引入教育，不论其水平如何，无不以认识艺术史家所说的“造型观”为前提。在图像上贴上说明无论如何是不够的。我们可以能动地用不断变换自己的版画状态的伦勃朗之子作画。我们可以瞬间汇集和比较多种艺术作品，即马尔罗所说的“依然活着的展品”。这个术语或许有人认为借用自阿比·瓦尔堡，尽管马尔罗既没有读过也不知道瓦尔堡将自己的博物馆观与复制和镜头组合联系在一起的《记忆之神莫内莫西纳图集》。马尔罗之所以这样说，是因为电影连续镜头所具有的“加速”想象的能力。马尔罗写道：“电影镜头的跃迁转换”可以“从兰斯大教堂的《天使报喜》引出贝尔尼尼的飞翔的天使们”。课程本身、会议应该借鉴造型艺术的节律、镜头组合。许多带有Powerpoint音像演示软件的教程已经这样设想。文摘既可视，又可读。没有任何东西阻止教师运用真正的艺术史影片，以及将艺术品或者与作为学科的艺术相关的某些问题——对作品的态度、信仰的作用、参观博物馆等置于银幕上放映的大量影片。

实际上——这是第二个大研究领域——应该说更加全面地盘点和更加精确地分析电影介入艺术作品的历史进程的时代来到了（我们在前文已经说过，艺术史影片的诞生也是以电影导演对艺术的关注为标志的）。马尔罗已经指出了电影对雕塑的所谓皮格马利翁效应。从玛雅·德朗的《摄影机的舞蹈术》

（1945）到乔·赖特的《傲慢与偏见》（2005）（我们在此随意地选择了两个例子，不足以表明这个领域里生产之广），将雕像置于舞台上的影片越来越多。除了已经提到的《雕像也会死》（1953）、《意大利游记》（1953—1954）和《阴影》（1958—1959）等影片，我们可以补充雷斯内的另两部影片《广岛我的爱》（1959）和《去年在马伦巴》（1961）——雷斯内1961年对《法兰西观察家》记者尼古拉·赞德说，想要拍摄"看起来像雕塑一样的影片"——或者还有特吕福的《朱尔与吉姆》（1961）、克里斯·马克的《堤》（1962）和戈达尔的《蔑视》（1963）。雕塑在这些影片里扮演着它们自己的角色。

具有"滚筒"亦即电影的卷盘、胶带意义的"角色"一词，意味着为放映过并形成序列的艺术品编目保存，以备继续放映和得到不同的解释。同一个地方、同一个舞台可以为影片提供不同的角色：如果说库尔特·厄特尔的《瑙姆堡的石头奇迹》（1932）赋予这座城市的大教堂一个角色，那么沃尔特·迪斯尼在《白雪公主与七个小矮人》中赋予邪恶的格里姆希尔德王后以"美丽的乌塔"——被认为是瑙姆堡大教堂骄傲的梅森总督夫人雕像的外貌（吉尔沃，2006）。由于这一原因，迪斯尼的这部影片在1950年以前没有获得在德国放映的准许（波吉，2007）。最近有人惊讶地发现在戴维·卡梅伦的《阿凡达》（2009）的纳威人的脸上看到了勒叙厄尔画中人物的影子，尽管这并不可信；可以肯定地说，在阿巴斯·基亚罗斯塔米的《希林》（2009）中，拍摄时简单命令她们思索生活中特别重要的一件事、一个人或者一个时刻的上百个伊朗女演员的脸，或许在某种意义上近似于画家勒布伦所说的"表情丰富的头像"，它们开启了对于参与演出的观众——著名的"观众席"——注意力的视觉分析，而这正是狄德罗以降，直至迈克尔·弗里德所说的艺术史的重要主题。

博物馆清楚地懂得开放其藏品，接受不同目光审视的好处。电影导演们过去往往通过帕索利尼的《鲜奶酪》（1963）或者戈达尔关于比尔·维奥拉作品的《激情》（1982）的一个"活画"来重新激活的形式从文化遗产中"偷来"的东西，博物馆现在向他们和盘托出（提供摄影平台！），犹如献上施洗者圣约翰的脑袋，如果被确认为博物馆委托的制作，诸如《卢浮宫系列片》或者中国台湾导演蔡明亮的影片《脸》（2009），那么卢浮宫就被用作"导演工作室"（亨利·卢瓦雷特语）。反过来说，怎样界定应用于电影的展览概念和博物馆概念？

最后，作为艺术史学科核心的第三个大研究领域应该是认识我们的历史时间观如何受到电影的影响。

一些人可以提出电影的考古权力，因为电影能够使我们接近当代人对作品的看法。拉吉安蒂或者埃默试图通过夜里或者烛光和火把下拍摄，来达到这样的效果。马尔罗也持同样的看法：“电视播放的大教堂重新找到了环绕在雕像收藏者头顶之上的原始教堂的回声”。这正是促使他反对1953年拍摄《雕像也会死》的导演克里斯·马克和阿兰·吉斯内的原因所在，在这两个导演看来，在西方的博物馆里，偶像、非西方艺术创造者的视角不复存活。而马尔罗认为，即使视角不可能重构，作品依然在对我们讲述。这并非是雷斯内所否弃的单纯“为了娱乐”强烈的赞赏替代了崇拜（扎拉德，2008）。

更实际地说，视听手段尤能使人理解和丰富遗存（“Nachleben”，瓦尔堡）、重新发现（哈斯克尔）、物体轨迹（阿帕杜莱）、变形（马尔罗）、地层学（阿尔甘）等基本概念，以及滋养我们的艺术和创作的时空观的若干其他概念。如20世纪60年代以来艺术史所倡导的那样，理解连续性而不跌入固定模式的陷阱，识别种种粘滞状态（卡斯泰尔诺沃、金兹伯格）和无政府主义（迪迪－于贝尔曼），无不与吉勒·德勒兹所分析的“影像—运动”向“影像—时间”的转换相关。德勒兹的分析基于安德烈·巴赞的《何谓电影？》一文。巴赞在德勒兹之前指出了罗塞利尼的《意大利游记》（1953—1954）的关键作用。巴赞推崇借助时空蒙太奇从一种意识状态向另一种状态转换，从一个现实片段向后续片段转换。他指出了电影与变形之间的联系：接替而不连续之谜。

归根结底，运用和借助电影对艺术史的这种调研，非在国际范围内进行不可。1962年，联合国教科文组织和国际博物馆协会（ICOM）发起了对于博物馆中使用文化和科学影片的一项调研，相关报告发表于1963年的《博物馆》杂志上。大英博物馆建议“国际组织负责公布问世的影片的国际目录”。如果说国际艺术影片联合会（FIFA）继续进行其工作，而从1981年以来一年一度的艺术片电影节在蒙特利尔组织特价销售，那么必须承认至今依然缺少一份具有艺术史内涵的影片国际目录，而且在网络上进行的艺术史与影片关系的研究极为罕见。人们设想在国际艺术史委员会和联合国教科文组织国际电影、电视和视听通讯理事会的双重监督下进行的调研报告怎样才能在这方面富有成果。届时，或能反驳马尔罗的如下论断：随着视听博物馆的诞生，“种种艺术问题不复是艺术史的问题”。

在当代艺术双年展中，视频成为一个普遍的工具，今天艺术的一种“绿卡”，不管人们喜欢还是抱怨。它是一个大家都懂的表达载体，特别是随着字幕的使用，比传统载体更优越得多，可以使新兴国家的艺术家在世界艺术舞台上得到展现，当然，前提是这些国家的艺术家拥有这样的技术手段。艺术史影片能否同样成为——在什么样的条件下——国际艺术史家共同体认同的一种语言，而且促进研究者和值得注意的新的历史研究课题在作为科学学科的艺术史比较薄弱或者完全缺失的国家双双崛起？能否在像另一层面上影响社会网络的推特或者脸谱等信息传媒的当前发展一样开放和变化多端的未来形式下，推动艺术史发展，使之超越西方国家三个世纪以来构建的制度化的和出版的联合体所培育的阅读模式？就重新阅读文化遗产和扩大“古典”艺术史研究对象而言，目标远大，但不应怀疑的是，科学的批判方法论的成就足以避免将历史歪曲为记忆，将对艺术的热爱歪曲为民族主义意识形态，将文化遗产歪曲为排他的身份认同。

Thierry DUFRÊNE:
L'HISTOIRE DE L'ART A L'ÂGE DU CINÉMA
(*DIOGÈNE*, No. 231, 2010)

注：

［1］本文系笔者于2009年11月墨西哥大学（UNAM）举办的一次题为“探讨艺术的电影”的学术讨论会（由彼得·克里格教授组织，得到国际艺术史委员会——CIHA赞助）上发表的论文修订稿。

［2］影片《希望》的导演，《世界雕塑想象博物馆》的作者，1973年与导演克洛维斯·普雷沃一起导演了法国广播电视局（ORTF）和法国玛格基金会定制的《目光的变形》。笔者于2007年6月在日本秋田市举行的国际艺术史委员会学术研讨会上提交了题为《马尔罗、艺术与电视——想象博物馆续篇》的论文。

［3］题为《蒙帕纳斯的热情时刻》的法国广播电视局系列片（德罗，1999）。

［4］用电影术语可以说，弗洛伊德研究毛片，莫雷利研究特写镜头，柯南·道尔通过蒙太奇进行操作。

参考文献：

奥蒙 , J., Aumont, Jacques (1995) *L'œil interminable. Cinéma et peinture*, Paris: Seguier。

比洛 , E., Bullot, Erik (1998) «Digressions à propos d'Élie Faure et de Jean-Luc Godard», 收入 Y. 谢弗尔菲斯 – 德比奥勒 (主编), dans: Y. Chèvrefils-Desbiolles (éd.) *Le film sur l'art et ses frontières*, p. 25–44, Aix-en-Provence: Publications de l'université de Provence/Institut de l'image。

集 体 编 写 , Collectif (1994) *Histoire de l'art et cinéma: les critofilms de Carlo Ludovico Rogghiansti*, Paris: Louvre。

科斯塔 , A., Costa, Antonio (2002) *Il cinema e le arti visive*, Turin: Einaudi。

德勒兹 , G., Deleuze, Gilles (1983) *L'image-mouvement. Cinéma 1*, Paris: Minuit。

德勒兹 , G., Deleuze,Gilles (1985) *L'image-temps. Cinéma 2*, Paris: Minuit。

德罗 , J.-M., Drot, Jean-Marie (1999) *Les Heures chaudes de Montparnasse,* Paris: Hazan。

迪弗雷纳, Th., Dufrêne, Thierry (2010) «Lire Francastel aujourd'hui: un historien de l'expérience artistique», 收入 Th. 迪弗雷纳 (主编), dans: Th. Dufrêne (éd.) *Pierre Francastel, l'hypothèse même de l'art*, p. 5–21, Paris: INHA。

福西永, H., Focillon, Henri (1998) «Le cinématographe et les arts», 收入M. 瓦舍克(主编), dans: M. Waschek (éd.) *Relire Focillon*, p. 129–135, Paris: ENSB-A。

弗朗卡斯泰尔 , P., Francastel, Pierre (1950) «Le point de vue d'un pédagogue», *Les Arts plastiques*, 5–6: 13–16。

戈捷 , Ch., Gauthier, Christophe (2002) «Une branche nouvelle sur l'arbre des formes.Henri Focillon, Élie Faure et le cinéma», 收入I. 贝西埃和J. 吉利(主编), dans I. Bessière et J. Gili (éds) *Histoire du cinéma. Problématique des sources*, p. 295–310, Paris: INHA/MSH/Université Paris I。

吉 尔 沃 , B., Girvau, Bruno (2006) *Il était une fois Walt Disney: aux sources de l'art des studios Disney*, Paris: Réunion des Musées Nationaux。

埃尔比洛 , E., Herbulot, Emmanuel (1995) «Le manifeste esthétique in situ de John Cassavetes: la séquence du jardin des sculptures dans "Shadows"», *Cahiers du Musée National d'Art Moderne,* 52: 75–99。

勒迈特 , H., Lemaître, Henri (1956) *Beaux-Arts et Cinéma,* Paris: Cerf。

利昂德拉 – 吉格 , S., Liandrat-Guigues, Suzanne (2002) *Cinéma et sculpture. Un aspect de la modernité des années Soixante*, Paris: L'Harmattan。

林 赛 , V., Lindsay, Vachel (2000) *The Art of the Moving Picture*, New York: The Modern

Library。

马尔罗 , A., Malraux, André (1973) *L'Intemporel*, Paris: Gallimard。

米肖 , Ph.-A. (主编), Michaud, Ph. -A., éd. (2007) *Le mouvement des images*, Paris: Éd. du Centre Georges Pompidou。

帕伊尼 , D., Païni, Dominique (1992) *Conserver, montrer: où l'on ne craint pas d'édifier un musée pour le cinéma*, Ypres: Yellow Now。

帕 伊 尼 , D., Païni, Dominique (1997) *Le cinéma, un art moderne*, Paris: Les Cahiers du cinéma。

波吉 , S., Poggi, Stefano (2007) *La vera storia della Regina di Biancaneve: dalla Seloa Turingia a Hollywood*, Milan: Cortina。

拉吉安蒂 , C. L., Ragghianti, Carlo Ludovico (1952) *Cinema arte figurativa*, Turin: Einaudi。

罗默 , É., Rohmer, Éric (2010) *Le celluloïd et le marbre*, Paris: Léo Scheer。

蒂里范斯 , An., Thirifays, André (1950) «De quelques limites et possibilités du film sur l'art», *Les Arts plastiques*, 5–6: 3–12。

扎 拉 德 , J.-P., Zarader, Jean-Pierre (2008) «Empathie et métamorphose: Les Statues meurent aussi d'Alain Resnais et Chris Marker et Les Voix du silence d'André Malraux», *Sens Public*, www.sens-public.org。

瓦莱里奥·阿达米：一种哲学视角

瓦莱尔－玛丽·玛尔尚　著
彭姝祎　译

踏进瓦莱里奥·阿达米的工作室意味着自我阅读。展现在面前的景象是：每种色彩分布都是深思熟虑的，每个主线条（或非主线条）都具有含义，每个视觉寓意都让位于谜团。用色的谜、绘画的空间之谜、正如雅克·杜宾形象地描述为“简洁到几近直白”的形式的谜（杜宾，1982：199）。现实及其成为现实的可能性之谜、色彩之巨大威力的谜，以及落在画架上的第一笔水平线条直到最终的垂直线条之谜……

实际上，在这个图形构筑的世界里有一种不间断的疑问，一种无止境的诘问。在画室灯光的照射下，看得见的和看不见的相互交映。一切始于画，终于画。一切都成了阅读、潜在破译和解释当下。一切都促使我们研究和思考。作为敏锐的阅读者，瓦莱里奥·阿达米在适当的时候谱写他的画谱。为此他改换门庭，在意大利创建了一所欧洲绘画学院，这是唯一一家瓦莱里奥·阿达米风格的学院。之后，哲学家、诗人和作家们便在此畅所欲言。阿达米则在法国、意大利、印度或其他地方继续创作，继续思考具象画如何以及为何产生，挖掘绘画的内在性，从一幅作品到另一幅作品，不断追问“那些看得见的和看不见的”。

瓦莱里奥·阿达米善于运用渐变手法，他没有违背数年来养成的规律，他的“祷告时间”始终关注色彩（阿达米，2018）。阿达米每周工作整整七天，从下午两点半直到晚上八点半。早晨用于阅读和写作。此后，这个独行者便拿起笔、橡皮和毛刷，挥舞画笔，追随并表现思绪。从提笔勾勒到最后成画，文字符号和宗教仪式便整个跃然纸上，破败之处被巧妙地修缮，领土被小心翼翼地收复。所以阿米达谈论的不是签名而是“关键时刻的烙印”，不是擦去而是“存档”（阿达米，2002：143），用阿达米自己的话说，就是把绘画从对它的束缚中解放出来的自然消逝。这种“擦去”的辩证法体现在对初始画面的疏远和现代性中惊人的古典性中。阿达米的油画像哈哈镜一样左右着我们的无意识，那相反的视角产生于我们的心理投射。从这一刻起，色彩的统一性、线条的多样性以及解读的多重性便统统用于揭露现实。创作过程在一笔一笔、一张画布一张画布中展开，几近完美之能事。

瓦莱尔—玛丽·玛尔尚：您经常提到“绘画的召唤”，确实从词源学的角度来看，“使命”一词（源于拉丁语“呼唤”）与“召唤”的概念有着内在的联系。您是如何以及什么时候意识到这一特质的？

瓦莱里奥·阿达米：奇怪的是，我一直有这样的感觉，认为自己注定投身于绘画。我经常思考是不是在母亲肚子里的时候我就已经开始作画了。所以这能称为“使命”吗？无论如何，这也与我一直听从的声音（甚至是道路）有关……我直到不惑之年一直是“博物馆人”，而今天我已经不这样了，因为我们其他人、西方人，我们往往过于重视文化而忽略了知识……

在您看来文化和知识有哪些差别呢？

文化在很大程度上取决于扫盲，而知识则可能口口相传。当今真正的知识由那些自给自足地居住在世界另一端的群体所掌握……

如您所言，似乎过多的知识最后反而扼杀了知识，我们是不是也可以这样说色彩呢？

正如您所言，我们对艺术的理解是非常贫乏的。我们试图用美学替代伦理学，却忘了艺术形而上的价值。我们参观博物馆，却感受不到丝毫的惊叹。我对这种文化的工业化相当失望。

当您还是孩童时，您祖父里卡多曾要求您用图画来表现一些词语，这个小游戏逐渐成为你们之间的暗语，同时这种默契也诞生了属于你们的秘语，对你们来说，这就是绘画。起初这个游戏看起来像一种字谜或者一种无声的交流，您似乎是为了回应祖父而开始作画的。此外，您在最近出版的《清晨即兴》——刚刚由伽利略出版社出版——一书中也提到了祖父。在我看来，这似乎是一个关键桥段……

这是毫无争议的。这个根本桥段一直是我最美好的记忆之一。也就是说，早在十岁或十一岁的时候，我就决定成为画家，而且其实这个决定远未得到家人的一致支持。我父亲是企业家，他更希望我继承他的公司。我的兄弟成了导演，我则一直秉持着对绘画的热爱。我在父亲的反对下一意孤行，最终被美术学院录取，随后便全身心地投入到了绘画事业中。线条和色彩的变幻总是让我惊叹不已，对我而言，再没有比这更美的旅程了……

您是否也曾被艺术选择过？您的艺术生涯似乎是由您的每一次相遇所塑造的……

这样一个问题很难回答。我从八岁或九岁起开始画画，自此开始构建我的艺术生涯。从很小的时候起，我便只为了绘画而活着。这是我最初的表达，尽管我也写文章，但对我而言最重要的是作画，除此无他。

您将绘画比作“可见物的应许之地”，您是“独行侠”吗？

我经常思考这个问题。但我并不像看上去那样孤僻，因为我在意大利创建了欧洲绘画学院。这在当时尚属首创。学院是多学科的，非常活跃，向所有艺术形式大大地敞开着门。学院的创建，无论是在感情还是创作上，对我来说都具有十分重要的意义。我邀请了许多作家、哲学家、诗人或音乐家朋友参与其中，如雅克·德里达、皮埃尔·布莱兹或者卡洛斯·富恩特斯。这些朋友每年在我梅纳的家中相聚一至两次。我们的交谈已经发表在为该学院专门创办的期刊上。这是一段充满思想、友爱和欢乐的时光。

奥尔塔湖是您特别喜欢的地方，您的夏日工作室总是面朝着另一块水域、梅纳的马焦雷湖？

奥尔塔湖是尼采喜欢的地方，这是我离开米兰父母的家后的首个居住地。我租了一间建在水面上的吊脚楼，在这间屋子里从事了大量创作。随后我便搬去了维罗纳和马焦雷湖畔的梅纳。我非常喜欢这片湖，它凝结了许多回忆……特别是我在那儿遇见了我的妻子——卡米拉。这片湖甚至它的象征意义陪伴了我一生。它在某种程度上，比大海更安静、更入画、更易感易触。这些关键特征很让我满意。

草图也是您重视的概念。是不是为了突出色彩，您才删掉了一些线条，并如此频繁地使用橡皮？

是的，任何创作过程都是等待的结果。我的朋友理查德·林德纳经常对我说："你看，瓦莱里奥，我的画室就是一个等候室，我在那，等着发生什么。"因为他，我理解了"等待"一词形而上的意义。此外，当我们等待某人时，想象便开始蔓延舒展，并为接下来的相遇蓄势。橡皮在画作上来来回回，多少就像水流的往往复复……随着擦抹，线条渐渐呈现另一种样子，无法言说，但在我看来更为珍贵。

在看得见与看不见之间的这种躲猫猫游戏是不是也是您对绘画的一种偏好？

绘画带领我们思考真相的概念。真相是件困难的事儿，甚至不可能去定义……只有通过绘画和诗歌的奥秘我们才能触及……

这里，我们正在您位于巴黎圣心大教堂山底的画室中，这个地方是您挑选并彻底重建的。这个画室对您而言，似乎是所有神秘的聚集地……

也是也不是。很多年以来，我都是在酒店房间里作画的，我长期过着四处漂泊的生活。我需要找一处隐蔽的临时地点，才有可能重新设计一间画室。只有当旅行跃然纸上时它们才具化。因此，我的一生都围绕着这种生命的冲动展开。我旅行并不是为了感受异国风情或者观光游玩，而是为了理解、为了学着认识自己。风景的吸引力无法与那些引领我们走近他人或者走近自身的旅程相提并论。当我穿行于世界各地时，我是在寻觅那些能够让我和别人相一致的地方。这些游历经过提笔，也就是说通过绘画这个行为本身变得更有建设性。

酒店房间也是个封闭的空间，适合写作和阅读……

确实如此。我在酒店房间内住了很久，也工作了很久，虽然那时候我的收入让我有能力租间房子。总之我真的需要一个密闭的空间，需要独自待在可能会帮助我抵御外部世界的四堵墙之间。因为酒店房间是匿名的，这便加剧了我的孤独，并促使我以更加自由的方式生活和思考。

在人们的印象里，您的思想总是在流动，您总是专注于工作，总是和线条、橡皮和风格的连续性相连……

我的生命中从未有过一天不画画，我甚至租过一整间火车包厢，以便让自己独自作画。

甚至像画室这样构造特殊的地方都不能让您从一张白纸画起吗？

确实如此。这张白纸会引发一些习惯性的动作，每次提笔之前，我都要收拾一下画室。

在您巴黎的画室内我们看到在三个不同的画架上有三幅画布。这三个画架是否代表着您创作的三个不同阶段？

我所有的画室里都有三个画架。我需要从一幅画跳到另一幅，从一个尺寸调到另一个……

您有过许多画室，艾梅·梅格经常在夏天邀请您前往她位于圣保罗－德旺斯的基金会工作。

画室对画家而言是最基本的。我很幸运能够在这个美妙的地方即梅格的基金会工作，它堪称独一无二。在那儿我每天都能遇见来自世界各地的艺术家，特别是费尔南·莱热和朱昂·米罗，他们在那儿生活了相当长的时间。当时我年纪尚轻，大家待我都十分友善。那儿其乐融融，人们互帮互助。

在日记中，您以某种柔情提到了米罗生命的最后几年……

我与米罗的关系十分亲密。我曾与他在巴塞罗那共同居住了很长时间。没有梅格，我与米罗无法相遇，梅格也是我最亲密的朋友之一。直到今天我仍然深深感激梅格给予我的一切……

您是出于什么目的不再在油画上标注日期？

在我看来，一幅画不需要与我的生命历程相联系。绘画既不是记叙也不是说明。标注日期也并不能让一幅画停驻在某一刻。最后一个原因，不标日期能让我对抗投机，这种行为与艺术毫无关系……我认为日期是毫无意义的附加值。

您的画与您对孤独的喜爱和“独行”精神相一致。虽然您不是独行侠（因为您有许多朋友），但您身上有一种“出世”的欲望，我们能在您非常封闭的作品中找到这种隔离感。此外，您喜欢对书沉思。我相信，这些安静的时光对您而言十分重要。因为这是重塑的时刻。您在书中提到了这个关键时刻，您把握住了它的特性，把原始的混沌变成了有序的行动，这样看来绘画首先是思想的构建。

正如您所知，我是在绘画和事物力量的驱使下才变成独行侠的，但我从未想过要与世隔绝……因为我特别需要表达自己，为此我选择了绘画，首先从构图开始。起初，作画让我有点困惑，我对色彩的把握有点力不从心，这从来都不是小事一桩。我认为我首先是一个画画的人。画画使我得以追随我的思想。我非常喜欢这种闭环的观点。我画的线条在回到起点前将一直延续下去。对我而言，思想的形态亦如此。

绘画本身是不是也意味着思想的学习？

绘画与形式、各种各样的形式密不可分。如果画一个人物，我们必须考虑他的垂直度、比例、倾斜度、灵活性，他当下的环境以及位置。绘画是在给定空间内的多种可能。

因此，举例来说，当我们今天观赏抽象画或者学习放弃具象时，我们才意识到要学习重建那些并非总能自发出现的画面……因此优秀的艺术出版能够带来新的阐释，并引领大家通过艺术家的历程寻找到其他的回声。

我们可以说“图像”文化吗？

既是也否。因为“图像”这个词在我看来有些草率。所有和视觉有关的一律被称为“图像”，我认为这似乎简单化了。像拉斐尔或丢勒这些画家，其宗教内涵远远比“图像”内涵更引人注目！

您认为艺术史是一个相互作用的过程，那么绘画在您看来是不是意味着无止境的提问？

在很长一段时间里，我都认为绘画行为中包含着问答游戏。但 60 岁之后，我开始有其他想法……我认为绘画中包含有其他东西。一天在参观佛罗伦萨博物馆时，我在一幅已经研究过无数次的油画前驻足沉思。然后我意识到，所有的问题，无论多么合理，实际上都毫无用处，并且会将油画归结为一个可能它本身并不具有的意义。在波提切利的油画前，我陷入狂喜，我对自己说，上帝就在这一冥想时刻。狂喜对我而言不是兴奋，不是转瞬即逝的炫目，而是当下的深层认识和直觉。勒克莱齐奥恰如其分地说过《物质狂喜》：这本书完全概括了创作的所有谜团。

艺术批评是不是有点过于倾向解释不可解释的东西？

所有的艺术情感都是不可解释的……这就是为什么我不认为“叙事具象派”（figuration narrative）这个词那么适合我的原因。当我在波提切利的油画前沉思时，我开始对横竖线条、凹凸线条、平行线条和垂直线条进行比较。最后我意识到，我被某种其自身不可分析的东西迷住了。我越是努力在脑海中重塑这幅画，就越难成功……

您如何看待自己的作品？

创作的时候我爱自己的作品。当母体脐带割开，我便与作品渐行渐远，再也没有交流的可能。当我拜访我画作的收藏者时，总是背对着我的作品。

不是油画抛弃了您？

在这种疏远中确实含有抛弃的意思，还有死亡。一幅完成的油画，对我而言就是一幅已死的油画，尽管这幅画会在接下来的油画中再生……

油画本身是不是活体？

当然！您知道，在古典艺术中，我们很少谈论表现力。通过表达刻意将面孔弱化是愚蠢的。实际上，表达出现在绘画中的时间与文学一样。画家首先将与所描述的人物相匹配的文字引入画布，然后表达才成为表情的一部分。在古典艺术中，表达诞生于对起点的支持。在书面语言和形象的沉默之间有着奇妙的呼应。

您酷爱阅读，但是虚构的艺术却没有让您变得冷漠。您和伊斯梅尔·卡达莱一样，都认为神话将以这种或者那种形式延续吗？

伊斯梅尔的意思是，重视神话体系，并重视该进程在我们所谓的“文明”中的不断更新，从而成为当代人中的当代人，这是很吸引人的。很遗憾，我们的文化让神话成为一种和万事万物都毫不相干的工业。

在您的作品中，“迷宫”的结构甚至概念本身都占有不容忽视的地位……

我更倾向于说垂直性。当我在工作桌前进行创作时，因为处于水平位置，因此很难达到垂直性。只有在巨大的油布前作画时，我才能放任手臂自由地挥洒表达。那些召唤我的、启发我的、鼓动我的，是对身体和思想的构建。

我们有时候谈论“油画的表现力”，我们和一幅艺术作品对话吗？如果是……以怎样的方式进行？

我在看展或走进博物馆时，喜欢有个朋友在旁边陪着，并与他或她分享我在作品中的发现。一幅艺术作品同时也是且尤其是分享的时刻。这就像邀请一同出游、超越自己、相遇邂逅一样。这可能是情感的独特性与蛰伏于我们身上的多样性之间的一个结合。

Valère-Marie MARCHAND:
VALERIO ADAMI:
UN REGARD PHILOSOPHE
(*DIOGÈNE*, No. 257, 2017)

参考文献：

阿达米 , V., Adami, V. (2002 [2000]) *Dessiner: La Gomme et les Crayons*, traduit de l'italien par J.-P. Manganaro et P. Bonnefis, Paris: Galilée。

阿达米 , V., Adami, V. *Les Impromptus du matin. Autoportrait*, 附 19 幅素描，文字部分出自阿梅里亚・瓦尔托力纳，texte établi par Amelia Valtolina, traduit de l'italien par Martin Rueff, Paris: Galilée。

阿达米 , V., Adami, V. [2018b] *Passé par le feu*, 由克里斯托夫・佩诺特撰写文字，另有瓦莱里奥・阿达米原画影印，texte de Christophe Penot, avec une estampe originale de Valerio Adami, Saint-Malo: Cristel éditeur d'art, collection «Empreintes d'Art-istes», n° 6。

迪潘 , J., Dupin, J. (1982) *L'espace autrement dit*, Paris: Galilée。

勒克莱齐奥 , J. M. G., Le Clézio, J. M. G. (1967) *L'Extase matérielle*, Paris: Gallimard。

学（先贤祠－索邦大学）经济管理与社会学文凭，具有经济与管理大中学教师学衔。曾就读于法国国立东方语言文化学院并获柏柏尔语研究硕士学位。目前任教于法国圣康丁昂伊夫利纳－凡尔赛大学。现从事博士阶段研究，内容主要涉及法国文化圈领域的结构化。他尤为关注人文社会科学范式的突现的社会认识论状况以及教学和研究结构的转型。在美洲研究院内负责组织“文化圈 2014”研讨会的筹备研究日并担任该研讨会的协调员。

苏珊·巴德利（Susan BADDELEY） 法国圣康丁昂伊夫利纳—凡尔赛大学英国文明史（15—17 世纪）教授、遗产和文化活力实验室成员。她主要研究近代法英关系，她撰写和翻译的著作和评论涉及英国的法语和法语语法教学史、法语文献的英文译本、法英双语词典（1611 年科特格雷夫版的法英词典，2011）。她即将完成的研究项目是“1500 年至 1600 年出版的法译英文本目录和数据库”。

克里斯特尔·塔伊贝尔（Christel TAILLIBERT） 法国尼斯大学电影讲师，“叙事、文化与社会”跨学科实验室成员。研究成果涉及教育电影学史、影像教育、电影节以及电影的社会经济学。她的著述有：《节庆的磨难——法国的电影和音像节》《国际教育电影学院：教育电影在意大利专制主义的国际政策中的作用》。

让－塞巴斯蒂安·诺埃尔（Jean-Sébastien NOËL）法国拉罗谢尔大学当代史讲师，世界史和大西洋历史研究中心研究员，法国圣康丁昂伊夫利纳－凡尔赛大学当代社会文化史中心副研究员。音乐文化史专家，法国国家科研署项目“跨大西洋文化：1700 年至今的跨大西洋文化史数字平台”以及国际合作项目“BALNEOMAR：海滨城市（2018—2021）”编委会委员。研究大西洋空间中（欧美）音乐家的流动、音乐生产与实践的传播。著述有：《静默：犹太作曲家、中东欧和美国作曲家表现的死亡、哀悼与记忆》（2016）；“战争音乐和关于战争的音乐”（与 A. 弗莱谢合著），收入《1937—1947：战争世界》（第 2 卷，2015）。

安妮－克洛德·安布鲁瓦兹－朗迪（Anne-Claude AMBOISE-RENDU） 法国圣康丁昂伊夫利纳－凡尔赛大学教授，司法和犯罪史、媒体史和环境史专家。巴黎萨克雷大学当代社会文化史中心成员，共同主持了“遗产与遗产化：

19—21 世纪历史资本的创造”研讨会。著作有：《个体担忧与公众焦虑：法国一个世纪的暴力》（2001）；《关于日常失序的短篇小说：法国媒体从第三共和国开始到第一次世界大战的各种报道》（2004）；《重罪和轻罪：从美好时代至今的暴力史》（2006）。

斯特凡纳·奥利韦西（Stéphane OLIVESI） 专业哲学家，法国雷恩政治学院政治学博士，圣康丁昂伊夫利纳 – 凡尔赛大学信息与传播学教授。主要教授组织的传播，特别是公司的社会对话；从行业角度来说，他主要教授葡萄酒行业商品传播、传播理论，以及劳动界的表征系统和调查方法分析。巴黎萨克雷大学当代社会文化史中心（CHCSC）成员，于 2017 年 11 月共同组织了“从田地到专业领地：葡萄园、红酒及酒行业里的职业”国际研讨会。著有《工会公关》（2013）、《美学经验：艺术与传播考古学》（2012）。

伊丽莎白·克洛斯·特劳戈特（Elizabeth Closs TRAUGOTT） 美国斯坦福大学语言学和英语专业名誉教授。她的主要研究领域是历史句法、语义学、语用学、词汇化以及语言学与文学。她目前正在研究构式化，尤其研究将语法化理论和构式句法理论结合起来去说明微观变化的方式。已经出版的著作包括：《英语句法史》（1972）、《文学专业学生读的语言学》（1980，与玛丽·L. 普拉特合著）、《语法化》（1993 年、2003 年修订版，与保罗·J. 霍珀合著）、《语义变化的规律性》（2002，与理查德·B. 达舍合著）以及《词汇化与语言变化》（2005，与劳雷尔·J. 布林顿合著）。

多梅尼科·西尔维斯特（Domenico SILVESTRI） 意大利那不勒斯东方大学言语学和语言学名誉教授。著述颇丰，已发表和出版的学术成果百余篇（部），其中包括《历史语言学中的印度—地中海概念》（1974）、《基础语言理论：方法与幻景》（1977—1982）、《乌鲁克第四时期的文本与符号：策略分析》（与卢恰·托内利和温琴佐·瓦莱里合著，1985）以及《绝妙的云彩：关于元语言路线的导论、假设与（暂时和不确定的）结论》（2011）。

安德烈·雅各布（André JACOB） 巴黎第十大学教授。著有：《时间和语言》（巴黎，1967）、《语言哲学导论》（巴黎，1976）、《人与恶》（巴黎，1998）、《异化和堕落——关于恶的理论的附言》（巴黎，2000）以及《人类学概要》（巴黎，2011），等等。

斯特凡·库尔图瓦（Stéphane COURTOIS） 加拿大魁北克大学三河城分校哲学系教授。他曾应邀在德国法兰克福大学跟随于尔根·哈贝马斯从事博士后研究。他的研究主要涉及当代政治哲学中有关民族主义和世界主义的讨论，以及协商民主在解决多元文化冲突中的作用。近年来，他开始关注有关言论自由的讨论和针对仇恨言论的政策。他在加拿大和国际众多刊物上发表过文章。他主编了《战争、和平和恐怖主义的哲学挑战》（2003），与约瑟兰·库蒂尔主编了《对全球化的哲学看法》（2005）。他在2014年发表了《重新思考魁北克的未来》。

保罗·普罗耶蒂（Paolo PROIETTI） 意大利米兰语言和传播自由大学（IULM）比较文学教授，主持该大学的联合国想象文化和比较研究讲座。他的研究领域包括意象学，旅游文学，法国、爱尔兰和英国文学，翻译文学。近著有：《文学的特殊性：意象学》（2007）、《翻译文本分析：关于作品保护的若干建议》（2011）和《欧洲想象境域》（2011）。近年来，他也关注20世纪的瑞典文学。

克里斯托弗·R. 马歇尔（Christopher R. MARSHALL） 澳大利亚墨尔本大学艺术史和博物馆研究高级讲师。他在那不勒斯巴洛克艺术、收藏和艺术市场方面发表的出版作品包括参与编写的《以绘画营利：意大利巴洛克画家的经济生活》（2010）、《欧洲与新世界市场图谱》（2006）、《意大利的艺术市场》（15—17世纪）（2002）以及在《伯灵顿杂志》《艺术公报》及其他杂志发表的文章。他的研究兴趣还包括当代策展和博物馆学，其相关出版物包括《雕像与博物馆》（2011），他还参与编写了《博物馆制造》（2012）、《创造艺术史》（2007）、《重塑博物馆空间》（2005），并在多种期刊上刊发文章。他的研究曾获得澳大利亚研究委员会资助，享有保罗·梅隆高级访问学者（美国华盛顿特区国家美术馆视觉艺术高级研究中心）、意大利米兰波尔迪佩佐利博物馆高级访问学者，以及美国北卡罗来纳州杜克大学艺术和艺术史系客座高级讲师的荣誉。他目前的研究项目包括专著《工作台中的世界：那不勒斯巴洛克绘画工业》（2012）。

乔·麦克唐纳（Jo MCDONALD） 国际公认的岩画专家，她在大悉尼盆地开展博士研究。其博士论文专著《梦幻时代的高速公路》已由澳大利亚国立大学电子出版社出版。她对澳大利亚南部、皮尔巴拉和西部沙漠的岩画开展前沿性研究。她承担完成了重大遗产管理计划，并且牵头撰写丹皮尔群岛（伯鲁普半岛）国家遗产名录报告。

彼得·维斯（Peter VETH） 专攻沙漠考古学，曾共同主编布莱克威尔出版的《沙漠民族：考古学视角》全球卷。他也对西部沙漠和皮尔巴拉地区的岩画进行深入研究。他曾与同事们测定澳大利亚沙漠有人居住的年代可追溯到 5 万年前，他与乔·麦克唐纳和霍华德·墨菲（以及研究合作伙伴）积极参与对长达 1600 公里坎宁牧道上遗址的艺术、考古学及其当代价值的研究和管理。

彼得·施内曼（Peter J. SCHNEEMANN） 瑞士伯尔尼大学教授。他的研究兴趣主要包括：20 世纪艺术史及艺术批评中的“观众”，以及观众视角如何制约艺术品的接受过程。

弗朗索瓦丝·柯兰（Françoise COLLIN） 作家和哲学家，1973 年创立了法国首个女性主义刊物——《女性主义研究与信息小组手册》，并担任该刊主编至 1996 年。从事莫里斯·布朗肖和汉娜·阿伦特研究，曾在比利时布鲁塞尔圣路易大学、美国美利坚大学和法国巴黎国际哲学学院教授哲学。著有：《莫里斯·布朗肖和写作问题》（巴黎，1971）、《性别的分歧》（巴黎，1999）、《汉娜·阿伦特：男人是多余的？》（巴黎，1999）、《女性：从柏拉图到德里达》（与 E. 皮西耶和 E. 瓦里卡合著，巴黎，2000）以及《区隔的实践》（萨拉戈萨，2006）。

伊恩·博伊德·怀特（Iain Boyd WHYTE） 爱丁堡大学建筑史教授。在德国、澳大利亚和荷兰的建筑现代主义研究方面著述颇丰。除建筑外，他的著述还涉及 20 世纪的德国艺术、英国和德国在文学上的关系、视觉性和认知等。1996—1997 年欧洲委员会在伦敦、巴塞罗那和柏林展出的“艺术和权力”展览的负责人之一，艺术史研究机构国际协会主席。创办了刊登世界视觉艺术领域优秀论文的英文译文的电子杂志——《翻译中的艺术》。

克莱迪娅·海德（Claudia HEIDE） 格蒂集团资助的杂志《翻译中的艺术》的执行主编。目前在爱丁堡大学教授艺术史。主要研究西班牙艺术与文化、英国和北美关于利比里亚文化的图片，以及英国和西班牙的文化关系。

曾在爱丁堡大学的人文科学高级研究所从事博士后研究，首部著作是关于西班牙阿拉伯研究现代学派之父、19 世纪的学者——帕斯卡·德·加扬戈斯。是 2009 年在苏格兰国立美术馆举办的“发现西班牙——英国的艺术家和收藏家：从戈雅到毕加索”展览的负责人之一。

费代里科·弗雷斯基（Federico FRESCHI） 南非约翰内斯堡市维特沃特斯兰德大学艺术史副教授。他的研究兴趣是南非的现代艺术与建筑，尤其是现代主义同民族主义与民族认同问题之间的关系。他曾在南非和国际刊物上就这一主题发表多篇论文，也经常在南非和国际会议上发表相关论文。担任南非视觉艺术史学家协会主席，同时还担任国际艺术史委员会副主席。

蒂埃里·迪弗雷纳（Thierry DUFRÊNE） 法国巴黎第十大学当代艺术史教授，国际艺术史委员会学术秘书。国际艺术批评协会成员、《第欧根尼》编辑委员会委员。当代雕塑史学家、阿尔贝托·贾科梅蒂作品研究专家。著作颇丰（关于阿兰·基里利、彼得·科瓦尔斯基、贝尔托·拉尔代拉、伊万·梅萨克、若埃尔·夏皮罗），近著有：《雕塑之外：全球化中的雕塑史》（巴黎，2011）和《让·丁格利》（巴黎，2012）等。

瓦莱尔－玛丽·玛尔尚（Valère-Marie MARCHAND） 作家、记者。她出版了十余本著作。为各种杂志撰稿（如《德鲁奥杂志》和《文学服务》），每周四参加自由电台的“书虫”节目，并在艺术区电台分享其他阅读乐趣。在雄鹿出版社出版了一本故事和短篇小说集：《遮蔽了森林的第一棵树和其他故事》。